事例で学ぶ 租税争訟手続

租税訴訟学会 [編]

財経詳報社

発刊にあたって

　『事例で学ぶ租税争訟手続』の刊行にあたりまして，本書が企画された目的を説明しておきます。

　この企画は，租税法の領域に「法の支配」（租税法律主義，地方税の領域では租税条例主義）を浸透させ，納税者の権利を守るために租税争訟手続を活性化させなければならないという意図によるものです。

　平成14年4月1日から施行されました改正税理士法により，税理士の補佐人制度が強化され，弁護士と税理士が協働して租税訴訟に取り組める態勢が作られ，一方で平成12年4月1日から施行されたいわゆる情報公開法に伴い民事訴訟法の文書提出命令制度が改められ，公文書も原則として公開されることになり（民事訴訟法220条4号ロ），また21世紀に向けた司法制度改革の主要な課題の1つとして「裁判所による行政に対するチェック機能の強化」が求められて行政事件訴訟法の改正が取り上げられ，平成17年4月1日から改正行政事件訴訟法が施行されています。

　確かに改正行政事件訴訟法により，取消訴訟の原告適格が拡大され（同法9条），被告適格を行政主体とすることに明確化され（同法11条），管轄裁判所が増え（同法12条），出訴期間は3カ月から6カ月に延長され（同法14条），また訴訟類型について多くのメニューが提示される（同法3条）など，いくつかの重要な改正はなされましたが，これらの一連の改正によって直ちに租税争訟が活性化されたり，納税者が期待するように権利救済が実現するように変わったということにはなりません。これらの一連の改正は租税争訟を活性化させるための手がかりが作られたというだけのことであり，租税法の領域において「法の支配」を実感できるように実現させ，納税者の権利を本当に擁護できるようにするためには，さらなる制度改革の検討と租税争訟の関係規定を活用できるよう実践的な研修を積み重ねることが必要です。

『事例で学ぶ租税争訟手続』は，実際の事件記録を素材として使用し，この素材から租税争訟の関係規定の活用策をベースとして，税務情報の収集のプロセスから要件事実の画定，租税法の具体的な適用の展開，さらに制度改革の展望などを学ぶことを意図しています。

　租税法の適用をめぐる争訟手続におきましても，最も重要なことは事実（要件事実）の認定であり，要件事実の認定にあたって民法・商法・会社法などの私法の理解と争訟手続法における証拠法則の習得が不可欠であることは，本書でも強調していることです。

　制度改革につきましては，租税事件について例外的に必要とされています行政不服申立前置主義，しかも異議申立てと審査請求の二段階の行政不服申立前置主義（国税通則法115条1項）は，立法目的が本当に生かされているのか，納税者の権利救済を阻害する障害となっていないか，担当職員は異議申立手続等が納税者のための権利救済手続であることを意識して執務しているのか，異議申立手続等は追加の税務調査手続として利用されていないか，国税不服審判所は制度の発足当時のように原処分庁から独立した第三者的な救済機関として機能しているか，協議団時代に逆戻りしてしまっているような危惧はないか，国税不服審判所の審理手続の一環として設けられている閲覧請求制度（国税通則法96条）は原処分庁の一件記録を開示するように運用できているか，運用指針となっている争点主義的運用（不服審査基本通達（審査請求関係97－1））は遵守されているかなどなど，租税法の領域の行政不服申立手続についてはいくつもの改正課題を挙げることができます。それにつきましても，何故にこの度の行政事件訴訟法の改正で，変則である行政不服申立主義を原則である選択主義（行政事件訴訟法8条）にすっきりと改正されなかったのか，検討を残している課題が少なくありません。

　残している課題の中でも，最も大きな課題は，税務調査手続に関する規定の不備です。行政手続法は平成16年10月1日から先進諸国に遅れて漸く施行されることになり，同法は，行政運営に関する公正の確保と透明性（行政上の意思決定について，その内容及び過程を明らかにすること）の向上を図り，もって国民の権利利益の保護に役立つことを目的としています（同法1条）。しかし，租税法の領域では，行政手続法の第2章（申請に対する処分），第3章（不利益処分）の規定が適用除外となっています（国税通則法74条の2，地方税法18

条の4）。どういうわけで，租税法の領域において，行政手続法の中の主要な規定が適用除外となっているのか明らかではありませんが，行政手続法1条が掲げている同法の目的規定は適用除外にはなっていませんので，行政手続法は行政運営についてのナショナルミニマムを定めているものとして，租税法の領域にも活用されるべきであるといえます。

　行政手続法は不利益処分について処分の基準の開示と理由附記（理由の提示）を必要としていますが（同法12条，14条），かつて最判昭和43年9月17日（訟月15巻6号714頁）等は白色更正について理由附記を必要としないと解しており，また最判昭和56年7月14日（民集35巻5号901頁）は青色更正について納税者に格別の不利益を与えるものでない限り附記理由の差替えを違法ではないと解しており，これらの判例の動向から現状では理由附記はかなり緩やかに運用されてしまっています。しかし，これらの一連の最高裁判決をはじめとした判例の動向は，行政手続法が施行された新しい状況のもとでは，行政手続法の立法目的に沿うように改められるべきではないでしょうか。

　それに，現行の行政手続法は行政調査手続については将来の課題として積み残していますが，租税法の分野では，税務調査手続の立法化は緊急の課題です。個別税法が定めている質問検査権（所得税法234条，法人税法153条など）に基づく税務調査について，予告の要否，調査理由の告知の要否，調査内容の録音の可否，専門家の立会権の保障，取引先調査（反面調査）の補充性と限界，事前調査の適否など税務調査手続を規制する立法，これらのことに加えて事前照会制度（アドバンス・ルーリング）の充実，通達や運営指針に対するパブリックコメントの導入など，税務調査手続をめぐる規定の整備は緊急の課題となっています。

　「手続が適正に行われることが，公正な処分が行われることを保障する」という「法定手続の保障」の原理（憲法31条）は，租税法の領域では特に強調しなければならないことです。

　租税争訟の関係規定の活用としまして，先に挙げました閲覧請求制度の活用のほか，改正行政事件訴訟法で創設された「釈明処分の特則」（同法23条の2），いわゆる情報公開法の制定に伴い改正された文書提出命令制度における公文書の原則公開の取扱い（民事訴訟法220条4号ロ）も，これらの諸規定を

納税者が有利に活用できるかどうかが租税争訟の結果を左右しているといえます。

　総務省では，2006年5月22日に行政不服審査制度を抜本的に改革する方針を固め，改正法を2008年の通常国会に提出する予定とのことです。この改革案では，①行政側の担当者に疑問点を質問する権利，②標準的な審査期間（3ヵ月），③行政不服申立ての一本化，④処分関係書類全般の閲覧請求権，⑤審査の過程を監視する第三者機関の設置などが検討されていると伝えられています。租税事件の行政不服申立ても，特別扱いをすることなく，改革案を最低のものとして制度設計がされることを期待しています。

　民主的な社会と納税は，不当な課税へ抵抗することを積み重ねていくことにより実現できることは歴史が証明していることであり，市民革命を経験していない我が国では，特に不当な課税を排除するために納税者やこれを支援する代理人の改革意欲とエネルギーが必要とされています。

　『事例で学ぶ租税争訟手続』で紹介しています法律情報検索は大変有用なものです。租税争訟手続に習熟するには，何よりも租税法，関係通達を読むことが不可欠なことですが，これらを理解する手がかりとして本書を活用してください。

　租税訴訟学会としましては，読者の皆様のご支持を頂いて，今後さらに読者の皆様にとって有用な文献をできるだけ多く刊行したいと企画しています。

　最後に，本書の刊行にご支援を頂いた財経詳報社と同社編集部佐藤総一郎氏に執筆者に代わって心からお礼を申し上げます。

　　2006年6月

租税訴訟学会　会長
山田　二郎

はしがき

　「目からうろこが落ちる」という個人的な体験に，本書の原点はあります。「落ちたうろこ」とは，「私法の世界と異なり，税法の世界では実質に従った事実認定がなされてもやむを得ない。」という先入観です。その「うろこ」がいかにして「落ちた」かを追体験して頂くためには，本書を通読してもらうほかありません。

　このような思わせぶりな前口上ができるのも，本書が岩瀬事件と呼ばれる1つの具体的な事例を中心にすえながら，税務調査，行政不服申立手続及び租税訴訟手続という租税争訟に関する一連の手続を解説するという特徴を備えているためです。しかも，脚注において，関連する事項を相互に，かつ繰り返し指摘するというクロス・レファランスを活用することにより，手続と論点の結びつきがより明確になるように工夫してあります。近年，租税争訟手続に関する概説書はいくつか出版されていますが，このような特徴を備えたものは見当たらないので，租税訴訟学会の名で本書を出版する意義は大きいのではないかと考えた次第です。

　また，本書では，岩瀬事件という1つの具体的な事例を素材としつつも，できるだけ多くの問題について概説的な解説を加えるように配慮しています。このため，本書の学習を通じて租税争訟手続に関する重要論点をカバーすることができます。特に，税務調査，補佐人税理士制度，事件処理の手順，主張のまとめ方，租税訴訟と立証，租税訴訟と和解，法律情報の検索方法等の一般の概説書であまり触れられることのない実務的な論点をも詳しく取り上げています。さらに，実務家にとっては，本書添付のCD-ROMに収録された書式例を，実際の事件処理に活用することもできます。

　このように，具体的な事例とそれにまつわる書式例が多数掲載されていることで，とかく平板になりがちな租税争訟手続の学習に多少なりとも興味をもって頂くことができれば，本書出版の目的が果たせたといえるでしょう。

　上記のような様々な特色を有する本書は，岩瀬事件の一件記録をかなり大胆

に改変して作成した資料をベースにするとともに，私が書き下ろした概説部分を下敷きにしています。それらに加えて，租税訴訟学会の会員の方々から以下のようなご協力を得ることにより，本書をより充実したものにすることができました。

青木　丈　　　補佐人税理士制度（第4章第3節Ⅰ2）
朝倉洋子　　　法律情報の検索方法（第5章），判例索引
石田伸泰　　　税務調査—本件の検討（第2章第2節）
大塚一郎　　　本人尋問速記録（第4章第9節Ⅱ4），本書全体の校閲
菅納敏恭　　　税務調査—概説（第2章第1節）
山下清兵衛　　租税訴訟と和解（第4章第11節）
山本史郎　　　事項索引
横山和夫　　　行政不服申立手続（第3章）の校閲，事項索引

以上のようなご協力なくして，本書がこのような形で結実することがなかったことはいうまでもありません。但し，いずれも実務の合間を縫って，比較的短日時の間に本書を仕上げたために，予期せぬ誤りや見落とし，説明の不十分な箇所等がある可能性は否定できません。これらの点について，読者のご指導を賜り，それらを反映させていく機会があれば幸いです。

なお，本書の企画，スケジュール管理，担当者間の調整，丁寧な校正作業を含め，本書の刊行全般について，財経詳報社編集部の佐藤総一郎氏には大変お世話になりました。特に記して心よりお礼を申し上げます。

　　2006年6月

　　　　　　　　　　　　　　　　　　　　　　　編者代表　井上　康一

編者一覧

井上　康一　　弁護士（第二東京弁護士会），租税訴訟学会理事

青木　　丈　　税理士（東京税理士会），租税訴訟学会理事

朝倉　洋子　　税理士（東京税理士会），租税訴訟学会理事

石田　伸泰　　税理士（東京税理士会），租税訴訟学会会員

大塚　一郎　　弁護士（第二東京弁護士会），租税訴訟学会理事

菅納　敏恭　　税理士（東京税理士会），租税訴訟学会理事

山下清兵衛　　弁護士（第二東京弁護士会），税理士（東京税理士会），租税訴訟学会副会長（総務担当）

山本　史郎　　東京都主税局職員，租税訴訟学会会員

横山　和夫　　税理士（東京税理士会），租税訴訟学会理事

目　次

発刊にあたって
はしがき

第1章　本書の狙い——————————————————1

第1節　本書の目的と構成……………2
　Ⅰ　本書の目的　2
　Ⅱ　構成上の留意点　2
　　1　対象範囲　2
　　2　論点の簡略化　3
　　3　適用法令　3
　　4　本件の汎用性　4
　　5　主張及び証拠関連資料の収録　5
　　6　CD－ROMへの書式の収録　5
　　7　所得税法上の問題点の解説　6
　　8　その他の重要論点の解説　6
　　9　方法論への言及　7

第2節　検討事例の説明……………8
　1　はじめに　8
　2　主な登場人物　8
　3　本件取引の概要　9
　4　本件譲渡資産の内訳　10
　5　本件取得資産の内訳　10
　6　本件取引の実行　10
　　(1)　取引の内容　10
　　(2)　取引の関与者　11

7 本件取引に関連する重要な事実の概要　11
8 本件譲渡資産と本件取得資産の取引の経緯　13
　(1) 本件譲渡資産の取引の経緯　13
　(2) 本件取得資産の取引の経緯　13

第2章　税務調査 ——— 15

第1節　概　説 ……… 16
Ⅰ　租税債務の確定と税務調査　16
1 租税債務の成立と確定　16
2 税務調査の意義　17
Ⅱ　税務調査の手続的諸問題　18
1 問題の所在　18
2 主たる問題点　18
　(1) 必要性の要件　18
　(2) 手続の適法性　19
　(3) 違法な調査に対する救済　19
Ⅲ　税務調査とその対応　20
1 税務調査の構造　20
　(1) 税務調査の実態　20
　(2) 税務調査における折衝の捉え方　20
2 納税者の対応　21
　(1) 説得の相手方　21
　(2) 主張立証における留意点　22
Ⅳ　税務調査における争点　23
1 問題の所在　23
2 租税法規の解釈をめぐる折衝　24
　(1) 通達の拘束力　24
　(2) 通達の解釈をめぐる折衝　25
　(3) 通達の不存在　27
3 課税要件事実の存否をめぐる折衝　27

(1)　問題の所在　27
　　(2)　所得課税（所得税及び法人税）と税務調査　27
　　(3)　相続税と税務調査　32
　Ⅴ　税務調査の終結　34
　　1　税務調査後の対応　34
　　2　修正申告　34
　　3　不服申立て　35

第2節　本件の検討…………36
　Ⅰ　税務調査の経緯　36
　Ⅱ　調査の要点　36
　　1　調査官の質問及び指摘事項　36
　　2　納税者側の回答及び反論　37
　Ⅲ　その後の調査の経緯　37
　　1　調査担当の変更　37
　　2　Ｚ税務署の最終結論　37
　Ⅳ　処分の内容　38

第3章　行政不服申立手続 ─────── 41

第1節　はじめに…………42

第2節　行政不服申立手続の位置付け…………44
　1　租税争訟の種類と不服申立前置　44
　2　不服申立前置主義の趣旨　44

第3節　異議申立手続…………46
　Ⅰ　概　説　46
　　1　異議申立て　46
　　2　異議申立手続の審理　46
　　3　異議決定の種類　47

目次　xi

(1) 却　下　47
　　(2) 棄　却　47
　　(3) 原処分の全部若しくは一部の取消し又は変更　47
　4　異議決定の方式　47
Ⅱ　本件の検討　48
　1　異議申立手続の経緯　48
　2　異議申立書の概要　48
　　(1) 名宛人　48
　　(2) 理由の要旨　51
　3　異議決定に至る経緯　51
　4　異議決定（棄却）の概要　58
　　(1) 異議決定の理由の要旨　58
　　(2) Xの対応　59

第4節　審査請求手続………………60
Ⅰ　概　説　60
　1　審査請求の意義　60
　2　審査請求手続の審理　61
　　(1) 審査請求書の提出と要件審理　61
　　(2) 答弁書の提出と担当審判官の指定　61
　　(3) 調査審理手続　62
　　(4) 実質審理の範囲　63
　3　裁決の種類　64
　　(1) 却　下　64
　　(2) 棄　却　64
　　(3) 原処分の全部若しくは一部の取消し又は変更　65
　4　裁決の方式　65
　5　取消し・変更裁決の拘束力　65
Ⅱ　本件の検討　66
　1　審査請求手続の経緯　66
　2　審査請求書の概要　66

(1) 審査請求書の提出　66
　　　(2) 理由の概要　71
　　3　裁決に至る経緯　72
　　　(1) 原処分庁による答弁書の提出　72
　　　(2) 審査請求人による反論書の提出　72
　　　(3) 国税不服審判所長の裁決　72
　　4　裁決（棄却）の概要　96
　　　(1) 裁決の理由の要旨　96
　　　(2) Xの対応　99

第5節　執行不停止の原則 …………… 100
I　概　説　100
　　1　異議申立てと執行不停止　100
　　2　審査請求と執行不停止　101
　　3　執行不停止と納税者の争い方　101
II　本件の検討　101

第4章　租税訴訟手続 ─────── 103

第1節　租税訴訟の類型 …………… 104
I　概　説　104
　　1　抗告訴訟　104
　　　(1) 取消訴訟　104
　　　(2) 無効確認訴訟　105
　　　(3) 不作為の違法確認訴訟　105
　　　(4) 義務付け訴訟　105
　　　(5) 差止め訴訟　106
　　2　公法上の当事者訴訟　106
　　3　租税訴訟に該当する民事訴訟　107
　　　(1) 争点訴訟　107
　　　(2) 国家賠償請求訴訟　107

Ⅱ　本件の検討　108

第2節　取消訴訟手続の基本構造…………………109
　Ⅰ　概　説　109
　　1　適用法令　109
　　2　訴訟の3段階構造　109
　　3　訴訟行為の3段階構造　109
　　　(1)　申立て　110
　　　(2)　主　張　110
　　　(3)　立証（挙証）　110
　Ⅱ　本件の検討　111

第3節　取消訴訟の受任…………………114
　Ⅰ　概　説　114
　　1　実務担当者　114
　　　(1)　原告納税者側の体制　114
　　　(2)　被告国側の体制　114
　　　(3)　裁判所の体制　115
　　2　補佐人税理士制度　115
　　　(1)　制度の導入　115
　　　(2)　主たる問題点　116
　　　(3)　本人訴訟の場合――民事訴訟法60条に基づく補佐人　125
　　3　事件処理の手順　128
　　　(1)　具体的な事実関係の把握　128
　　　(2)　租税行政庁の主張の検討　129
　　　(3)　法令・通達・判例・裁決・文献等の活用と事実の再整理　130
　　　(4)　事件の見通しと処理方針の決定　131
　Ⅱ　本件の検討　131
　　1　訴訟代理人と補佐人　131
　　2　事件検討の実際　134
　　　(1)　事件検討の手順　134

(2)　売買か交換か　134
　　(3)　本件譲渡資産及び本件取得資産の時価　135
　　(4)　理由の差替えのリスク　135
　　(5)　手続的違法　136

第4節　取消訴訟の訴訟要件……………137
I　概　説　137
　1　訴訟要件の概観　137
　2　主たる留意点　138
　　(1)　被告適格　138
　　(2)　不服申立前置主義　139
　　(3)　出訴期間の制限　141
II　本件の検討　141

第5節　取消訴訟の管轄等……………143
I　概　説　143
　1　管轄──どの裁判所に取消訴訟を提起するか　143
　2　関連請求──どのような請求を併合することができるか　143
II　本件の検討　145

第6節　訴えの提起……………146
I　概　説　146
　1　訴えの提起の方式　146
　2　訴状の記載事項等　146
　3　訴状による請求の特定──訴訟物　147
　　(1)　「請求の趣旨」と「請求の原因」の概念　147
　　(2)　取消訴訟の訴訟物　147
　　(3)　実質的記載事項──民事訴訟規則53条の要請　147
　4　貼用印紙　148
　　(1)　(重)加算税額の合算の要否　148
　　(2)　複数の課税処分の取消しの場合　148

    5　訴状の附属書類　149
    6　執行不停止の原則　150
  II　本件の検討　150

第7節　訴状の審査と答弁書の提出…………………154
  I　概　説　154
    1　裁判所による訴状の審査　154
    2　答弁書の記載事項等　154
  II　本件の検討　155

第8節　取消訴訟の審理………………158
  I　概　説　158
    1　審理の構造と概要　158
    (1)　訴訟審理の構造　158
    (2)　租税訴訟の審理の概要　158
    2　口頭弁論の基本原則　159
    (1)　公開主義　159
    (2)　双方審尋主義　159
    (3)　口頭主義　159
    (4)　直接主義　160
    (5)　適時提出主義　160
    3　訴訟資料収集の方法――弁論主義　160
    (1)　民事訴訟における弁論主義の内容　160
    (2)　取消訴訟に対する弁論主義の適用　161
    (3)　要件事実　161
    (4)　裁判所の釈明権と釈明処分　162
    (5)　裁判所の釈明処分の特則　163
    4　争点の特定　163
    (1)　認否の必要性　163
    (2)　認否の態様　164
    (3)　被告の答弁と主張　165

5　理由の差替え──総額主義と争点主義　165
　　　(1)　総額主義と争点主義　165
　　　(2)　処分理由の差替え　167
　　6　主張の書き方　169
　　　(1)　準備書面の意義と目的　169
　　　(2)　準備書面作成の方法　170
　II　本件の検討　173
　　1　被告の課税根拠事実の主張　173
　　2　原告の反論　184
　　　(1)　実体的違法　184
　　　(2)　手続的違法　185
　　3　争点の特定と立証　195
　　4　理由の差替え　195

第9節　証拠調べ………………197
　I　概　説　197
　　1　証拠調べの意義と対象　197
　　　(1)　証拠調べの意義　197
　　　(2)　証明の対象　197
　　2　証拠調べの方法　198
　　　(1)　証拠調べの種類　198
　　　(2)　人　証　199
　　　(3)　書　証　200
　　3　証拠の評価と証明責任　201
　　　(1)　自由心証主義　201
　　　(2)　心証形成の程度　201
　　　(3)　証明責任の意義　201
　　　(4)　証明責任の分配　201
　　　(5)　課税処分の取消訴訟の証明責任の分配　202
　　4　証拠の検討と収集の方法　203
　　　(1)　租税訴訟における立証活動　203

(2) 事実認定論の概要　204
　　　(3) 手持証拠の検討の際の留意点　205
　　　(4) 新たな証拠収集の際の留意点　206
　II　本件の検討　206
　　1　当事者の立証活動　206
　　　(1) 原告の立証　206
　　　(2) 被告の立証　207
　　2　書証の提出　207
　　3　陳述書の活用　210
　　4　人　証　222

第10節　弁論の終結 …………… 238
　I　概　説　238
　II　本件の検討　238

第11節　租税訴訟と和解 …………… 256
　I　概　説　256
　　1　行政訴訟と和解　256
　　2　学説の状況　256
　　　(1) 否定説　256
　　　(2) 肯定説　257
　　3　裁判例の検討　257
　　　(1) 京都市古都保存協力税条例事件　258
　　　(2) 東京都銀行税事件　259
　　4　私　見　260
　II　本件の検討　261

第12節　判決とその効力 …………… 263
　I　概　説　263
　　1　判決の種類　263
　　　(1) 却下の判決　263

　　　　(2)　請求棄却の判決　263
　　　　(3)　請求認容の判決　263
　　　2　確定判決の効力　263
　　　　(1)　形成力　263
　　　　(2)　既判力　264
　　　　(3)　拘束力　264
　　Ⅱ　本件の検討　265

第13節　控訴審の手続 …………… 282
　Ⅰ　概　説　282
　Ⅱ　本件の検討　282
　　　1　控訴審の経緯　282
　　　2　控訴状の提出　284
　　　3　控訴理由書の要点　285
　　　　(1)　売買か交換か　285
　　　　(2)　本件取得資産の時価　285
　　　　(3)　高額譲渡の課税関係　286
　　　4　鑑定の申出　287
　　　5　審理の経過　288
　　　6　弁論準備手続　289
　　　　(1)　弁論準備手続の意義　289
　　　　(2)　本件の弁論準備手続　289
　　　7　被控訴人の主張　291
　　　8　控訴人の主張　297
　　　9　控訴審判決　300

第14節　上告審の手続 …………… 306
　Ⅰ　概　説　306
　　　1　上告審の位置付け　306
　　　2　上告理由の制限　306
　　　3　上告受理申立制度の創設　306

Ⅱ　本件の検討　307
　　1　上告受理申立て　307
　　2　上告不受理決定　308

第15節　本件のまとめ……………310
　Ⅰ　本件取引に関する見方の相違　310
　Ⅱ　解説　311
　　1　原告の見方　311
　　2　被告の見方　311
　　3　第一審判決の見方　312
　　4　控訴審判決の見方　313
　　5　第5の見方　313
　Ⅲ　まとめ　315
　　1　納税者の選択した法形式の尊重　315
　　2　個人から法人への低額譲渡と課税の繰延べ　316

第5章　実務家のための法律情報検索───319

第1節　租税争訟と判決・裁決の必要性について…………320

第2節　参考判決の検索………321
　Ⅰ　TAINSの税法データベース　321
　　1　入会方法　321
　　2　収録内容　322
　　3　収録件数　323
　　4　検索方法　323
　　　(1)　一般検索　323
　　　(2)　キーワード検索　324
　Ⅱ　裁判所ホームページ　324
　　1　総合検索　324
　　2　特定検索　324

3　詳細検索　　324
　Ⅲ　民間法律情報データベース　　325
　　1　TKC　LEX/DB 法律情報データベース　　325
　　　(1)　ID 登録料（初回のみ）　　325
　　　(2)　月額料金　　325
　　2　e-法規の判例 MASTER　　326
　　3　レクシスネクシス・ジャパンの LexisNexis　　326
　　　(1)　LexisNexis の検索　　327
　　　(2)　利用料金　　327

第3節　参考裁決の検索……………328
　Ⅰ　TAINS の税法データベース　　328
　Ⅱ　国税不服審判所ホームページの裁決　　328

第4節　参考雑誌記事の検索……………329
　Ⅰ　TAINS の雑誌目次検索　　329
　　1　収録情報　　329
　　2　検索対象項目と検索方法　　329
　Ⅱ　（財）日本税務研究センター図書室　　330
　　1　サービスの概要　　330
　　2　賛助会員に対する図書室のサービス　　330
　Ⅲ　国立国会図書館の利用者登録制度　　331
　　1　郵送による申込み　　331
　　2　直接申込み　　332

書式例一覧表　　333
参考文献　　334
判例索引　　336
事項索引　　338
CD-ROM の使用方法　　341

凡　例

本書において，引用した法令・通達，判例集等の略語は下記のとおりである。
　なお，本文中は原則としてフルネームを用い，（　）内において下記の略語を使用している。

《法令・通達》

通　法………国税通則法	民訴規………民事訴訟規則
通　令………国税通則法施行令	民訴費用法………民事訴訟費用等に関する法律
徴　法………国税徴収法	
所　法………所得税法	行　訴………行政事件訴訟法
所　令………所得税法施行令	行　審………行政不服審査法
所基通………所得税基本通達	裁　法………裁判所法
法　法………法人税法	国賠法………国家賠償法
法基通………法人税基本通達	国土法………国土利用計画法
相　法………相続税法	行　組………国家行政組織法
消　法………消費税法	権限法………国の利害に関係のある訴訟についての法務大臣の権限等に関する法律
措　法………租税特別措置法	
税理法………税理士法	
民　訴………民事訴訟法	

《判例集等》

民　集………最高裁判所民事判例集	訟　月………訟務月報
刑　集………最高裁判所刑事判例集	税　資………税務訴訟資料
高民集………高等裁判所民事判例集	判　時………判例時報
行　集………行政事件裁判例集	判　タ………判例タイムズ

第1章

本書の狙い

第1節　本書の目的と構成

Ⅰ　本書の目的

　本書は，不動産の譲渡が交換か売買のいずれに該当するかが問題となった岩瀬事件(1)と呼ばれる実際の事件の記録に基づき作成した資料に依拠している。本書は，このような具体的なケースを素材としながら，租税をめぐる納税者と租税行政庁との紛争がどのように展開し，いかにして決着していったかを示すことによって，租税争訟手続の全貌を概観することを目的としている。即ち，本書の最大の特徴は，対象となるケースを特定し（第1章第2節），いかなる税務調査に基づき課税処分がなされたかを説明した（第2章）上で，その課税処分がどのように争われていったかを具体的に示す（第3～4章）ことにある。そして，本書の叙述の重点は，この課税処分を争う手続——行政不服申立手続（第3章）と租税訴訟手続（第4章）——のうち，租税訴訟手続（具体的には課税処分の取消訴訟手続）に置かれている。

Ⅱ　構成上の留意点

　具体的な事例を通じて租税争訟手続全体を概観するという本書の目的を実現するために，特に以下のような点に留意した。

1　対象範囲

　本書では，1つの事件を通じて，税務調査（第2章），行政不服申立手続（第3章）及び租税訴訟手続（第4章）という一連の流れを概観している。そ

---

(1) 岩瀬事件の第二審判決は，東京高判平成11年6月21日（高民集52巻26頁，訟月47巻1号184頁，判時1685号33頁，判夕1023号165頁）であり，同事件の第一審判決は，東京地判平成10年5月13日（訟月47巻1号199頁，判時1656号72頁）である。本書に登載してある判決文は，簡略化した事実関係に合わせて適宜改変してある。

して，上記の各章においては，それぞれの項目について概説的な説明をした上で，本件に則した解説を加えた。さらに，本件の解説の部分では，重要と思われる実際の事件記録を抜粋し，適宜必要な修正と補充を行った上で収録した。

このように，本書は，租税争訟手続に関する一般的な知識の習得だけではなく，実際の手続の中で個々に発生する問題点の把握と具体的な書式に関する理解が可能となることを企図している。

2　論点の簡略化

実際の岩瀬事件においては，譲渡所得課税に関する処分と相続税課税に関する処分の適法性が争われている。しかし，相続税に係る課税処分は，既に廃止された租税特別措置法69条の4（相続開始前3年以内に取得した土地等に係る評価の特例）に関するものであるから，今回の出版に当たり全面的に省略した。この結果，当事者が作成した書類だけでなく，第一審判決及び第二審判決についても，相続税関係に関する記述は全面的に削除し，適宜改変を行った。

以上のように争点を絞ったために，本書で取り上げる事実関係は，実際の事件と比べ相当簡素化されている。さらに，譲渡所得課税との関係で，不動産の譲渡が交換か売買かを問題とする上で，直接関係ない事実も適宜簡略化してある。この結果，本書で取り上げた事実関係ははるかに簡明なものとなり，事案の理解が容易になるよう工夫してある。

3　適用法令

岩瀬事件において，交換か売買かが問題となった実際の取引が行われたのは，平成元年3月23日のことである。その後の税務調査，課税処分，行政不服申立手続及び租税訴訟手続を経て最終的に第二審判決が確定したのは，平成15年6月13日であり，事件の発端から最終解決に至るまで，実に14年以上の時間を要している。そして，本書を編集するために参照した実際の事件記録は，全てこの間に作成されている。本書では，当時の書面の作成日付や実際の事件記録の中に含まれた事実の発生の日付については特に修正を加えることなく，そのまま採録した。これによって実際の手続がどのような速さで進んでいったのかを実感できるようになっている。また，書面の中で言及されている租税特別措置法等の租税実体法についても，特に最新のものに改めることはせずに，当時の

ものをそのまま引用している。但し，本件の主要な争点を検討する上で参照すべき法令は，以下の条文であり，これらの条文については当時と比べ特に改正は行われていない。

　　所得税法33条（譲渡所得）
　　同法34条（一時所得）
　　同法36条（収入金額）
　　同法59条（贈与等の場合の譲渡所得等の特例）
　　同法施行令169条（時価による譲渡とみなす低額譲渡の範囲）

　反面，本書の目的が租税争訟手続の概観にあることからすると，その手続法に関する記述は最新のものでなければならない。したがって，本書は，実際の日付とは無関係に，以下のような最新の手続法に準拠した記述と書式の採用を心がけている。

　第一に，平成10年から現行民事訴訟法が施行されているので，同法の下での書式例に沿うように一部形式を改めるとともに，記載方法を変更している。

　第二に，平成14年4月に施行された改正税理士法により，税理士の出廷陳述権に関する規定が創設されたことを踏まえ，本書では，本件訴訟に補佐人税理士が関与している形に改めている。

　第三に，平成17年4月に改正行政事件訴訟法が施行されたので，本書の記述と書式には，同改正法を全面的に反映させている。

　以上のような修正が加えられた結果，本書に掲載された書式は，過去の実際の事件記録を基にしているものの，最新の租税争訟手続においても，十分参照可能なものとなっている。

4　本件の汎用性

　本書の重点が，譲渡所得課税に係る課税処分の取消訴訟の記述に置かれていることは前記の通りである。他方，第4章第1節Ⅰ（104頁以下）で説明するように，一口に租税訴訟といっても，多様な形態があり，課税処分の取消訴訟のほかにも，課税処分の無効確認訴訟，不作為の違法確認訴訟，過誤納金の還付請求訴訟，国家賠償請求訴訟等が考えられる。

　しかし，租税訴訟の大半は，課税処分の取消訴訟であるといわれているので，本書で取り上げた事例は，そのような代表的なものの1つと捉えることができ

る。そのため，本書を通じて租税訴訟の典型例を学ぶことができるといっても決して過言ではない。また，本書で述べる租税訴訟手続の概説部分は，課税処分の取消訴訟以外の租税訴訟の類型においても，少なからず参照可能である。

　このように，本書は，具体的な事例に焦点を絞りながらも，上記のような汎用性を備えている。

5　主張及び証拠関連資料の収録

　実際の岩瀬事件の訴訟においては，当事者双方の主張をまとめた準備書面等が多数提出されているだけでなく，それらの主張を立証するための多くの証拠も提出されている。

　本書では，それらの主張書面のうちの主要なものを登載するようにした。さらに，本書には，実際に裁判所に提出された証拠書類の一部を収録するとともに，本人尋問の速記録の抜粋も併せて掲載した。

　これらの主張及び証拠関連の資料には，簡略化された事実関係等を前提として適宜必要な修正を加えてあるが，それでも裁判所における攻撃防御の実相を伝える一助になると考えられる。

　さらに，個々の証拠が当事者の主張や裁判所の事実認定にどのように関連しているかを，脚注の形で具体的に示すように配慮した。これらを適宜参照することにより，訴訟における攻防が裁判の中にどのように結実していくかを読み取ることができる。

6　CD-ROMへの書式の収録

　既に繰り返し述べた通り，本書は，租税争訟の手続の概説と書式の紹介・解説に重点を置いている。そこで，実際の手続において利用価値があると考えられる書式については，本書に添付されたCD-ROMに適宜収録した。具体的には，以下のような書類がCD-ROMに収録されている。

　　異議申立書（49頁）
　　審査請求書（67頁）
　　税理士法上の補佐人選任届（119頁及び120頁）
　　民事訴訟法上の補佐人許可申立書（126頁）
　　訴訟委任状（132頁）

補佐人選任届（133頁）
訴状（151頁）
原告準備書面（185頁）
証拠説明書（207頁）
陳述書（211頁）
証拠申出書（222頁）
控訴状（284頁）
鑑定の申出書（287頁）
上告受理申立書（307頁）

7　所得税法上の問題点の解説

　本書は，岩瀬事件という実際の事件を基に租税争訟手続全般を解説することを主たる目的としているため，本書の叙述において手続，特に租税訴訟手続の解説と書式の収録部分の占める割合が高いことはいうまでもない。しかし，岩瀬事件には，所得税法をめぐる重要な租税実体法上の論点も含まれているので，この点についても，第4章第15節（310頁以下）でまとめて取り上げることにした。

　これらの検討を通じて，本件取引に対する納税者側の見方，租税行政庁側の見方，第一審判決の見方，第二審判決の見方の違いが明らかになる。さらに，実際の事件では取り上げられなかった第5の見方を紹介した上で，本件争訟を通じて解決された問題と未解決の問題についても言及した。

8　その他の重要論点の解説

　類書と比べ，以下の重要論点について比較的詳細な解説をしていることが本書の特徴である。

　第一に，税務調査についての一般的な解説をし，具体的な問題点を示すとともに，税務調査における納税者と租税行政庁の折衝と租税訴訟手続の異同についても言及している（第2章（16頁以下）参照）。

　第二に，補佐人税理士制度に関し，解釈上の問題点に踏み込みながら，かなり詳細な説明を加えている（第4章第3節Ⅰ2（115頁以下）参照）。

　第三に，これまであまり議論のされてこなかった租税訴訟における和解とい

う論点についても，過去の裁判例等を引きながら，検討している（第4章第11節（256頁以下）参照）。

　第四に，租税争訟を担当する上で参照することが必要な判決例・裁決例等の法律情報の検索方法について具体的な解説を行っている（第5章（320頁以下）参照）。

9　方法論への言及

　本書では，租税争訟手続の客観的な解説に終始するのではなく，租税争訟手続を進めていく上での方法論についても言及するよう配慮した。具体的には，租税訴訟を受任した場合の事件処理の手順を示す（第4章第3節Ⅰ3（128頁以下）参照）とともに，主張をどのように書面化していくのが効率的かつ効果的であるかについて説明した（第4章第8節Ⅰ6（169頁以下）参照）。さらに，事実認定に関する最近の研究を踏まえた上で，租税訴訟における立証活動の指針を示すよう心がけた（第4章第9節Ⅰ4（203頁以下）参照）。

第2節　検討事例の説明

1　はじめに

　本件の検討事例は，Xが自己の保有していた不動産（以下「本件譲渡資産」と略称する。）を，その付近一帯を地上げしていたY社に譲渡すると同時に，Y社所有の不動産（以下「本件取得資産」と略称する。）を取得し，差金を受領したところ，譲渡所得課税の観点から，その取引（以下「本件取引」と略称する。）が売買なのか交換なのかが争われた事案である。

　以下では，本件事案の理解を容易にするため，主要な登場人物（2参照），XとY社間の本件取引の概要（3参照），XがY社に譲渡した本件譲渡資産の内訳（4参照），XがY社から取得した本件取得資産の内訳（5参照），本件取引の実行時の状況（6参照）について概説した上，本件における重要な事実関係を表にまとめた（7参照）。さらに，本件では，本件譲渡資産と本件取得資産の時価が重要な争点の1つになっているので，XとY社間で行われた本件取引の前後に両資産がどのように取引されたかについても説明する（8参照）。

2　主な登場人物

　本件において登場する個人及び法人で主要なものを挙げ，それぞれの役割を簡単に説明すると，以下の通りである。

　　X：長年保有していた本件譲渡資産に居住していたが，本件譲渡資産付近がY社による地上げにあったために，Y社に本件譲渡資産を7億円で譲渡するとともに，Y社から本件取得資産を4億円で取得し，差金3億円を受領した。Xは，本件取引の交渉に全面的に関与した。

　　甲野太郎弁護士：Xの代理人として，本件取引に関する売買契約書を作成するとともに，本件取引の契約調印と実行に立ち会った。

　　Y社：X保有の本件譲渡資産の付近の地上げを行い，Xから本件譲渡資産を7億円で取得するとともに，Xに対し本件取得資産を4億円で譲渡し，差金3億円を交付した。

地上進：Y社の担当者として本件取引の交渉をほぼ全面的に行い，本件取引の契約調印と実行に立ち会った。

元締太郎：Y社の代表取締役として，本件取引の契約調印と実行に立ち会った。但し，本件取引の交渉自体は，地上進に一任していた。

M不動産：本件取引時に，Y社がXに譲渡した本件取得資産は，①甲土地（79㎡），②乙土地（30㎡）の借地権及び③本件取得建物の3つの資産からなるが，M不動産は，そのうち①甲土地を従前から所有していた。XとY社間の本件取引に先立ち，M不動産は，Y社の依頼を受けたM商事に対し，①甲土地を売却した。

M商事：本件取得資産の一部をなす①甲土地を，Y社の依頼を受けて，M不動産から購入した。M商事は，同土地を，本件取引直前に，Y社に売却した。

借家二郎：本件取得資産の一部をなす②乙土地（30㎡）の借地権及び③本件取得建物の元所有者であり，同資産を，本件取引直前に，Y社に売却した。なお，②乙土地（30㎡）の底地は，本件取引当時，東京都が所有していた。

Z税務署長：Xに対する譲渡所得課税に関する更正処分を行った。

税理士麻：Xの顧問税理士として，Xの申告書作成に関与するとともに，本件の異議申立て及び審査請求手続をXの代理人として行った。本件に関する訴訟提起後は，補佐人として関与している。

弁護士郎：本件の訴訟提起段階から，Xの代理人として関与している。

3　本件取引の概要

　平成元年3月23日，Xは，Y社に，本件譲渡資産を総額7億円で売買する旨の契約を締結した。

　同日，Y社は，Xに対し，本件取得資産を総額4億円で売買する旨の契約を締結した。

　代金の決済は，相殺後の差金3億円を，Y社がXに対し，小切手を交付することで行われた。

4 本件譲渡資産の内訳

本件譲渡資産は，以下の2つの資産からなる（下図参照）。
① 本件譲渡土地（90㎡）
② 本件譲渡建物（但し，本件譲渡建物自体には経済的価値は認められない。）

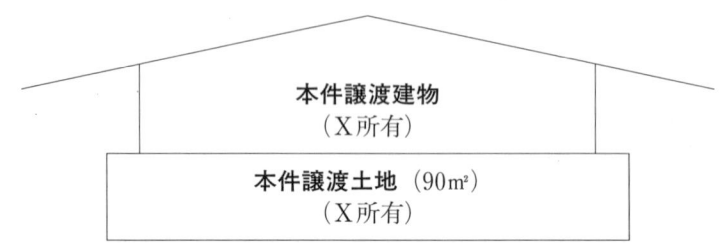

5 本件取得資産の内訳

本件取得資産は，以下の3つの資産からなる（下図参照）。
① 本件取得土地（Y社所有の甲土地（Y社の依頼を受けたM商事がM不動産から購入し，本件取引直前にY社がM商事から取得））（79㎡）
② 本件取得借地権（Y社が乙土地について有する賃借権（本件取引直前にY社が借家二郎から取得，本件取引当時，底地は東京都が所有））（30㎡）
③ 本件取得建物（Y社所有の建物（本件取引直前にY社が借家二郎から取得））（但し，本件取得建物自体には経済的価値は認められない。）

6 本件取引の実行

(1) 取引の内容

平成元年3月23日に，Xの取引銀行で，以下の取引が行われた。

① XからY社に対し、本件譲渡資産を、総額7億円で売買する旨の不動産売買契約書を締結（778万円／㎡）。
② Y社からXに対し、本件取得土地（甲土地）を、3億1,600万円で売買する旨の土地売買契約書を締結（400万円／㎡）。
③ Y社からXに対し、本件取得借地権及び本件取得建物を、8,400万円で売買する旨の借地権付建物売買契約書を締結（400万円／㎡）。
④ Y社からXに対し、上記①ないし③の各契約代金の相殺差金（以下「本件差金」と略称する。）として、3億円（＝7億円－（3億1,600万円＋8,400万円））の小切手を交付。

(2) 取引の関与者

本件取引実行時の主要な関与者は、以下の通りである。

X：本件譲渡資産の所有者として、Y社の担当者である地上進との間で本件取引の交渉を全面的に行い、本件取引の契約調印と実行に立ち会った。

甲野太郎弁護士：Xの代理人として、本件取引に関する3通の売買契約書を作成し、本件取引の契約調印と実行に立ち会った。

地上進：Y社の担当者として本件取引に関するXとの交渉を全面的に行い、本件取引の契約調印と実行に立ち会った。

元締太郎：Y社の代表取締役として、本件取引の契約調印と実行に立ち会った。但し、本件取引の交渉自体は、地上進に一任していた。

7 本件取引に関連する重要な事実の概要

本件取引に関する重要な事実を時間順に列挙すると、以下の通りである[2]。

日付	事項	備考
昭和62年初め	地上げ交渉が開始した（主として、Xと地上進との間の交渉）。	
昭和63年	地上げの進行による環境の悪化から、交渉が本格化した（Xが本件譲渡資産を譲渡する代わりに、代替地を手当てする案の検討等が行われた。）。	

[2] 本件の事実関係の詳細については、第一審判決の事実の摘示参照（266頁以下）。また、Xの立場から見た本件の事実経過については、Xの陳述書（211頁以下）参照。

昭和63年5月頃	X名義で，M不動産に対し，甲土地を買い付ける旨の証明書が発行された。	買付証明書上の甲土地の買付価格は5億5,300万円（700万円/m²）
昭和63年6月17日	M不動産からXに対し，甲土地のみ（売買代金5億5,300万円）を売却する旨の合意が成立した？	異議決定では，左記事実を認定し，理由付けに利用している（56頁注(4)参照）。 裁決では，左記事実の有無に特に言及していない（94～95頁）。 第一審判決では，左記契約書は地上進が無断で作成したと認定されている（273頁注(178)参照）。
昭和63年8月1日	M不動産がY社の依頼を受けたM商事に対し甲土地を売却した。	甲土地＝5億5,300万円（700万円/m²）
昭和63年11月4日	本件譲渡資産の売買に関する国土法上の勧告の通知を受けた。	本件譲渡資産＝8億円（889万円/m²）
昭和63年11月21日	本件譲渡資産の売買に関する国土法上の不勧告の通知を受けた。	本件譲渡資産＝7億円（778万円/m²）
平成元年2月28日	Y社が借家二郎から本件取得借地権付の本件取得建物を購入取得した。	本件取得借地権＝1億8,900万円（借地権割合0.7で，900万円/m²）
平成元年3月23日	M商事がY社に対し甲土地を売却した。	甲土地＝6億3,200万円（800万円/m²）
	本件取引の実行	本件譲渡資産＝7億円（778万円/m²） 本件取得資産＝4億円（400万円/m²）
平成元年5月8日	Xが東京都から乙土地に対する所有権を購入取得した。	乙土地底地権＝1,800万円（借地権割合0.7とすると，更地ベースで200万円/m²）
平成元年12月20日	Xが本件取得建物を取り壊した。	
平成2年3月14日	Xが平成元年分の所得税確定申告書をZ税務署に提出した。	
平成2年8月2日	Y社が地上げに成功し，本件譲渡資産を含む一団の土地を売却した。	

8 本件譲渡資産と本件取得資産の取引の経緯

(1) 本件譲渡資産の取引の経緯

本件譲渡資産は，本件譲渡土地（90㎡）と本件譲渡建物からなる。本件譲渡建物は無価値であると考えられるため，本件譲渡資産の価値は，結局のところ本件譲渡土地の価値に等しい。Xが本件譲渡資産を長年所有していたために，本件取引前に本件譲渡土地自体の売買実例があるわけではない。

しかし，当時の国土利用計画法の規制の下では，一定規模以上の土地の権利移転については事前の届出制がとられており，当該土地の予定対価の額が近傍類地の取引価格等を考慮して政令で定められたところにより算定した相当な対価に照らし著しく適正を欠く場合等には，勧告がなされ，勧告の不遵守に対しては，公表という不利益が予定されていた[3]。本件譲渡土地については，以下の(a)及び(b)の通り，国土利用計画法の下での届出がなされている。

(a) 昭和63年11月4日　本件譲渡土地の予定対価8億円（889万円/㎡）の届出に対し，勧告の通知を受けた。

(b) 昭和63年11月21日　本件譲渡土地の予定対価7億円（778万円/㎡）の届出に対し，不勧告の通知を受けた。

このため，XがY社に対し，本件譲渡資産を売却する際の売買価額は，上記の不勧告通知に従い，7億円（778万円/㎡）であった。

(2) 本件取得資産の取引の経緯

本件取得資産は，本件取得土地（甲土地（79㎡））並びに本件取得借地権（乙土地（30㎡）の借地権）と本件取得建物からなる。本件取得建物は，無価値と考えられるため，本件取得資産の価値は結局のところ本件取得土地と本件取得借地権の価値の合計に等しい。さらに，乙土地の所有権に対する借地権の割合は，70％である。

本件取引において，Xは，Y社から本件取得資産を合計4億円で購入しているが，売買契約書に従い，その内訳を示すと，以下の通りである。なお，本件

---

[3] 当時の国土利用計画法の規制の詳細については，第4章第8節Ⅱ2(1)（184〜185頁）参照。なお，この国土利用計画法の規制が強力な実効性を有していたかどうかの点は，本件訴訟における1つの争点となっている（原告の主張につき原告第1準備書面（194〜195頁），第一審判決の判断につき275頁注(180)参照）。

取得借地権の1平方メートル当たりの価格は，借地権割合70％として，更地ベースに引き直して計算したものである。

本件取得土地（甲土地（79㎡））：　　　　　3億1,600万円（400万円/㎡）
本件取得借地権（乙土地（30㎡）の借地権）：　　8,400万円（400万円/㎡）

合計額：　　　　　　　　　　　　　　　　4億円（400万円/㎡）

　Xに代替地を提供するため，本件取得資産の手当ては，Y社が行っている。さらに，Xは，本件取引後，乙土地の底地を東京都から取得している。

　これらの取引の経緯を簡単にまとめると，以下の(a)ないし(c)の通りである。

　なお，Y社による本件取得資産の購入の経緯は，後の裁判の結果明らかになった事実であり，本件取引当時，Xはこれらの事実の詳細を知り得る立場にはなかった。

(a) 本件取得土地（甲土地（79㎡））の売買の経緯

M不動産
　↓　昭和63年8月1日，売却価額5億5,300万円（700万円/㎡）
M商事
　↓　平成元年3月23日，売却価額6億3,200万円（800万円/㎡）
Y社
　↓　平成元年3月23日，売却価額3億1,600万円（400万円/㎡）
X

(b) 本件取得借地権（乙土地（30㎡）の借地権（借地権割合70％））売買の経緯

借家二郎
　↓　平成元年2月28日，売却価額1億8,900万円（更地ベースで900万円/㎡）
Y社
　↓　平成元年3月23日，売却価額8,400万円（更地ベースで400万円/㎡）
X

(c) 乙土地（30㎡）の底地（借地権割合70％）売買の経緯

東京都
　↓　平成元年5月8日，売却価額1,800万円（更地ベースで200万円/㎡）
X

第2章

税務調査

第1節　概　説

I　租税債務の確定と税務調査

1　租税債務の成立と確定

　租税債務は，法定債務であり，租税法規が定めている課税要件[1]に該当する事実があれば，何らの行為を待たずに成立する（通法15条1項，2項）。しかし，課税要件が満たされることによって成立した租税債務は，まだ抽象的な存在であって，国家が納税者に対し請求し得る債権となるためには，租税債務の内容を確定する必要がある。租税債務の内容である税額を確定させる方式には，申告納税方式（納税者が納税申告書を提出することによって租税債務が確定する方式）と賦課課税方式（租税行政庁の処分により租税債務が確定する方式）がある。国税の多くは申告納税方式を採用している（通法16条）ので，本節ではもっぱら申告納税方式の場合を念頭に置いて説明する。

　申告納税方式の下では，納税者に納税申告書の提出により租税債務の第一次的な確定権が与えられている。しかし，納税者の申告内容が租税法規に適合していない場合が考えられるし，納税者が申告すべき税額を申告しない事態もあり得る。そこで，課税の適正を保つために，納税者の申告を前提として，租税行政庁にも第二次的な確定権が与えられている。

　即ち，「税務署長は，納税申告書の提出があつた場合において，その納税申告書に記載された課税標準等又は税額等の計算が国税に関する法律の規定に従つていなかつたとき，その他当該課税標準等又は税額等がその調査したところと異なるときは，その調査により，当該申告書に係る課税標準等又は税額等を

---

[1]　課税要件とは，それが充足されることによって納税義務の成立という法的効果を生ずる法律要件のことをいい，各租税に共通の課税要件として，納税義務者，課税物件，課税物件の帰属，課税標準及び税率の5つがある（金子宏『租税法』（弘文堂，第11版，平成18年）（以下「金子・租税法」と引用）147頁）。

更正する」(通法24条)こととされ,納税者が無申告のときには,「税務署長は,…その調査により,当該申告書に係る課税標準等及び税額等を決定する」(通法25条)ことになる。

2 税務調査の意義

このような租税行政庁の確定権限を支えるのが,いわゆる質問検査権(所法234条,法法153条,相法60条,消法62条等)であり,税務職員には,納税義務者等に質問し,物件を検査する権限が与えられている。一般に行政庁は与えられた行政事務を執行するため必要な情報を収集するため調査することができるが,この質問検査権もこうした行政調査の1つである。しかし,特に税務職員に与えられた質問検査権は,その質問に答えない場合,偽りの答弁をした場合,また検査を拒否,忌避した場合には,1年以下の懲役又は20万円以下の罰金に処せられることとされており(所法242条,法法162条,相法70条,消法68条等),調査の相手方にとっては質問検査に応じることが刑罰によって間接的に強制されている。

税務調査といわれるものは,こうした税務職員の質問検査権の行使であり,更正・決定という課税処分を行う権限を持つ租税行政庁が,租税債務の内容を明らかにし,その税額を確定することを目的としている。そして,租税債務の有無,その多寡は,租税法規の解釈と課税要件事実の存否によって決まるが,租税法規の解釈・適用に関する大多数の問題は,後に述べる通り,通達に則して解決される[2]。このため,税務調査の重点は,通達に照らし,課税要件事実の存否を決断することに置かれることになる。

税務調査により,当初の申告の内容が誤っていることが判明すれば,納税者自らこれを修正申告により是正する(通法19条)か,租税行政庁が更正により是正することになる(通法24条)。

---

(2) 金子・租税法114頁。

II 税務調査の手続的諸問題

1 問題の所在

　税務職員の行う質問検査権の行使は，行政調査の1つであって，犯罪捜査を目的とすることは許されない（所法234条，法法156条，消法62条等）ので，令状主義などの刑事手続に要求される手続的保障は及ばない。しかし，不答弁や検査拒否が刑事罰の対象とされていることを考えると，質問検査権の行使の要件，方法については慎重な検討が必要である。

2 主たる問題点

(1) 必要性の要件

　税務職員による質問検査権の行使は「必要があるとき」に認められている。その趣旨は，調査の必要性の有無の判断について税務職員に裁量を認めているものではなく，調査の必要性はあくまでも客観的なものでなければならない。しかし，調査が必要であるかどうかは調査着手の前に判断されるものであるから，必要性がないと認定されることは実際上少ないであろう[3]。

　調査の必要性について調査の相手方に開示する義務があるか否かという点については争いはあるものの，判例は，消極的に解している[4]。しかし，調査を受ける納税者側が調査の目的を知ることは，税務調査を効率的に進めるために有用であるから，税務職員に調査の目的を明らかにさせるよう働きかけることが必要である。

　また，質問検査権の行使は必要なときになされるべきであるから，反面調査といわれる納税義務者と取引がある第三者等に対する質問検査権の行使（所法234条1項2号，3号，法法154条1項等）は，本人調査によって十分な資料を得られなかった場合に初めて必要性が認められると解すべきであろう[5]。

---

[3] 金子・租税法701頁。
[4] 金子・租税法705〜706頁引用判例参照。
[5] 金子・租税法702頁。なお，本人調査が反面調査に先行すべきかどうかの点については，裁判例が分かれている（金子・租税法703頁（注2）参照）。

(2) 手続の適法性

　税務職員による質問検査権の行使は，あくまでも行政調査の一形態であって，直接的，物理的強制を認めるものではない。したがって，例えば調査の相手方の意思に反して，戸棚などを調査官が直接開けることは許されない。

　また，質問検査権は，納税義務を前提として，納税義務がある者，あると認められる者等に対して行使される。したがって，課税期間が終了していない進行期の現況調査は，納税者が任意の調査としてこれに応じた場合を除き，質問検査権の範囲から外れると解すべきであろう[6]。

　さらに，税務調査においては，調査日時，場所が事前に通知され，税理士の立会いを認めるよう調整されるのが通常である[7]。税務職員が事前通知なく調査に来ることもあり得るが，そのため十分な調査に応じることができないときには，改めて日程の調整をすべきである。

(3) 違法な調査に対する救済

　違法な質問検査権の行使によって得られた課税要件事実も事実である以上，更正等の課税処分の根拠となり，当該課税処分自体を常に違法とするものではない[8]。

　しかし，違法な質問検査権の行使は，国家賠償請求の対象となる。例えば，大阪高判平成10年3月19日（判タ1014号183頁）は，店主の承諾を受けることなく，店舗及び居室で税務職員が行った調査が違法であるとして50万円の国家賠償を認めた。

---

[6] 但し，最判昭和48年7月10日（刑集27巻7号1205頁（荒川民商事件））は，事前調査を認めている。
[7] 国税庁長官「税務調査の際の事前通知について」（事務運営指針）平成13年3月27日，水野忠恒『租税法』（有斐閣，第2版，平成17年）56頁。
[8] 金子・租税法705頁は，著しい違法性を帯びた質問検査権の行使があった場合（例えば納税者の意に反して検査を強行した場合）には，課税処分自体が違法になるという考え方を示している。

III　税務調査とその対応

1　税務調査の構造

(1)　税務調査の実態

　納税者の申告を受けてなされる税務調査は，租税行政庁が納税者のした申告の内容の是非を判断し，誤りがあれば是正するために行われる。つまり，税務調査は課税処分がなされる前段階として位置付けられ，税務調査は課税処分につながり得るため，納税者の税負担を左右する。

　申告書の提出は，郵送や電子申告でもなし得るし，申告の段階では内容にわたる審査が行われないのが通常であるから，課税関係をめぐって納税者が租税行政庁と対峙するのは，実際上，税務調査の段階が初めてである。

　税務調査の結果を受けて納税者が納得できない課税処分がなされれば，行政不服申立て，租税訴訟という争訟手続に移行するが，このような手続は納税者と租税行政庁の双方にとって負担である。このため，課税関係の紛争の多くは，調査段階で終了する。そして，この税務調査の段階では，租税行政庁側と納税者側で折衝が行われ，その結果，課税関係をめぐる紛争が解決されることが非常に多い[9]。このような税務調査の段階における折衝は，納税義務の内容をめぐる法的紛争として，租税行政庁と納税者が対等な立場に立ち，透明性ある解決がなされるよう互いに努力することが必要である。特に，納税者側の立場に立つ税務の専門家である税理士の積極的な関与が期待される。

(2)　税務調査における折衝の捉え方

　税務調査における納税者の折衝の相手方である租税行政庁の目的が税額の増加であり，納税者の目的が税額の軽減にあるとすると，一方の利益は他方の利益に反するというゼロサム型の交渉[10]に陥る。

---

[9]　後に第4章第11節Ⅰ2（256頁以下）で述べる通り，租税訴訟の段階においては，租税債務が租税法規の定めにより画一的に成立，消滅する以上，それを当事者の互譲により和解で解決することは理論的に許されないと一般に考えられていることと対比すると，この点は注目に値する。

[10]　分配型交渉，敵対型交渉，win-lose 交渉などともいわれる。このタイプの交渉は，一定の利益を交渉当事者間で分配するために両者が競い合う（太田勝造＝草野芳郎編著『ロー

しかし，租税行政庁の目的が，租税法規の定める適正な租税債務の確定であり，納税者の目的が租税法規の定めている以上の租税負担の回避であると捉えると，税務調査における折衝は，両者ともに納得できる結論に達することが可能な統合型の交渉[11]となる。納税者としては，税務調査における折衝を統合型の交渉と捉え，租税行政庁とともに両者が納得できる結果を導くよう努力することが肝要である。

さらに，税務調査における折衝を合理的に進めるためには，BATNA（Best Alternative to a Negotiated Agreement：交渉がまとまらない場合に選択し得る最善の状態・代替案）を認識しておくことが重要である[12]。税務調査段階における折衝では，納税者には課税処分を受けて争訟に移行するという選択肢が常に控えているので，このような選択肢が納税者にとってのBATNAである。交渉を決裂させて，争訟に移行するかは，そのような選択肢をとった場合の時間的経済的負担と勝訴の見込みによって判断される。他方，租税行政庁にとっても，課税処分をなすと事務負担が大きいので，納税者の修正申告によって税務調査を終結させる方が望ましく，修正申告を待たずに課税処分をなすことは租税行政庁にとってもBATNAである。

2 納税者の対応

(1) 説得の相手方

租税行政庁は，税務調査の結果，納税者の申告内容に誤りがあるという結論に至ったにもかかわらず，納税者が修正申告に応じない場合には，課税処分をなそうとするのが通常である。これに対する納税者としては，処分権限を持つ租税行政庁を説得することを目的とした活動を行う必要がある。

税務調査に基づく課税処分は行政組織で行われることはいうまでもないが，納税者の折衝の実際の相手方は調査事案の担当調査官である。そこで，折衝では，担当調査官を通じて行政組織が納得できる主張と証拠を積み上げていくこ

スクール交渉学」（白桃書房，平成17年）（以下「太田他・交渉学」と引用）16頁）。
[11] 協力型交渉，問題解決型交渉，価値創出型交渉，win-win 交渉，ジョイント・ゲイン交渉，パレート改善型交渉などとも呼ばれるタイプで，交渉両当事者が交渉の動機・目的を提示する等利益の最大化を目指して協力しあうことにより，両者が利益を新たに創造し獲得していく交渉である（太田他・交渉学16〜18頁）。
[12] 太田他・交渉学20頁以下。

とになる。つまり，税務調査における折衝では，目の前にいる担当調査官の納得を得ることだけが目的でなく，その調査官の背後にある組織を納得させることが最終的な目標となる。

そのためには，判断を分けるような重要な点については，単に担当調査官の印象に訴えかけるのではなく，具体的な証拠に基づいた主張立証活動を行うことが重要である。

(2) 主張立証における留意点

租税行政庁が行う課税処分は最終的には司法の判断に委ねられる可能性があるから，税務調査における折衝の段階でも租税訴訟を念頭に置いて主張立証の問題を考える必要がある。主な留意点を挙げると，以下の通りである。

第一に，複雑な問題が争点となっている事案では，納税者側の主張を意見書という形で書面にまとめて提出するとよい[13]。税務調査における折衝の最終的な目標が担当調査官を通じて行政組織を説得することであることから，説得力のある意見書はそのような目標の達成に資する。

第二に，税務調査における立証の問題については，訴訟における証明責任の分配の考え方[14]に則して考えるべきである。しかし，正確にいえば，証明責任とは，訴訟の口頭弁論終結時に要件事実の存否が判明し得ないとき，その負担をどちらが負うかという問題であるのに対し，税務調査段階での立証は，争訟に持ち込まないで納税者の主張を通すことを目的としている。したがって，納税者としては，厳密な意味で自己が証明責任を負うか否かにかかわらず，自己に有利な事実を主張し，その主張を裏付ける証明をせざるを得ない。証明責任は，租税行政庁側にあると座して待つという姿勢は，特に税務調査における折衝の段階では，有効とは考えられない[15]。

---

[13] このような納税者側の主張をまとめた意見書の作成の仕方については，第4章第8節Ⅰ6（169頁以下）参照。

[14] 後に第4章第9節Ⅰ3(5)（202頁以下）で述べる通り，租税訴訟における証明責任については，課税要件事実については国が証明責任を負うと一般に考えられている（最判昭和38年3月3日・訟月9巻5号668頁）。また，課税標準について国が証明責任を負う以上，必要経費についても国が証明責任を負うのが原則である。しかし，必要経費の存在については納税者側が証明責任を負うとする裁判例（仙台地判昭和50年6月23日・訟月21巻9号1947頁，大阪高判昭和57年12月23日・行集33巻12号2671頁など）もあり，事案によってこの原則がどこまで貫かれるのかは必ずしも明らかではない。

[15] 後に第4章第8節Ⅰ2(5)（160頁）で述べる通り，租税訴訟の段階においても，被告国

第三に，立証の仕方にも配慮すべきである。関係者の証言は，担当調査官への口頭の陳述で足りる場合もあるが，必要であれば陳述書として提出すべきである。税務調査における折衝の最終目標は，目の前の担当調査官を説得することでなく，組織としての租税行政庁に納税者の主張を認めさせることであるから，かかる陳述書は，担当調査官が上司の納得を得るために必要となる記録の作成の際に有用である。

　第四に，税務調査における折衝が破綻し，租税行政庁が課税処分をなし，それを納税者が不服であるとして争う可能性が常にある以上，税務調査段階において主張立証活動を行う際にもその可能性を念頭に置きながら進めなければならない。具体的には，納税者が税務調査段階で行った主張や提出した証拠が後の争訟手続において，納税者の不利益に使われる危険性があるので，先々の展開にも十分な注意を払う必要がある。また，税務調査段階でどのような資料が租税行政庁に提出されたかは，詳細に記録しておくべきである(16)。

　第五に，後に述べる通り，税務調査段階における折衝では課税要件事実の証明が中心的な課題となるが，この証明は，司法手続における証明に比すとそれほど厳格なものではない。税務調査における折衝の段階では明確な法的紛争に至っていないのだから，担当調査官に対して，争いのある事実について合理的な説明と一応の証明ができれば足りるケースが多い。

IV　税務調査における争点

1　問題の所在

　先に述べた通り，納税義務は，租税法規に規定されている課税要件に該当する事実があれば当然に成立する。したがって，納税義務の存否，その多寡が問題となる税務調査における争点は，租税法規の解釈の問題と課税要件事実の存否の問題に二分することができる。税務調査における折衝も，この2つの問題

　側が課税処分の基礎となった事実を明らかにした場合，原告がそれと異なる必要経費，損金等に関する自己に有利な事実を主張しようとするときには，遅滞なく主張，証拠の申出をしなければならない（通法116条）。
(16)　重要な事実関係に争いがある租税訴訟において，被告国側の手持証拠を特定し，評価することが重要であることについて，第4章第9節Ⅰ4(3)（205頁以下）参照。

をめぐって行われる。

2 租税法規の解釈をめぐる折衝

(1) 通達の拘束力

　租税法規の解釈・適用についての租税行政庁の見解は，多くの場合，解釈通達の形で現れている。通達は，上級行政庁が法令の解釈や運用方針などについて下級行政庁に出す命令・指令（行組14条2項）であり，国民や裁判所を拘束することはないが，行政内部では拘束力を持つ。このような通達の中には，納税者の立場から見た場合，その合理性に疑問が生ずるものもないわけではない。

　例えば，配偶者控除（所法83条）との関係で問題となる「配偶者」という概念について，所得税基本通達2－46は，「法に規定する配偶者とは，民法の規定による配偶者をいうのであるから，いわゆる内縁関係にある者は，たとえその者について家族手当等が支給されている場合であっても，これに該当しない」と規定している。しかし，配偶者控除は実質的な担税力に着目した制度であるから配偶者控除の対象となる配偶者には内縁関係にある者も含まれるという立論も可能であろう。

　しかしながら，行政内部では通達が拘束力を有するため，仮に租税行政庁の一担当官がある通達の内容を不当違法だと考えても当該通達に拘束される。したがって，通達自体の是非を問う争点については，租税行政庁との折衝で解決点が見出される余地はない。つまり，税務調査における折衝の段階で，納税者が通達自体の不当性や違法性を主張しても，それを租税行政庁側が受け容れることはないので，意味はないといわざるを得ない。

　このような問題については，租税行政庁の課税処分を待って司法上の手続に移行し解決を図るほか方法はないであろう[17]。

---

[17] 最判平成17年2月1日（判タ1177号150頁）は，受贈者が贈与者から贈与を受けたゴルフ会員権を，後に譲渡した場合の当該会員権に係る譲渡所得の金額の計算（所法38条1項）が問題となった事案において，受贈者が当該会員権を取得するために支払った名義書換手数料が「資産の取得に要した費用」（所法38条1項）に当たるという判断を下した。この判決内容は，それまでの課税当局の取扱いとは大きく異なったものであったために，国税庁は，取扱いを改正する旨のQAを同庁のホームページに登載するとともに，平成17年7月には所得税基本通達38－9（非業務用の固定資産に係る登録免許税等）を改正し，同通達60－2を新設した（「最高裁判決を受けて改正された取扱通達を検討する〈上〉」税務通信2903号10頁）。

(2) 通達の解釈をめぐる折衝

　税務調査の段階では，解釈通達の内容自体が争われるのではなく，通達の文言の解釈をめぐって納税者と担当調査官の間で意見を異にする場合がある。解釈通達は，おおむね①確認型通達，②宥恕通達，③創設型通達の3種類に分けられるので，それぞれに応じて折衝の方針は，以下の通り異なってくる。

(a) 確認型通達

　まず，解釈通達の第一の類型として，租税法規の条文解釈上当然ではあるが誤解されないように解釈内容を確認する内容の確認型通達がある。

　例えば，居住者・非居住者の判定の基礎となる居住期間の計算に当たって，所得税基本通達2－4は，国税通則法10条1項に従い，初日不算入となることを確認している。

　こうした確認型通達については，その解釈をめぐって争う余地は少ないし，税務調査において問題となることも通常考えにくい。

(b) 宥恕通達

　次に，第二の類型として租税法規を形式的に適用すると社会的に妥当でない結果となる場合に，その適用範囲を制限したり，逆に拡張したりすることで，運用の妥当性を確保しようとする，いわゆる宥恕通達といわれるものがある。

　例えば，租税特別措置法関係通達（法人税編）61の4(1)−10の4は，自社製品等の被災者に対する提供は交際費等に該当しないとしている。あるいは，所得税基本通達28−5は，役員，使用人が雇用契約に基づき使用者から受ける結婚祝金品が給与所得に該当するとしながら，「その金額が支給を受ける者の地位等に照らし，社会通念上相当と認められるものについては，課税しなくて差し支えない」とするのがこれに当たる。

　こうした宥恕通達は，本来納税者に有利な租税法規の解釈適用を定めているのだから，そのまま適用される場合には，納税者にとって特段の問題は生じない。問題となるのは「社会通念上相当」ではないとしてその通達の適用が否定されようとするときである。そのような場合には，当該事案の事実関係が「社会通念上相当」かどうか，「社会通念」とは何か，という点をめぐって租税行政庁と納税者との間で見解が分かれることになる。

　このような抽象的概念についての見解の対立は，主観的な主張に終始しがちである。適当な統計資料などがあればよいが，そのような客観的資料がなくて

も，第三者の陳述書のように納税者以外の者の見解を揃え証拠として提出する等して，納税者の主張に客観性を持たせる努力が必要である。

(c) **創設型通達**

第三の類型は，通達が租税法規の運用上の基準として新しいルールを創設する場合である。

例えば，所得税基本通達36－40以下は，経済的利益として給与所得を構成する社宅家賃の通常の賃貸料の算定について，固定資産税課税標準額を基礎とする算定式を示している。また，法人税基本通達9－6－1以下は，貸倒れの認定要件について詳細に規定することで，貸倒れの認定のルールを創設している。

このように，創設型通達が租税法規の解釈運用のルールを定めている場合，先に述べた通り，通達は租税行政庁内部で拘束力を持つので，税務調査における折衝の段階では，実際上租税法規と同等の機能を果たすことになる。租税法律主義からして行政の内部規範である通達は租税法の法源ではなく，国民と裁判所を拘束するものではない。しかし，司法段階に移る前の税務調査の段階では，通達は折衝の一方を拘束し，その内容を変更することができない以上，事実上法規範として機能することになる。このため，税務調査の段階では，通達上のルールが租税法規の条文と同様の機能を果たす。租税法規が定める課税要件事実の存否をめぐる争いと同じように，創設型通達が定めるルールに該当する事実があるかどういう点が正に争点となる。

例えば，上記の貸倒認定のように通達で定められた詳細なルールがある場合には，税務調査段階での折衝は，通達ルールを前提にした上で，そのルールに当てはまる事実の存否が争われることが多い。

これに対し，納税者が創設型通達の定めるルール自体が不当であると考える場合も考えられる。こうした場合，税務調査の段階で通達そのものの効力を否定することは実際的ではないから，その厳格な適用を排除する理論を構築する必要がある。例えば，通達が規定するルールは，一般的事案を想定したものであるから，調査の対象になっている事案には適用されないと主張することが考えられる。その場合，納税者は，創設型通達の定めるルールの趣旨を明らかにし，自己の事案がどのような特殊性を持っているかを示した上で，当該通達ルールが適用されない旨主張することになる。

(3) 通達の不存在

租税行政庁の租税法規の解釈は，解釈通達に示されていることが多いが，時に解釈通達が存在しない場合がある。例えば，米国のLLCやケイマンの慈善信託など海外の様々な事業体を我が国の租税法がどのように扱うかという問題には公的解釈である通達が発遣されていない。

解釈通達がないということは，租税行政庁内部における公的解釈が未だ確立されていないということを意味するから，こうした領域が問題となるときには，納税者側が文献等の証拠資料を整え，自己の見解を示す姿勢が必要となろう。

3 課税要件事実の存否をめぐる折衝

(1) 問題の所在

税務調査における折衝を通じて浮かび上がってくる争点は，先に述べた通り，租税法規の解釈の問題である場合もあるが，実際には，課税要件事実の存否の問題の方が多い。そして，課税要件事実は，それぞれの租税実体法の定めるところによって変わってくるため，課税要件事実の存否をめぐる折衝の問題は，一般論にはなじまず，個別の租税実体法との関連で検討する必要がある。

そこで，以下では，所得に対する課税が問題となる所得税及び法人税，並びに相続財産に対する課税が問題となる相続税を取り上げ，実際の税務調査で問題となることが多い事実上の争点に言及した上で，納税者側の対処法について簡単に説明する。

(2) 所得課税（所得税及び法人税）と税務調査

(a) 税務調査の対象

税務調査の主な目的は，納税者の申告内容の是非を判断し，必要であれば是正するための資料の収集であるから，所得税及び法人税といった所得課税の税務調査の重点が所得の有無に置かれるのは当然である。所得は，収入・益金の額から必要経費・損金の額を控除して求められるので，具体的には，収入・益金の存否と必要経費・損金の存否が調査の対象となる。

(b) 税務調査の流れ

所得税及び法人税の税務調査は，通常，取引の事務作業の流れを追うところから始まる。見積依頼，見積，発注，受注，出庫，納品，請求，入金といった業務の流れを確認し，その間に作成される帳票，伝票，契約書等を把握する。

譲渡所得課税が問題となるような経常的な取引に該当しない取引がある場合には，その取引の過程を帳票，契約書等で確認していくことになる。

事業にかかわる経常的な取引であれば，業務の流れに関係する帳票を通常，期末期首の取引を中心に調査する。期末棚卸高は棚卸原票を手元に期末の仕入品目と翌期首の売上納品品目を照らし合わせることで計上漏れを確認する。

その後，販売費・管理費を確認調査し，併せて給与等の源泉税の計算を確認して通常の税務調査は終了する。

(c) **収入・益金をめぐる折衝**

(i) **収入・益金の存否**　収入・益金については，調査官は納税者の申告書に計上されたもの以外に存在するのではないかと調査し，納税者は申告書に計上したもの以外には存在しないことを主張する構造になる。

申告書に計上したもの以外に収入・益金が存在しないことを証明することは，事実の不存在を立証することになるので，納税者が積極的に証明し得る事項ではない。調査官の指摘を待って反論することになる。

租税行政庁が調査対象を選定し税務調査に着手するときには，その内容程度はともかく調査選定理由があるはずである。もし同業他社に比して収入・益金の額が低いということであれば，店舗立地が悪いとか，品揃えができないとか，その原因を説明し，理解を求めることになる。他の年度に比して，収入・益金の額が低いという疑問であれば，店舗改装中であったとか，取引上トラブルがあったとか，その年度に特有な事由を説明することになる。

調査官が既に何らかの資料を入手して，税務調査に臨む場合がある。資料箋といわれる取引先などからの情報，預貯金の出入に関する情報や高額品の購入実績などがある。調査官の疑念の根拠をできるだけ早期に開示してもらい，納税者が合理的な説明をすることができれば，税務調査も効率的に行うことが可能となる。

(ii) **収入・益金の阻害事実**　納品などがなされていても，値引，返品，解約などが発生する場合がある。こうした収入・益金の阻害事実は，納税者側が事情を積極的に説明することになる。

入金等の事実について，収入・益金を構成するものであるか，後に返済すべき負債としての性格のものかを問われることがある。負債であることを主張する納税者としては，自己の主張の根拠を示す契約書，メモなどに基づき，経緯，

事情を矛盾なく説明することになる。書類等で十分な説明ができない場合には，取引先等に説明をさせる必要が生じることもある。

(iii) **計上時期**　所得税及び法人税の税務調査では実務上，収入・益金の計上時期をめぐって，いわゆる「期ずれ」が問題になることが少なくない。その収入・益金がいずれの課税期間に属するかどうかが争点となる。売上収入の計上時期については，一般に権利確定主義[18]で判断されるので，この基準に従い個別の判断をすることになる。

一般の商取引においては，納税者と取引相手側に何らかの記録が残っているのが通常であるから，権利確定の時期については，それらの記録に基づいて判断されることになる。契約書，注文書，注文請書控え，納品受領書，検収通知書，請求書，受領書，運送業者請求書などの納税者の保有する資料が証拠となる。こうした書類は，継続的に作成されていることで信憑性が高まる。なお，収入・益金は，請求書の起票の時ではなく，商品又はサービスの提供の時に計上される。

取引先が会計上いつ受け入れているかということは，租税行政庁であれば反面調査で知り得るが，納税者は通常知り得ない。しかも，第三者である取引先が仕入の計上時期についてどのような会計処理をしているかが参考になることは否定できないが，納税義務は，納税者と国との二者間で成立するものであるから，第三者の会計処理は，決定的な意味を持たないことを認識しておくべきである。

(iv) **対価の適正性**　収入・益金の根拠となる取引については，取引対価が適正であるか否かが争点となることも少なくない。

通常の第三者間の取引においては，取引対価は独立した当事者間で交渉の上に成立したものと考えられるから，その適正性は一般に問題とならない。問題となるのは，グループ企業間の取引など，納税者が，対価の額の決定に影響を及ぼすことができる相手方との間で取引が行われた場合である。いわゆる独立企業間取引（arm's length transaction）でない取引について，実際の取引対価が正当であるかどうかが問われることになる。

---

[18] 現実の収入がなくても，収入すべき権利が確定した時点で所得が発生したものと捉える考え方をいう。所得税法も法人税法も一般に権利確定主義を採用していると考えられている（金子・租税法253頁，288頁）。

これは，国際課税の移転価格税制における独立企業間価格の算定の問題（措法66条の4）又は同族会社の行為計算否認の問題（所法157条，法法132条）と同質の問題である。商品の対価が低廉であるかという問題のほか，グループ企業への支援のための無利息融資や，役員への現物給与の評価が争点となることもある。
　租税行政庁が，実際に行われた取引の対価と異なるあるべき益金の額，収入金額があると主張するのは，arm's length transaction でないこと，租税負担の軽減以外の合理的な目的が見出し得ないときである。
　企業グループ内で資産の譲渡や事業譲渡が行われている場合であっても，実際には利害関係が対立する当事者同士の取引であり，両者が諸般の事情を考慮して合理的に決定したのであれば，納税者は，そのような事情を積極的に主張立証すべきである。
　また，その取引の結果，税負担が軽減されたとしても，その取引に経営上の合理的な目的があるならば，実際の対価が正当な金額である。例えば，換金を急ぐ経営上の理由があったとか，経営戦略上の目的を達成するための手段の一環であるような場合である。このような主張を裏付けるためには，当該取引の決定に至る過程が重要になる。稟議書，議事録，業務日誌など業務上の記録が有力な証拠となる。
　さらに，税務調査においては，対価の額の適正性の問題とその取引の決定の根拠と過程の問題は，相互に関連して捉えられることが少なくない。実際の対価の額が通常の時価から大きく離れていると考えられるほど，対価の決定根拠と過程についての納得できる説明が必要となる。また，現実の対価の額が，通常の時価に比して著しく乖離していれば，何らかの利益の還流があるのではないかとの疑念が持たれることもあり，こうした面での対応も必要となる。

(d) 必要経費・損金をめぐる折衝

(i) 必要経費・損金の存否　　税務調査においては，必要経費・損金が存在しないという指摘が租税行政庁からなされることが少なくないが，折衝の過程で納税者が必要経費・損金の存在を漫然と主張するだけでは不十分である。納税者の側から，必要経費・損金の事実の存在を積極的に主張立証していく必要がある。
　必要経費・損金と認められるためには，支出の事実とその支出が業務関連性

を持つことの2点が必要である。

　支出の事実は、領収書のほか、納品書、請求書、振込伝票などで裏付けられる。売上割戻しなどもその条件を示す資料が必要である。

　対外的な取引のうち経常的なものでない情報提供料、臨時の仲介手数料、リベートなどについては、領収書、銀行振込票のほか、その経緯、支給基準、判断過程などに関する資料を添えて説明することになる。

　販売費・一般管理費については、支出されていても業務関連性が問題となる場合がある。

　販売促進費については、その準備、計画、承認、報告を示す資料が提示できるとよい。

　法的整理に至らない貸倒れの事実は、回収に向けた努力を示す資料が必要である。電話催告の記録、催告書の控え、また相手先訪問の記録などが説明資料となる。

　従業員への福利厚生については、支出の事実とともに根拠となる就業規則や内部規程が重要である。旅費についても支出基準を示す資料が有効である。

　同業者団体などの負担金、地域社会への寄付などもその内容を示す資料が必要である。

　役員報酬、役員退職金については会社法上の手続を示す議事録が不可欠であると同時に、その額の合理性が問われる。特に非常勤役員の報酬などについては、その額が合理的であることを示す業務実績の記録が重要となる。

　交際費については、その支出が業務関連性を持つ事実を明らかにするため、社内の承認申請、実績報告等が有効である。販売促進費や会議費は、交際費と峻別するための支出内容、目的などが分かる資料が提示できるとよいであろう。

　(ii)　**計上時期**　　仕入の計上についても、売上と同様、「期ずれ」の問題がある。その問題への対応は、前述した収入・益金の計上時期について説明したところと同様である。

　支出についても当該事業年度の損金となるか、資産計上して翌期以降の損金とされるかという年度帰属の問題がある。例えば、資本的支出と修繕費の区別という形で問題になることもあるし、少額資産として損金算入が認められるかという点も問題となり得る。

　これらの判断基準については、通達に詳細な規定があり、租税実務上はこれ

に従うことになる。その判断を裏付ける資料として，仕様書，契約書，支出の内容を示す見積書などが重要となる。

(iii) **支出の性格** ある支出が損金性を持つ一時金・権利金なのか，投資としての性格を持つ出資金，あるいは預け金なのかが問題となることもある。税務調査対応を考えた場合，これらの支出の法的な性格は，契約書等に明記されていることが望ましい。

税務調査の過程では，租税行政庁から，役員に対する利益供与，あるいは使途不明金などが役員賞与であると主張されることが多い。役員賞与であれば法人税法上，原則として損金不算入となり法人の税負担が増加するとともに，個人の所得額も増加するという意味で極めて影響が大きい。

こうした金員の支出は，その実態が不明なことが多いが，社外に流出している場合でも，その支出内容，相手先が明らかでなければ，それが損金であると納税者が一方的に主張しても説得力に乏しい。このような場合における納税者の次善の策は，役員に対する貸付金という主張である。

役員に対する貸付金か役員賞与であるかは，納税者である法人と役員の認識による。つまり，後日役員からの返済を求める認識であれば貸付金に該当し，返済を求めない認識であれば役員賞与である。

税務調査の過程で，使途不明金の存在が判明し，この使途不明金を法人と役員が貸付金であると認識するのであれば，税務調査中であっても当該役員から法人に対する返済を直ちに実行し，返済の事実を基に賞与ではないという主張をすることも有効である。

(3) **相続税と税務調査**

(a) **税務調査の対象**

所得税及び法人税は，所得を課税の対象としているため，所得が生じる経済取引が税務調査の中心になる。これに対し，相続税は，人の死亡によって財産が移転する機会にその財産に対して課されるから，相続税の調査では，相続時点での相続財産の存否と評価が問題とされる。

相続税では最も事情を知っている被相続人が既にこの世にいない状況で税務調査が行われるため，事実の解明が困難である場合が少なくない。

(b) **相続財産の存否**

相続税の申告書に計上されていた財産以外の相続税対象となる財産があると

すれば，その存在を立証することは調査官の責務である。しかも，もし申告書に計上されていない相続財産があると主張するのであれば，その存在が現実に確認されなければならない。

したがって，晩年，被相続人の銀行預金から多額の引出があっても間接的な証明にすぎず，相続財産の存在を直接証明することにならない。相続発生前数カ月の間に，被相続人の預貯金等が引き出されている場合，こうした金員は，入院加療中の費用に費消されていることも少なくないため，相続時点で現金として残されていたか，あるいは何らかの形で隠匿されているかが立証されない限り，相続税課税の対象にならないと考えるべきである。

もっとも，相続人も知らなかった財産が税務調査を通じて発見されるのであれば，新たな相続税の負担が生じるとしても相続人にとっては不利益なことではない。

(c) 財産の帰属

相続人が知らないところで被相続人が相続人の名で株取引をしていたり，相続人名義の預貯金を持っていたりすることも少なくない。そのため，相続税の税務調査では，財産が誰に帰属していたかが争点となることがある。具体的には，相続人名義の財産の存在が確認された上で，これが本来の相続人固有の財産なのか，その名義は形式的なものであって実質は被相続人の遺した財産ではないかという点が争われる。

財産の帰属者は，原則としてその名義人であるから，相続人名義の財産が被相続人の財産であると主張するには，租税行政庁にその主張を裏付ける根拠が求められる。名義が単なる名義にすぎないというためには，少なくともその財産の管理支配を被相続人が行っていたという事実が明らかにされる必要があろう。

また，仮にその財産の現実的な支配管理を被相続人が行っていたとしても，相続人が自己の財産として認識し，かつその収益を享受しており，単に相続人の意思で当該財産の管理を被相続人に委託している場合も考えられる。こうした受益や委託の事実は，相続人である納税者が主張立証していくことになる。

(d) 相続財産の評価

金銭以外の財産が相続財産となるときは，その財産をいかに評価するかが問題となる。この財産評価については，財産評価基本通達に詳細な規定がある。

したがって、相続税の税務調査の段階では、財産評価基本通達の解釈適用が問題となる。

V　税務調査の終結

1　税務調査後の対応

　税務調査の結果、租税行政庁が当初の申告内容が誤っていると判断すると、納税者自らがこれを修正申告によって是正するよう慫慂するのが通常である。納税者がこの慫慂に応じて、修正申告書を提出すれば、原則としてそれで税務調査は完結する。これに対し、納税者が修正申告の慫慂に応じない場合には、租税行政庁は、課税処分をなすことにより、当初の申告内容を是正することになる。

2　修正申告

　修正申告は、当初の申告に誤りがあったことを認め、納税者自らが行う租税債務の確定行為である（通法19条）。このように、納税者が自ら修正申告を行うと、仮に税務調査の結果提出した修正申告の内容に不満がある場合でも、事後に納税者が行政不服申立て、租税訴訟という手続を踏むことはできなくなる。したがって、税務調査の結果、租税行政庁からなされる修正申告の慫慂に応じるかどうかの判断は慎重にすべきである。税務調査に関与する税理士としては、租税の専門家として、納税者に修正申告の内容と意味を十分説明し、納得してもらう（informed consent）必要があろう。税務調査を早期に終結させるために、関与税理士が不用意に修正申告に誘導することは適当ではない。
　但し、税務調査における折衝の過程では、争点を明確にするために一部修正申告をし、納得できる部分については納税することも1つの選択肢である。その場合には、残された争点について、折衝を続けることになる。
　このように、修正申告は、自ら不服申立ての途を閉ざすという効果を持つものの、納税者が修正申告の内容に納得できるのであれば、税務調査を早期に終わらせるための有効な方法である。こうして税務調査が早期に終了し、争訟手続に移行することを回避できれば、租税行政庁と納税者の双方にとってメリッ

トがある場合が少なくない。したがって，修正申告の慫慂と受け容れは，事実上の和解として機能する面があり，どの段階でいかなる妥協点を見出すかは，税務調査における折衝の要となる。

3 不服申立て

税務調査の結果，租税行政庁が慫慂する修正申告の内容に納得できない納税者は，修正申告の受け容れを拒否することになるため，最終的には租税行政庁による課税処分を受けることになる。その場合には，納税者は，当該課税処分の全部又は一部の取消しを求めて，通常，行政不服申立手続（原則として異議申立てと審査請求）及び租税訴訟という2段階の争訟手続を踏むことになる。後に，第4章第4節Ⅰ2(2)（139頁以下）で述べる通り，課税処分の取消訴訟においては，不服申立前置主義がとられているため，行政不服申立手続を踏んで初めて司法救済を求めることが可能になる。

第2節　本件の検討

I　税務調査の経緯

平成2年12月11日，Z税務署において，Xの平成元年分の所得税申告に関する税務調査が開始された。本件調査は，東京国税局資料調査課の特別国税調査官3名が担当した。

これに対し，納税者側は，X自身と申告書を作成した税理士である税理士麻が調査に立ち会った。

なお，税務調査段階での租税行政庁側との折衝は，合計7回くらい行われている。

II　調査の要点

本件税務調査の要点は，以下の通りである。

1　調査官の質問及び指摘事項

本件税務調査において，担当調査官は，以下の点を指摘し，本件譲渡資産の収入金額を10億円として修正申告書を提出するよう慫慂した。
① Xが購入した本件取得資産の取得価額が低すぎる。Y社が本件取得資産をいくらで購入したのか知っているのか。
② Xと地上進との間で進められた本件取引において画策があったと推測される。
③ 本件譲渡資産の時価と本件取得資産の時価はほぼ等価であると考えられる。したがって，本件譲渡資産の譲渡対価は本件取得資産の時価である7億円と差金として受け取った3億円の合計額，即ち10億円となる。

2　納税者側の回答及び反論

これに対し，X及び税理士麻は，以下の通り主張するとともに，修正申告書の提出を拒否した。
① 本件取得資産を低額で購入したという認識はない。Y社が本件取得資産をいくらで購入したかは全く知らないし，また知る必要もない。
② 「画策」とはどういうことなのか，分からない。
③ 本件譲渡資産の譲渡対価は契約書及び申告書に記載の通り7億円であるから，修正申告には応じられない。

III　その後の調査の経緯

1　調査担当の変更

東京国税局資料調査課の調査の後，Xは，今後の調査は，所轄のZ税務署が引き継ぐとの連絡を受けた。

調査担当の変更後，Z税務署よりXに対し何度か呼出しがあったが質問内容は東京国税局資料調査課のものとほとんど変わらず，課税の根拠条文も明らかにされなかった。

2　Z税務署の最終結論

平成4年8月頃，Z税務署より，Xは，初めて課税の根拠条文を明らかにした資料の提示を受けた。同資料によると，Z税務署の考え方は，本件取引を交換取引と捉え，所得税法36条（収入金額）により，Xの譲渡所得金額を増額し，課税するというものであった。

このようなZ税務署側の主張に対し，本件取引を交換取引と捉える理由がないことを中心に，X側も資料を提出し反論するが，一切妥協点が見出せなかった。このため，X及び税理士麻は，修正申告の慫慂を拒否し続け，Z税務署長が課税処分を行うことを覚悟した。

Ⅳ 処分の内容

　上記のような税務調査の結果，Z税務署長は，平成5年3月3日付で，Xに対する平成元年分の所得税の更正及び過少申告加算税の賦課決定（以下「本件課税処分」と略称する。）を以下の通り行った。

　なお，本件課税処分において，Z税務署長は，本件取引を交換取引と捉え，本件譲渡資産の譲渡対価及び時価が9億8,000万円であることを前提として，Xの譲渡所得金額を計算しているが，どのようにして上記金額が算定されたかは不明である。

　この結果，Xは，本件課税処分の全部取消しを求めて，不服申立手続をとることになった。

書式例1：更正・加算税の賦課決定通知書

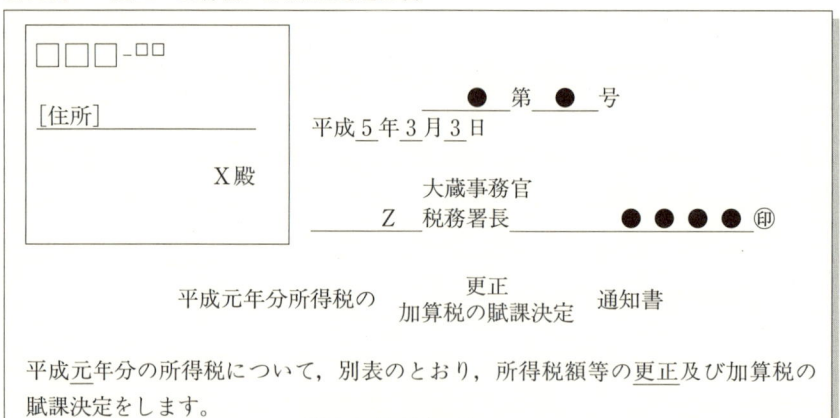

```
┌─────────────────┐
│ □□□-□□          │         ＿＿＿● 第 ●＿＿＿号
│ [住所]           │         平成 5 年 3 月 3 日
│                  │
│          X殿     │              大蔵事務官
│                  │         ＿Z＿税務署長＿＿＿＿●●●●㊞
└─────────────────┘
```

　　　　　　　　　　　　　　　　　更正
　　　　　　平成元年分所得税の　　　　　　　　　　　　通知書
　　　　　　　　　　　　　　　　加算税の賦課決定

平成元年分の所得税について，別表のとおり，所得税額等の更正及び加算税の賦課決定をします。

　　この結果，この通知により　新たに納付すべき　税額は，下表のとおりになります。
　　　　　　　　　　　　　　　減　少　す　る

本税の額 (別表⑫の©欄の金額)		円 ●	○ この新たに納付すべき税額は，平成5年4月5日までに日本銀行（本店，支店，代理店，歳入代理店），郵便局又は当税務署へ納付してください。
加算税の額	過少申告加算税 (別表⑮の©欄の金額)	●	○ また，本税については，確定申告期限の翌日から納付する日まで年7.3パーセント（上の納期限の翌日から2月を経過した日以後は年14.6パーセント）の割合で延滞税がかかりますから，裏面の「延滞税の計算方法」により延滞税を計算して同時に納付してください。
	重加算税 (別表⑱の©欄の金額)	－	

○　この処分に不服があるときは，この通知を受けた日の翌日から起算して2月以内に　__Z　税務署長__[19] __国税局長__に対して異議申立又は国税不服審判所長（提出先は，__東京__国税不服審判所長主席国税審判官）に対して審査請求をすることができます。

○　この処分の理由

> Xが平成元年分譲渡所得を申告された本件譲渡資産の譲渡価額について，申告額は7億円ですが調査しましたところ9億8000万円[20]であるので更正します。
>
> 4.4

本表の二

---

[19]　後に第3章第3節Ⅰ1（46頁）で説明する通り，税務署長のした処分に対して異議申立てを行う場合には，当該税務署長に対して行う（通法75条1項1号）。但し，税務署長のする処分であっても，その処分を通知する書面に，調査が国税庁又は国税局の職員によって行われた旨の記載がある場合には，異議申立ては，それぞれ国税庁又は所轄国税局長に対して行う（通法75条2項）。本件の税務調査は，途中まで東京国税局の職員が担当していたが，最終的にはZ税務署の職員が調査を引き継いだ（第2章第2節Ⅰ～Ⅲ（36～37頁））ため，本件課税処分の通知書には，「この処分は，東京国税局の職員の行った調査に基づいて行いました」という趣旨の記載はない。したがって，本件課税処分に対する異議申立ては，原則通り，Z税務署長に対して行われなければならない。

[20]　本件譲渡資産の譲渡対価に関する租税行政庁側の主張は，本件課税処分時が9億8,000万円であったのに対し，不服申立手続段階では10億4,200万円（59頁，98～99頁），本件訴訟段階では10億円（183頁）にそれぞれ変わっている。

第3章

行政不服申立手続

第1節　はじめに

　租税法律関係に関する紛争（租税争訟）について納税者が救済を求める方法としては，行政庁に対するもの（行政救済）と裁判所に対するもの（司法救済）の2つがある。この2つの救済方法のうち，我が国は，行政救済を司法救済に先行させる原則を採用している。

　しかも，行政救済手続としては，原則として，課税処分を行った税務署長等に対する異議申立てと国税不服審判所長に対する審査請求という2段階の手続が用意されている。

　そこで，本章では，行政救済の意義と仕組みについて概観[1]した上，本件の行政救済手続が具体的にどのように進行していったかについて説明する。

　なお，租税争訟に関する行政救済及び司法救済の概要を簡単に図示すると，次頁の図の通りである。

---

(1) 第3章全般について山田二郎＝石倉文雄『税務争訟の実務』（新日本法規出版，改訂版，平成5年）（以下「山田＝石倉・税務争訟の実務」と引用）2頁以下，62頁以下，148頁以下参照。

現行の行政救済及び司法救済の概要

```
                                                              ┌─────────┐
                                                              │ 裁判所  │
                                                              └────┬────┘
                                                                   │
                                            ┌──────────────────────┴──┐
                                            │        訴　訟           │
                                            └──┬────────────────────┬─┘
                                               │                    │
                                       ┌───────┴────────┐           │
                                       │ 3カ月を経過    │           │ 6カ月以内
                                       │ しても裁決な   │           │ (行訴14③)
                                       │ し(通法115①)   │           │
                                       └───────┬────────┘           │
                                               │         ┌──────┐   │
                                               │         │裁決  │───┘
                                               │         └──┬───┘
┌─────────────────────────────┐                │            │
│ 通達の解釈と                │                │            │
│ 異なるとき                  │                │            │
│ 重要な先例と                │                │            │
│ なるとき                    │                │            │
│ (通則99)                    │                │            │
│ ┌──────┐                    │                │            │
│ │国税審 │                    │                │            │
│ │議会   │                    │                │            │
│ └──┬───┘                    │                │            │
│ 諮問│↑議決                  │                │            │
│     │                        │                │            │
│ ┌───┴──┐                    │                │            │
│ │国税庁│                    │                │            │
│ │長官  │                    │                │            │
│ └───┬──┘                    │                │            │
│ 意見│↑指示                  │                │            │
│ 申出│                        │                │            │
│ ┌───┴──┐                    │                │            │
│ │国税不 │───────────────────┤                │            │
│ │服審判 │                    │                │            │
│ │所長   │                    │                │            │
│ └───────┘                    │           ┌────┴──────┐    │
└─────────────────────────────┘           │ 審査請求  │◀───┘
                                           └────┬──────┘
                                                │          1カ月以内
                                      2カ月以内 │          (通法77②)
                                      (通法77①)│
                                                │       ┌──────────┐
                                                │       │異議決定  │
                                                │       └────┬─────┘
                                 ┌──────────────┴──────┐     │
                                 │3カ月を経過しても異議│     │
                                 │決定なし(通法75⑤)    │     │
                                 │(審査請求できる旨の教│     │
                                 │示をする(通法111①))  │     │
                                 └─────────────────────┘     │
                                                             │
                                        ┌────────────┐       │
                                        │ 異議申立て │◀──────┘
                                        └─────┬──────┘
                                              │
                            選択              │         ┌──────────┐
                           (通法75①)          │         │税務署長等│
                                              │         └────┬─────┘
                                              │2カ月以内     │
                                              │(通法77①)    │
                                        ┌─────┴──────┐      │
                                        │ 納税者     │◀─────┘
                                        └────────────┘
                                                      ┌────────────┐
                                                      │更正・決定  │
                                                      │滞納処分等  │
                                                      └────────────┘
```

(所得税、法人税の青色申告
書に係る更正の場合
異議申立てできる旨の教示
がない場合等)

(国税庁ホームページの図を若干変更の上掲載)

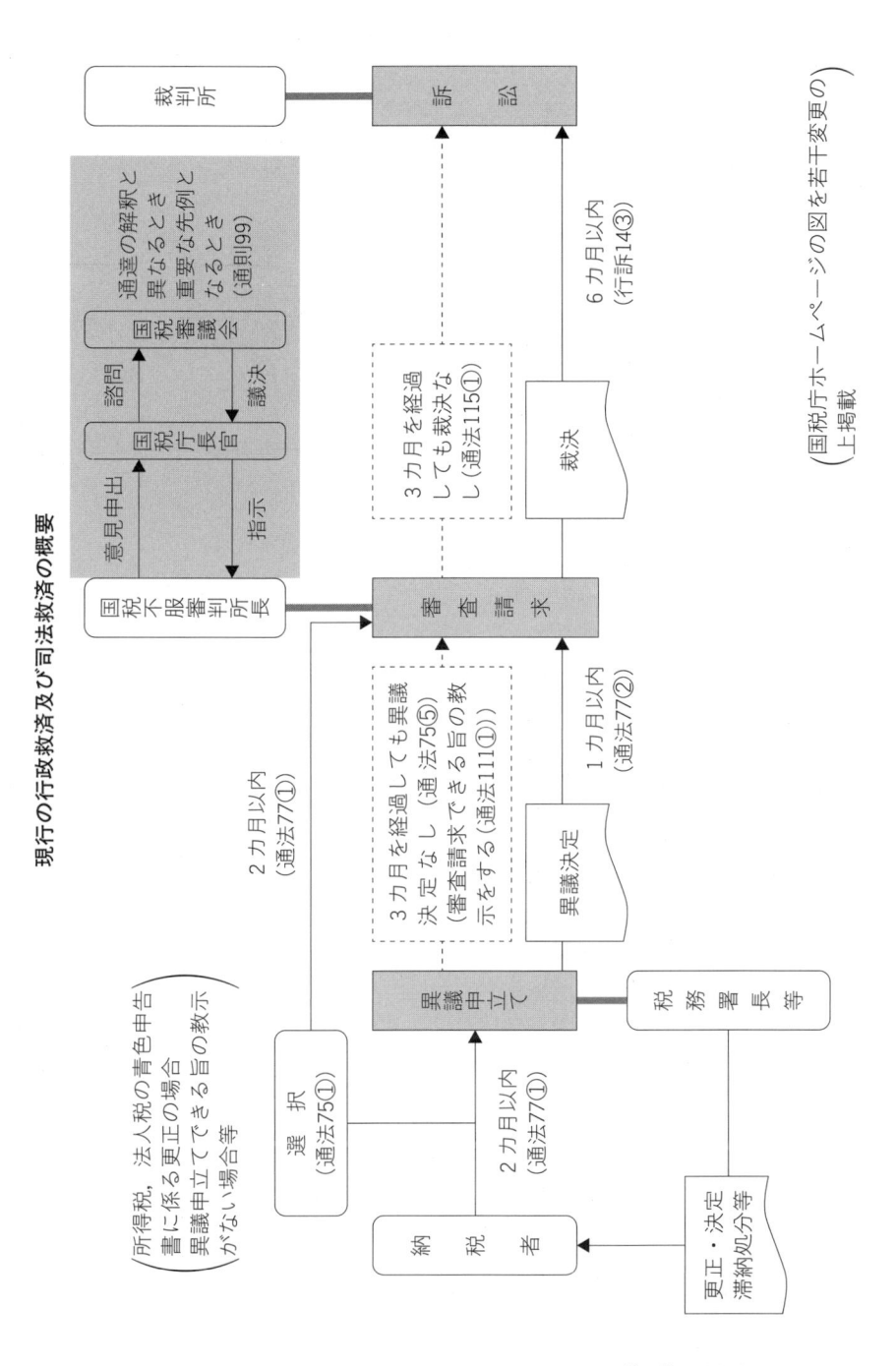

第2節　行政不服申立手続の位置付け

1　租税争訟の種類と不服申立前置

　租税法律関係に関する争訟である租税争訟は，行政庁に対して救済を求める行政救済（行政不服申立手続）と裁判所に対して救済を求める司法救済（租税訴訟）の2つを総称する概念である。

　我が国の租税争訟制度は，行政救済と司法救済の2つの救済方法を認めるとともに，不服申立前置主義を採用している。即ち，税務署長等が行った更正・決定などの課税処分，差押えなどの滞納処分（以下「原処分」と略称する。）があったときに，その処分に不服がある者は，原則として，まず行政救済を求め，その後に司法救済を求める仕組みがとられている（通法115条等）。

　特に，行政不服申立手続として行われる税務署長等の処分に対する行政救済としては，異議申立てと審査請求の2段階の不服申立手続を経るのが原則である（通法115条1項）。

　行政不服申立手続は多分に専門的であり，納税者本人が単独で処理することは必ずしも容易ではない。そこで，不服申立人は，弁護士，税理士その他適当と認める者を代理人に選任することができる（通法107条1項）。

　なお，訴訟費用の納付を要する訴訟と異なり，異議申立て，審査請求に当たって手数料などを納める必要はない。

2　不服申立前置主義の趣旨

　上記のような不服申立前置主義が採用されるに至った理由としては，一般に以下の2点が挙げられている[2]。

　第一に，租税の確定と徴収に関する処分が毎年大量にのぼるため，裁判所の負担能力を超えた訴訟事件の発生を防ぐためには，行政不服申立手続によってなるべく多くの事件を解決する必要がある。

---

[2]　金子宏『租税法』（弘文堂，第11版，平成18年）（以下「金子・租税法」と引用）794頁。

第二に，租税事件が複雑な課税標準の認定を内容とする場合が多く，多分に専門的・技術的な性格を持っているため，まず行政段階で十分な審理を行い，争点の整理をする必要がある。

第3節　異議申立手続

Ⅰ　概　説

本節では，現行法の下で原則として2段階の手続を踏むことを要請している行政不服申立手続のうちの第1段階をなす異議申立手続について概説する(3)。

1　異議申立て

税務署長等の行った処分に不服がある者は，原則として処分があったことを知った日の翌日から起算して2カ月以内に，その処分をした税務署長等に対し異議の申立てをすることができる（通法75条1項，77条1項）。

このように税務署長のした処分については，当該税務署長に対して異議申立てをすることになるが，その処分を通知する書面に，調査が国税局又は国税庁の職員によって行われた旨の記載がある場合には異議申立ての名宛人が異なってくる。即ち，このような記載がある場合の異議申立ては，その調査が国税局の職員によるときは，所轄の国税局長に対して行い，同調査が国税庁の職員によるときは，国税庁長官に対して行う（通法75条2項）。その場合でも，異議申立ては，当該処分をした税務署長を経由してすることもでき（通法82条1項），異議申立期間の計算については，異議申立書が税務署長に提出された時点が基準となる（通法82条3項）。

2　異議申立手続の審理

異議申立ては，原処分を行った行政庁に対して異議申立書1通を提出することにより行う（通法81条，124条）。

異議申立てがあったときは，異議審理庁は，まず手続要件等を満たしているかどうかの審理を行い，要件を満たしていることが確認されたら，内容につい

---

(3) 泉徳治＝大藤敏＝満田明彦『租税訴訟の審理について』（法曹会，改訂新版，平成14年）（以下「泉他・租税訴訟の審理」と引用）21頁以下参照。

ての審理（本案審理）を行う。

　異議申立人は，異議申立書に加え，自己の主張を補強する書面を提出するとともに，自己の主張を裏付け，あるいは原処分庁の主張を否定する証拠書類等を提出することができる。さらに，異議申立人は，異議審理庁に対し，申立てにより，口頭意見陳述の機会を求めることができる（通法84条1項）。

　異議申立ての本案審理は，上記のような異議申立人提出の資料，並びに異議審理庁が保管する資料によって行われるのが原則である。これらに加え，異議審理庁は，必要な質問，検査等を行うことができる（所法234条，法法153条等）。

　但し，異議審理庁の調査は，原処分庁の行った調査に基づく課税処分が正しいかどうかをもう一度改めて見直すという点に本質があるため，原処分担当者と別の者が異議審理庁としての調査を行うことになっている。

3　異議決定の種類

　異議審理庁は，調査審理の結果，結論を出すに熟したという判断に至ったときには，異議決定を行う。

　このような異議決定は，以下の3つに区分できる。

(1) 却　下

　法定期間経過後の異議申立て等，異議申立てがその要件を満たしていない場合には，却下の異議決定がなされる（通法83条1項）。

(2) 棄　却

　異議申立てに理由がないと認められるときには，棄却の異議決定がなされる（通法83条2項）。

(3) 原処分の全部若しくは一部の取消し又は変更

　異議申立てに理由があると認められるときには，決定で当該申立てに係る原処分の全部若しくは一部を取り消し又は変更する（通法83条3項）。但し，異議申立人に不利になるように，原処分を変更することは許されない（通法83条3項但し書）。

4　異議決定の方式

　異議決定は，異議決定書の謄本を異議申立人に送達することによって行われる（通法84条3項）。

異議決定書には，異議決定の理由を附記しなければならず，異議決定が原処分の全部又は一部を維持するときには，その附記理由において，原処分を正当とする理由が明らかにされなければならない（通法84条4項，5項）。

II 本件の検討

1 異議申立手続の経緯

本件取引の実行，税務調査に基づく本件課税処分，異議申立手続の経緯を時系列に沿ってまとめると，以下の通りである。

なお，本件の異議申立手続は，Xの顧問税理士である税理士麻が担当した。

日付	事項	備考
平成元年3月23日	本件取引実行	本件取引の概要については第1章第2節（8頁以下）参照
平成2年3月14日	Xが所得税の確定申告	
平成2年12月〜平成4年8月	税務調査	本件の税務調査の概要については第2章第2節（36頁以下）参照
平成5年3月3日	Z税務署長がXの平成元年所得税につき課税処分	書式例1（38頁以下）参照
平成5年4月27日	Xの本件課税処分に対する異議申立て	書式例2（49頁以下）参照
平成5年7月27日	Xの本件課税処分に関する異議決定（棄却）	書式例3（51頁以下）参照

2 異議申立書の概要

(1) 名宛人

本件においては，平成5年4月27日付で，本件課税処分の全部取消しを求めて，以下の通り異議申立てが行われた。

本件の税務調査は，途中まで東京国税局の職員が担当していたが，最終的にはZ税務署の職員が調査を引き継いだ（第2章第2節I〜III（36〜37頁））た

書式例2：異議申立書

様式1

※整理欄	郵便局受付日付		整理簿	審理表	連絡せん
	平成　年　月　日	確認印			

平成 5 年 4 月 27 日

Z税務署長　殿

異 議 申 立 書（処分用）

異議申立人	住所(納税地)	【住所】	郵便番号
			電話番号
	氏名又は名称	X	
	法人代表者住所		郵便番号
			電話番号
	法人代表者氏名		
代理人	住　　　所	【住所】	
			電話番号
	氏　　　名	税理士麻　　㊞	

平成 5 年 3 月 3 日付でされた下記1の処分について，不服があるので異議申立てをします。

記

1. 異議申立てに係る処分
   平成元年分所得税の更正処分及び過少申告加算税の賦課決定処分

2. 処分の通知を受けた日　　　　　平成 5 年 3 月 4 日
   通知を受けない場合には，
   処分があったことを知った日

3. 添付書類
   ・1　売買契約書コピー3部，2　領収証コピー2部，3　委任状1部
   ・
   ・

○処分があった時以後に納税地に異動があった場合の記載事項
　　処分をした税務署長＿＿＿＿＿＿＿税務署長
　　処分の際の納税地

4．異議申立ての趣旨及び理由
(1) 趣　旨
　　所得税の更正処分及び過少申告加算税の賦課決定処分の全部取消しを求める。

(2) 理　由（この欄に書ききれないときは，別紙に書いてください。）
　　平成元年分譲渡所得における譲渡価額について，申告額●円に対し，●円と認定した原処分は取消しが相当である。
イ　本件譲渡資産の譲渡価額　7億円
　　平成元年3月23日 X が所有していた本件譲渡資産（明細省略）について，X が Y 社との間で行った不動産売買契約は，別添契約書コピー1の通りであり，その譲渡価額は7億円である。
ロ　本件取得資産の購入価額　4億円
　　平成元年3月23日 Y 社が所有していた本件取得資産（明細省略）について，X と Y 社は売買契約（別添契約書コピー2，3の通り）を締結し，譲渡価額を各購入物件につきそれぞれ3億1600万円と8400万円とし，それぞれ同日譲渡代金の決済をしたことは領収証コピー2通（別添参照）より確認できる。
　　上記イ及びロは，本件が何れも X と Y 社双方の真正な売買契約に基づいて行われたことを示すものであり，本件譲渡資産の譲渡価額と異なる金額を認定した原処分は，取引自由の原則を無視しており，違法である。

め，本件課税処分の通知書には，東京国税局の職員の行った調査に基づく旨の記載はない（書式例1（38頁））。したがって，本件課税処分に対する異議申立ては，原則通り，Z税務署長に対して行われている。

(2) 理由の要旨

異議申立ての理由の要旨は，以下の通りまとめることができる。

「（3通の契約書に従い本件取引を説明した上，本件取引の）事実関係は何れも売主と買主双方の真正な売買契約に基づいて行われたものであり，本件譲渡資産の譲渡価額を別途認定した原処分は取引自由の原則を無視しており違法である。」

なお，本異議申立書には，以下の書類の写しが証拠書類として添付された。

① 本件取引の3通の不動産売買契約書等
② 本件取引に際しY社が発行した領収証

3 異議決定に至る経緯

本件異議申立手続において，異議審理庁と異議申立人との間の折衝は，特に行われていない。

異議審理庁は，平成5年7月27日付で，以下の通り，本件課税処分に関する異議申立てを棄却した。

書式例3：異議決定書

異議決定書

●資特第65号
平成5年7月27日
Z税務署長
● ㊞

異議申立人
　住所（納税地）●
　氏名又は名称　X
　代表者氏名

　　上記異議申立人から平成5年4月27日付でされた平成5年3月3日付の平成元年分所得税の更正処分及び過少申告加算税の賦課決定処分に対する異議申立てについて，下記の通り決定します。

記

○主文
　異議申立てをいずれも棄却します。

○理由
　別紙の通り。

　この決定を経た後の処分に不服があるときは，この決定書の謄本の送達があった日の翌日から起算して1月以内に国税不服審判所長に対して審査請求をすることができます。もし審査請求をされる場合には，東京国税不服審判所長首席国税審判官（〒102　東京都千代田区九段南1-1-15）に審査請求書を提出してください。

　異議決定の理由

1　異議申立人（以下「申立人」といいます。）は，Z税務署長（以下「原処分庁」といいます。）が平成5年3月3日付でした平成元年分所得税の更正処分（以下「本件更正処分」といいます。）及び過少申告加算税の賦課決定処分（以下「本件賦課決定処分」といいます。）の全部の取消しを求め，次の通り主張されます。

　(1)　申立人は，平成元年3月23日に申立人が所有していた東京都●所在の宅地90平方メートル（以下「本件譲渡土地」といいます。）及び同所●所在の建物（以下「本件譲渡建物」といい，本件譲渡土地と併せて「本件譲渡資産」といいます。）を株式会社Y社（以下「Y社」といいます。）に7億円で売り渡した。

　(2)　申立人は，平成元年3月23日にY社が所有していた東京都●所在の宅地79平方メートル（以下「本件取得土地」といいます。），同所●所在の借地権30平方メートル（以下「本件取得借地権」といい，本件取得土地と併せて「本件取得資産」といいます。）及び同所同番所在の建物（以下「本件取得建物」といいます。）をY社から，本件取得土地については3億1600万円，本件取得借地権及び本件取得建物については8400万円でそれぞれ買い受けた。

　(3)　上記(1)と(2)の取引は，いずれも申立人とY社双方の真正な売買契約に基づいて行われたものであるから，これらの異なる契約を1つの取引と認定し，本件譲渡資産の譲渡価額を別途に認定した本件更正処分は取引自由の原則を無視した違法なものである。

2　しかしながら，次に述べる通り，本件更正処分は適法に行われており，申立人の主張には理由がありません。
(1)　所得税法36条《収入金額》1項及び2項の規定によれば，譲渡所得の金額の計算上収入金額とすべき金額は，金銭以外の物又は権利その他経済的な利益をもって収入する場合には，その金銭以外の物又は権利その他経済的な利益の価額とするとされており，その金銭以外の物又は権利その他経済的な利益の価額は，当該物若しくは権利を取得し，又は当該利益を享受する時における価額とされています。
(2)　異議調査担当者が調査，審理したところ，次の事実が認められます。
　イ　平成元年3月23日付，売主を申立人，買主をY社，売買代金を7億円とする本件譲渡資産に係る売買契約書（以下「本件譲渡資産の売買契約書」といいます。）が存すること。
　ロ　昭和63年8月1日付，売主をM不動産株式会社（以下「M不動産」といいます。），買主をM商事株式会社（以下「M商事」といいます。），売買代金を5億5300万円とする本件取得土地に係る売買契約書が存すること。
　ハ　平成元年3月23日付，売主をM商事，買主をY社，売買代金を6億3200万円とする本件取得土地に係る売買契約書が存すること。
　ニ　平成元年3月23日付，売主をY社，買主を申立人，売買代金を3億1600万円とする本件取得土地に係る売買契約書（以下「本件取得土地の売買契約書」といいます。）が存すること。
　ホ　平成元年2月28日付，売主を借家二郎，買主をY社，売買代金を1億8900万円とする本件取得借地権及び本件取得建物に係る売買契約書が存すること。
　ヘ　平成元年3月23日付，売主をY社，買主を申立人，売買代金を8400万円とする本件取得借地権及び本件建物に係る売買契約書（以下「本件借地権の売買契約書」といいます。）が存すること。
　ト　Y社は本件譲渡土地を含めた一団の土地を平成2年8月2日付の売買契約により転売していること。
　チ　Y社は申立人に本件取得資産を譲渡したことに伴い生じた譲渡損失を上記のトで述べた一団の土地の売上の原価に算入していること。
　リ　Y社の担当者である地上進は，原処分庁の調査担当者（以下「調査担当者」といいます。）に対して次の通り申述していること。
　　(イ)　本件譲渡資産の買収を担当した。
　　(ロ)　最初，買収交渉を地元の不動産業者に任せた。

(ハ) 本件譲渡資産の買収交渉の経過について地元の不動産業者から次のような報告を受けている。
　A　買収交渉はすべて，X本人と行った。
　B　本件譲渡土地の買取価格を坪当たり2000万円から2500万円位で提示したところ，その倍の金額を要求された。
　C　昭和62年4月頃になって本件譲渡資産の譲渡に応じる代わりとして，代替地を要求された。
　D　代替地として本件取得土地を見せたところ面積が狭いといって本件取得土地に隣接している本件取得借地権も要求された。

(ニ) 本件取得土地を所有者のM不動産から申立人が直接買い受けることとなり，昭和63年6月17日付で売主をM不動産，買主を申立人，売買代金を5億5300万円（以下「本件取得土地の購入予定額」といいます。）とする本件取得土地に係る売買契約書をM不動産，申立人双方の了解のもとで作成し，当日●銀行●支店に関係者が集合したが，申立人に同行した甲野太郎弁護士（以下「甲野弁護士」といいます。）の意見で申立人の署名捺印が得られなかった。

(ホ) 甲野弁護士は申立人の代理人となっている。

(ヘ) 昭和63年8月頃，「申立人又は甲野弁護士から本件譲渡資産と本件取得資産の売買を同日付で行いたいので本件取得資産はY社で買い上げ安く転売して欲しい」との申出があった。

(ト) 本体譲渡資産の売買に係る国土利用計画法第23条第1項の規定に基づく届出書（以下「国土法の届出書」といいます。）は，Y社と甲野弁護士に確認をとって譲渡価額を8億円と記入したうえで売主欄を空欄にし甲野弁護士に渡した。

(チ) 上記(ト)に記載した国土法の届出書は，昭和63年11月4日に提出したが勧告を受けたため甲野弁護士が譲渡価額を7億円に変更し昭和63年11月21日に提出したところ，昭和63年11月25日付の不勧告通知を受けた。

(リ) 昭和63年12月頃，甲野弁護士から，本件取得資産のほかに現金を要求され，平成元年2月には同弁護士から本件譲渡資産の譲渡価額は7億円とし，その対価として本件取得土地を3億1600万円，本件取得借地権を8400万円で取得することとする価額の振り分けと差額3億円（以下「本件差金」いいます。）は現金で授受する旨の提示があった。

(ヌ) 上記(リ)で述べた内容により売買契約を締結しようと平成元年2月28日に関係者が集まったが，本件取得建物の明渡しが完了していないこ

とを責められ成約に至らず，以後売買契約書は甲野弁護士が作成することとなった。
　(リ)　申立人から代替物件として要求された本件取得借地権の買い取り価額は，上記(ニ)に記載した本件取得土地の購入予定額を参考にして決めた。

ヌ　Y社の代表取締役の元締太郎は，調査担当者に対して次の通り申述していること。
　(イ)　本件譲渡資産の買収のため地上進に担当させた。
　(ロ)　交渉経過については地上進から逐次報告を受けていた。
　(ハ)　Y社は上記リの(ハ)で述べた要求に応じ本件代替地を取得することとしたが，資金の都合上M商事に5億5300万円で一旦買い取ってもらい，後に金利相当分を上積みし6億3200万円で買い戻した。
　(ニ)　代替地の要求に応じ，本件取得借地権及び本件取得建物を借家二郎から1億8900万円で取得した。
　(ホ)　申立人から本件取得借地権を更地の状態で引き渡すようにいわれたので本件取得建物を解体した上で本件取得借地権を引き渡した。
　(ヘ)　平成元年3月23日，●銀行●支店に，申立人，元締太郎ほか関係者が集まり，甲野弁護士の作成した本件譲渡資産の売買契約書，本件取得土地の売買契約書及び本件取得借地権の売買契約書に署名捺印し，Y社は申立人に●銀行●支店振り出しの小切手で本件差金3億円を支払った。
　(ト)　本件取得土地の売買契約書，本件取得借地権の売買契約書に記載されている契約金額の算定根拠は分からない。
　(チ)　本件譲渡資産の売買契約書に記載の契約金額7億円は，国土法の届出のための価額にすぎず，本件譲渡資産の実際の対価は本件取得資産となる。
　　　また，甲野弁護士に本件取得資産を仕入金額以下で申立人に譲渡することになるから，その差額について受贈益として課税される旨忠告したところ，甲野弁護士は，「Y社が譲渡損となるだけで，税法上は通る」と答えた。
　(リ)　本件取得土地は，M商事に依頼し，申立人の本件取得土地の購入予定額と同額の5億5300万円で取得させた。
　(ヌ)　申立人に渡した本件取得資産の仕入金額は，特別に高い価額ではなく，一般の取引価額であると認識している。

ル　申立人は，平成2年3月に元年分の所得税の確定申告書に譲渡内容に

ついてのお尋ね（以下「本件お尋ね」といいます。）及び譲渡所得計算明細書（以下「本件計算明細書」といいます。）を添付し原処分庁に提出しているが，本件お尋ね及び本件計算明細書には，要旨として次の通り記載されていること。
　㈲　譲渡した資産は，本件譲渡土地及び本件譲渡建物であり，その収入金額は，7億円である。
　㈹　本件譲渡資産の譲渡代金のうち居住用部分の金額は，●円，事業用部分の金額は，●円である。
　　また，本件譲渡資産の譲渡代金のうち居住用部分については，租税特別措置法（以下，平成3年法律第16号による改正前のものをいい，以下「措置法」といいます。）31条の4を，事業用部分については措置法37条を適用する。
　㈺　本件譲渡資産の譲渡にかかる買換資産の予定価額は，4億円である。
(3) 以上の事実を総合勘案すると，次の通り判断されます。
　イ　申立人の主張について
　　　申立人は，本件譲渡資産に係る取引と本件取得資産に係る取引は，別個独立の取引である旨主張されますが，前記(2)のイないしヌの事実を勘案すると両取引は，申立人が本件譲渡資産をY社に譲渡する代価としてY社に対し本件取得資産と本件差金を要求したことからY社は，申立人が要求するままに本件取得資産を他から購入し申立人に引き渡したもの，即ち，その実質は交換取引であると認められますから申立人の主張には理由がありません。
　ロ　本件取得資産の価額について
　　　以下の理由により，本件取得資産の価額は，申立人の本件取得土地の購入予定額5億5300万円及びY社が借家二郎から本件取得借地権を購入した価額1億8900万円の合計額7億4200万円と認められます。
　㈲　上記(2)のリの㈡の事実によれば，申立人は本件取得土地を本件取得土地の購入予定額で直接購入することに1度は承諾したこと[4]。
　㈹　上記(2)のヌの㈲の事実によれば，申立人から本件取得土地を要求されたY社は，M商事に依頼し本件取得土地を取得したが，M商事がM不動産から購入した金額は，申立人の本件取得土地の購入予定額と同

---

[4] このように，異議決定は，昭和63年6月17日に，XがM不動産から，本件取得土地のみを，売買代金5億5,300万円で買い取ることを一旦承諾したという事実を認定し，この事実を，本件取得土地の時価算定の根拠の1つに挙げている。これに対し，裁決では，この事実の有無に特に言及していない（94～95頁）。他方，第一審判決は，地上進が上記契約書をXの関与なくして作成したという認定をしている（273頁注(178)参照）。

56　第3章　行政不服申立手続

額の5億5300万円であること。
- (ハ) 上記(2)のリ及びヌの事実によれば，Y社は，申立人からの要求に応じ本件取得資産を本件譲渡資産の代替物件として取得したものであり，取得価額についても，特別に高い価額ではなく，一般の取引価額であると認識していること。
- (ニ) 上記(2)のリの(ハ)の事実によれば，Y社は，本件取得土地と隣接する宅地に存する本件取得借地権を申立人の本件取得土地の購入予定額を基に1億8900万円で取得したこと。
- (ホ) 上記(2)のヌの(ホ)の事実によれば，Y社は，申立人からの求めに応じて本件取得借地権を更地として引き渡していることから，Y社が取得した本件取得借地権の価額1億8900万円には，本件取得建物の価額は含まれていないこと。
- (ヘ) 上記(2)のヌの(ト)及び(チ)の事実によれば，本件取得土地の売買契約書に記載の契約金額3億1600万円，本件取得借地権の売買契約書に記載の契約金額8400万円は，いずれも甲野弁護士が提示し記載した金額であって，Y社はその算定根拠を知らず，また，これらの契約金額については，一般の取引価額より低額であると認識していますから，これらの金額を本件代替地等の価額とすることはできないこと。

ハ 本件譲渡資産の譲渡収入金額について
前述した通り，申立人は本件譲渡資産の譲渡対価として本件取得資産と本件差金を取得したものと認められますから，本件譲渡資産の譲渡収入金額は，前記(1)から本件取得資産の価額と本件差金の合計額10億4200万円となります(5)。

ニ 本件更正処分について
本件譲渡資産の譲渡に係る収入金額は，前述した通り10億4200万円となり，申立人の譲渡所得の金額は別表1の⑧欄の通り●円また，納付すべき税額は別表2の⑨欄の通り●円となるところ，これらの金額は本件更正処分の金額を上回りますから，この金額の範囲内で行った本件更正処分は適法です。

3 本件賦課決定処分について
本件更正処分は適法であり，申立人の場合，国税通則法65条4項に規定す

---

(5) このように，異議決定では，本件譲渡資産の譲渡対価は，10億4,200万円であるという認定をしており，この認定額は，本件課税処分の際の時価認定額を上回っている（なお，本件課税処分時の本件譲渡資産の時価認定額は9億8,000万円であるが，この時価がどのように算定されたかは不明である（38頁）。）。これに対し，第一審判決は，本件譲渡資産の時価が10億円であると認定している（280頁）。

第3節　異議申立手続　57

る「正当な理由があると認められるものがある場合」に該当しませんから、同条1項及び2項の規定に基づき過少申告加算税を賦課したことは適法です。
 4　以上述べた通り、申立人の主張にはいずれも理由がなく、本件更正処分及び本件賦課決定処分は適法かつ正当ですから、処分を取り消すべき理由はありません。
　　別表1　（譲渡所得の金額の計算）（略）
　　別表2　（納付すべき税額の計算）（略）

　　本書は、異議決定書の謄本である。

　　　　　　　　　　　　　　　　　　　　　　　平成5年7月27日
　　　　　　　　　　　　　　　　　　　　　　　Z税務署長●　㊞

4　異議決定（棄却）の概要

(1)　異議決定の理由の要旨

　本件課税処分の適法性を肯定し、異議申立てを棄却した異議決定の理由の要旨は、以下の通りである。
　(a)　所得税法36条（収入金額）の1項及び2項の規定によれば、譲渡所得の金額の計算上収入金額とすべき金額は、金銭以外の物又は権利その他の経済的利益をもって収入する場合には、その金銭以外の物又は権利その他の経済的利益の価額とするとされており、その金銭以外の物又は権利その他の経済的利益の価額は、当該物若しくは権利を取得し、又は当該利益を享受する時における価額（時価）である。
　(b)　（本件取引に関連する事実認定を行った上）本件取引は、Xが本件譲渡資産をY社に譲渡する代価としてY社に対し、本件取得資産と本件差金を要求したことからY社は、Xが要求するままに本件取得資産を他から購入し、Xに引き渡したもの、即ち、その実質は交換取引と認められる。
　(c)　本件取得資産の価額は、以下の合計額である7億4,200万円であると認められる。

Xの本件取得土地の購入予定価額：	5億5,300万円
Y社による本件取得借地権・本件取得建物の購入価額：	1億8,900万円
合計額：	7億4,200万円

　上記の通り，Xの甲土地の購入予定価額を5億5,300万円であるとの認定がなされたのは，(a)M商事がM不動産から本件取得土地を実際に購入した価額が5億5,300万円であることのほか，(b)昭和63年6月17日付で，売主M不動産，買主X，売買代金5億5,300万円の内容の売買契約書が双方了解の下に一旦作成されたという事実（但し，Xの代理人である甲野弁護士の意見で最終調印に至らなかった。）に基づいている(6)。

　また，異議審理庁は，本件取得資産の売買契約に実際に記載された金額のいずれも甲野弁護士が提示した金額であり，Y社は，その算定根拠を知らず，また上記金額は一般の取引価額より低額であると認識していたことを根拠に，上記契約書記載の金額を本件取得資産の価額とすることはできないと判断している。

　(d)　本件取引の実質が交換取引であり，本件取得資産の時価が7億4,200万円であることからすると，本件譲渡資産の譲渡収入金額は，以下の通り10億4,200万円となる(7)。

本件取得資産の価額：	7億4,200万円
本件差金：	3億円
合計額：	10億4,200万円

　(e)　上記(d)を基に計算したXが納付すべき税額は本件課税処分の金額を上回るから，同処分は適法である。

(2)　Xの対応

　上記の通り，異議決定は，X側の主張を全く考慮せず，本件課税処分の適法性を追認するものであった。このため，Xは，異議決定になお不服があるので，第2段階目の行政不服申立手続である審査請求手続を行うことになった。

---

(6)　但し，第一審判決は，上記売買契約書が交渉の過程で地上進（Y社の交渉担当者）が作成したもので，Xがその作成に関与したものではないとの事実認定をしている（273頁）。
(7)　本件譲渡資産の譲渡対価に関する租税行政庁側の主張は，本件課税処分時が9億8,000万円（39頁）であったのに対し，不服申立手続段階では10億4,200万円（審査請求段階につき98～99頁），本件訴訟段階では10億円（183頁）にそれぞれ変わっている。

第3節　異議申立手続　59

第4節　審査請求手続

I　概説

本節では，現行法の下で原則として2段階の手続を踏むことを要請している行政不服申立手続のうちの第2段階をなす審査請求手続について説明する[8]。

1　審査請求の意義

異議決定があった場合において，当該異議申立てをした者が当該決定を経た後の処分になお不服があるときは，原則として異議決定書の謄本の送達があった日の翌日から起算して1カ月以内に国税不服審判所長に対して，審査請求をすることができる（通法75条3項，77条2項）。この場合における審査請求の対象となるのは「原処分」である（通法76条1号は「異議決定」を不服申立てのできない処分としている。）。異議申立てが却下された場合も審査請求ができる。

審査請求は，原則的には，行政救済手続の中で，異議申立てに次ぐ第2次的な不服申立方法であるが，以下のような場合には例外的な取扱いが認められている。

① 青色申告書に係る更正に不服があるとき，その他国税通則法75条4項所定の場合には，異議申立てをしないで直接審査請求をすることができる。

なお，直接審査請求を選択できるのは，青色申告書に係る更正処分及びこれに伴う加算税の賦課決定処分に関してであり，「青色申告の承認取消処分」については，直接審査請求することはできない。また，青色申告の承認取消処分が行われた場合には，その取り消された年分以降は白色申告として取り扱われることになるので，更正処分についても，直接審査請求を選択することはできない。したがって，例えば，青色申告をしていたところ「青色申告の承認取消

---

(8)　泉他・租税訴訟の審理22頁以下。

処分」とともに取り消された年分の「更正処分」を受けた場合は，いずれの処分も審査請求を直ちに選択することはできず，まず異議申立てを行うことになる。

② 異議申立てをした日の翌日から起算して3カ月を経過しても異議決定がないときには，決定を経ないで，審査請求をすることができる（通法75条5項）。

③ 税務署長に異議申立てがされた場合に，当該税務署長がその異議申立てを審査請求として取り扱うことが適当であると認めてその旨を異議申立人に通知し，当該異議申立人がこれに同意したときは，その同意があった日に審査請求があったものとみなされる（みなす審査請求）（通法89条1項）。

さらに，審査請求がされた日の翌日から3カ月を経過しても裁決がなされないときには，裁決を経ることなく，直ちに裁判所に出訴することができる（通法115条1項但し書）。

2 審査請求手続の審理

(1) 審査請求書の提出と要件審理

審査請求は，国税不服審判所長に対し，審査請求書（正副）2通を提出することにより行う（通法87条，124条）。直接持参して提出することはもちろん，郵便等により送付することもできる。原処分を行った税務署経由でもよい。郵送等の場合は，実際に審判所に到達した日ではなく，その郵便物等の通信日付印により表示された日（その表示がないか，それが明瞭でない場合には，その郵便物等について通常要する送付日数を基準とした場合にその日に相当するものと認められる日）に提出があったものとみなされる（通法77条5項，22条）。

なお，審査請求書には，審査請求の趣旨及び理由を計数的に説明する資料を添付するよう努めなければならない（通令32条）。

審査請求があったときは，国税不服審判所長は，まず手続要件等を満たしているかどうかの審理（形式審査）を行い，法律の規定に従っていないもののうち補正できるものであるときは補正を求め，手続要件を満たしていることが確認されたら，内容についての審理（実質審査）を行う。

(2) 答弁書の提出と担当審判官の指定

審査請求人が審査請求書を適法に提出した場合には，国税不服審判所長は，

審査請求書副本を原処分庁に送付し，原処分庁から答弁書を提出させる（通法93条）。

この答弁書が提出されると，国税不服審判所長は，審査請求事件の調査及び審理を行わせるために，担当審判官1名，参加審判官2名以上を指定する（通法94条）。

(3) 調査審理手続

審査請求人は，答弁書の副本の送達を受けたときは，その答弁書に対する反論書を提出することができる（通法95条）。

審査請求人は，自己の主張を裏付け，又は原処分庁の主張を否定する証拠書類，証拠物等を担当審判官宛に提出することができる（通法95条）。

審査請求人は，審査請求事件の担当審判官に対し，申立てにより，口頭意見陳述の機会を求めることができ，また担当審判官の許可を得て補佐人とともに出頭することもできる（通法101条1項，84条1項）。

他方，原処分庁は，審査請求に係る原処分の理由となった事実を証する書類その他の物件を担当審判官に提出することができる（通法96条1項）。審査請求人は，原処分庁から提出された書類その他の物件の閲覧を求めることができ，担当審判官は第三者の利益を害するおそれがあるなど正当な理由があるときでなければ閲覧を拒むことはできない（通法96条2項）。閲覧の日時，場所が指定され書面で審査請求人に通知される（通法96条2項）。

審査請求人の主張と原処分庁の主張とを対比し，事件の争点が決まると，原則として両者が提出した資料に基づいて事実の調査が行われる（通法95条，96条）。それらによって真実を発見することが不十分と認められるような場合には，審判所は，職権による調査を行い，職権収集による証拠資料を加えて判断する（通法97条）。即ち，担当審判官が審理を行うために必要があると判断したときは，具体的に次のような行為をすることができる。

① 審査請求人，原処分庁，関係人その他参考人に質問すること。
② 上記①の者の帳簿書類その他の物件について，その所有者，所持者若しくは保管者に対し，当該物件の提出を求め，又はこれらの者が提出した物件を留め置くこと。
③ 上記①の者の帳簿書類その他の物件を検査すること。
④ 鑑定人に鑑定させること。

(4) 実質審理の範囲
(a) 総額主義と争点主義

審査請求の実質的な範囲については，いわゆる総額主義と争点主義という2つの異なる考え方がある[9]。総額主義とは，審理の範囲は原処分によって認定された所得金額全体の当否に及ぶという考え方であり，争点主義とは，審理の範囲は原処分の認定額のうち審査請求の対象となる争点事項とこれに密接に関連する事項に限定され，これを争点として審理されるという考え方である。

国税通則法に民事訴訟法246条（判決事項）のような明文規定がないこと，審理は職権審理を建前とし，国税不服審判所は，請求人の主張しない理由についても審理することができ，請求人の提出しない証拠を取り調べることもできることから，国税不服審判所の審理の範囲については，総額主義によっているものと一般に考えられている。

最判昭和49年4月18日（訟月20巻11号175頁）も，審査手続における審査の範囲につき，「本件決定処分は，上告人の昭和38年における総所得金額に対する課税処分であるから，その審査手続における審査の範囲も，右総所得金額に対する課税の当否を判断するに必要な事項全般に及ぶものというべきであり，したがって，本件審査裁決が右総所得金額を構成する所論給与所得の金額を新たに認定してこれを考慮のうえ審査請求を棄却したことには，所論の違法があるとはいえない…そして，本件決定処分取消訴訟の訴訟物は，右総所得金額に対する課税の違法一般であり，所論給与所得の金額が，総所得金額を構成するものである以上，原判決が本件審査裁決により訂正された本件決定処分の理由をそのまま是認したことには，所論の違法は認められない。」と判示し，審理の範囲について総額主義を採用することを肯定している。

(b) 審査請求の実務

これに対し，不服審査基本通達（審査請求関係）97-1によると，争点主義的

---

(9) 泉他・租税訴訟の審理95頁以下。
　なお，総額主義と争点主義は，主として課税処分の取消訴訟の対象との関係で議論され，取消訴訟において理由の差替えがどこまで許されるかという局面で問題となる（第4章第8節Ⅰ5（165頁以下）参照）。しかし，本文で述べたように，不服申立手続の審理の範囲との関係で，総額主義と争点主義が議論されることもある。

(10) 国税不服審判所『審査事務の手引』（平成14年）手続編第5章（争点の範囲の確定）参照。

運用をなす旨が示されており，さらに審査請求の実務に関する国税不服審判所内部の手引[10]においては，以下に述べる通り，争点主義的運営を原則とする考え方が示されている。

「実質審理は，原処分の総額に及ぶものではあるが，国税不服審判所は納税者の権利救済機関であることに基づき，審査手続上の諸権利を尊重するとともに，その運用に当たっては総額主義に偏することなく，争点主義の精神を生かして審査請求人等が十分にその主張を尽くし得るように配慮することとされており，また，審査手続における質問，検査は，審査請求人の正当な権利利益の救済のためのものであって，新たな課税漏れ発見のためのものではないことを銘記し，それが濫用にわたらないよう慎重を期することとされていることに留意する。」（同手引501-1）

このように，国税不服審判所も，実質審理の範囲について，裁判所と同様，理論的には総額主義に立つものであるが，実際の運営に当たっては審査請求人と原処分庁の主張の相違点である争点を明確に把握して，この争点を中心にして調査・審理を行うこととしている。そして，このような争点主義的運営は，審査請求人の権利救済に資するのみならず，事件の効率的な処理にも有益であると考えられている（同手引第5章要点）。

3 裁決の種類

調査審理が進行し，結論を出すに熟したという判断に至ったときには，担当審判官1名及び原則として2名の参加審判官の過半数により議決が行われる（通令35条）。国税不服審判所長は，却下裁決以外の本案についての裁決を行うときには，上記の議決に基づいて行わなければならない（通法98条3項）。

国税不服審判所長の行う裁決は，以下の(1)ないし(3)の3つに区分できる。

(1) 却　下

法定期間経過後の審査請求等，審査請求がその要件を満たしていない場合には，実質審理に入ることなく却下の裁決がなされる（通法92条1項）。

(2) 棄　却

審査請求に理由がないと認められるときには，棄却の裁決がなされる（通法98条1項）。

(3) 原処分の全部若しくは一部の取消し又は変更

　審査請求に理由があると認められるときには，裁決で当該審査請求に係る原処分の全部若しくは一部を取り消し又は変更する（通法98条1項，2項）。但し，審査請求人に不利になるように，原処分を変更することは許されない（通法98条2項但し書）。

　なお，変更裁決としては，耐用年数の短縮に関する処分，相続税額及び贈与税額の延納条件に関する処分，納税猶予に関する処分についての変更などがある。

4　裁決の方式

　裁決は，国税不服審判所長が裁決書の謄本を審査請求人に送達することによって行われる（通法101条1項，84条3項）。

　この裁決書には，裁決の理由を附記しなければならず，裁決が原処分の全部又は一部を維持するときには，その附記理由において，原処分を正当とする理由が明らかにされなければならない（通法101条1項，84条4項，5項）。

　納税者が国税不服審判所長の裁決になお不服があれば，さらに裁判所に訴訟を提起し，司法救済を求めることになる（なお，審査請求がなされた日の翌日から起算して3カ月を経過しても裁決がなされないときには，裁決を経ることなく出訴できることについて，通法115条1項1号参照）。

5　取消し・変更裁決の拘束力

　原処分を取り消し，又は変更する裁決が行われると，その裁決自体の効力により，原処分は当然に取り消され，又は変更される。しかし，その後税務署長等が当該裁決で排斥された理由と同一理由に基づいて再更正処分をすると，裁決が無意味となり，権利救済の目的を達成できなくなる。そこで，これを防止するため，「裁決は関係行政庁を拘束する」とし，裁決の主文及び主文と一体不可分の理由については，関係行政庁を拘束する特別の効力（拘束力）が認められている（通法102条1項）。但し，原処分の処分理由以外の別の理由に基づく更正処分をなすことまでが拘束を受けるわけではない。

　なお，この裁決の拘束力は，原処分の当否についての判断もしていない「却下」裁決と原処分の違法又は不当でないことを判断したにとどまる「棄却」裁決には生じない。

II 本件の検討

1 審査請求手続の経緯

本件取引の実行，税務調査に基づく本件課税処分，異議申立て，審査請求手続の経緯を時系列に沿ってまとめると，以下の通りである。

なお，本件の審査請求手続も，Xの顧問税理士である税理士麻が引き続き担当した。

日付	事項	備考
平成元年3月23日	本件取引実行	本件取引の概要については第1章第2節（8頁以下）参照
平成2年3月14日	Xが所得税の確定申告	
平成2年12月～平成4年8月	税務調査	本件の税務調査の概要については第2章第2節（36頁以下）参照
平成5年3月3日	Z税務署長がXの平成元年分の所得税につき課税処分	書式例1 （38頁以下）参照
平成5年4月27日	本件課税処分に対する異議申立て	書式例2 （49頁以下）参照
平成5年7月27日	本件課税処分に関する異議決定（棄却）	書式例3 （51頁以下）参照
平成5年8月26日	本件課税処分に関する審査請求	書式例4 （67頁以下）参照
平成5年10月28日	Z税務署長が答弁書提出	
平成5年12月17日	Xが反論書提出	
平成7年4月27日	本件課税処分に関する裁決（棄却）	書式例5 （73頁以下）参照
平成7年7月21日	本件課税処分の取消訴訟の提起	

2 審査請求書の概要

(1) 審査請求書の提出

本件においては，平成5年8月26日付で，本件課税処分の全部取消しを求めて以下の通り審査請求が行われた。

書式例4：審査請求書

審査請求書（初葉）

収受日付印

（注）必ず次葉とともに、正副2通を提出してください。

※審判所処理事項

通信日付	確認印	整理簿記入

国税不服審判所長　殿

① 請求年月日　平成　5　年　8　月　26　日

審査請求人

② 住所・所在地（納税地）　〒　[住所]

③ （ふりがな）氏名・名称　X　㊞　電話番号　―　―

④ 法人の代表者又は総代

住所・所在地　〒

（ふりがな）氏名・名称　㊞　電話番号

総代が互選されている場合は総代選任届出書を必ず添付してください。

⑤ 代理人

住所・所在地　〒　[住所]

（ふりがな）　ぜいりしま
氏名・名称　税理士麻　㊞　電話番号　―　―

委任状を必ず添付してください。

審査請求に係る処分（原処分）

⑥ 原処分庁　（　Z　）税務署長・（　　　）国税局長・その他（　　　　　　　　　　　　）

⑦ 処分日等
- 原処分（下記⑧）の通知書に記載された年月日　：　平成　5　年　3　月　3　日付
- 原処分（下記⑧）の通知を受けた年月日　：　平成　5　年　3　月　4　日

⑧ 処分名等（該当する番号を○で囲み、対象年分等は該当処分名ごとに記入する。）

税目	処分名	対象年分等
1 申告所得税	① 更正	平成元年分
	2 決定	
	3 青色申告の承認取消し	
	4 更正の請求に対する（更正すべき理由がない旨の通知・更正）	
	5 その他（　　）	
2 法人税	⑥ 加算税　ⓐ 過少申告加算税の賦課決定	平成元年分
	b 無申告加算税の賦課決定	
	c 重　加算税の賦課決定	
3 消費税・地方消費税	1 更正	
	2 決定	
	3 更正の請求に対する（更正すべき理由がない旨の通知・更正）	
	4 その他（　　）	
4 相続税		
5 贈与税	5 加算税　a 過少申告加算税の賦課決定	
	b 無申告加算税の賦課決定	
6 地価税	c 重　加算税の賦課決定	
7 源泉所得税	1 納税の告知	
	2 加算税　a 不納付加算税の賦課決定	
	b 重　加算税の賦課決定	
8 その他		

※印欄には書き入れないでください。

付表1号様式（初葉）

第4節　審査請求手続

審 査 請 求 書 （次 葉）

| | | 審査請求人氏名（名称） | X |

原処分に係る異議申立ての状況	⑨異議申立てをした場合（該当する番号を◯で囲む。）	異議申立年月日　　　　　：　平成　5　年　4　月　27　日 ① 異議決定あり　　異議決定書謄本の送達を受けた年月日　：　平成　5　年　7　月　28　日 2 異議決定なし	
	⑩異議申立てをしていない場合（該当する番号を◯で囲む。）	1 所得税又は法人税の青色申告書に係る更正であるので，審査請求を選択する。 2 原処分の通知書が国税局長名（国税局長がした処分）であるので，審査請求を選択する。 3 原処分の通知書に異議申立てをすることができるという教示がない。 4 その他 （　　　　　　　　　　　　　　　　　　　　　　　　　　　　　　　　　）	
⑪審査請求の趣旨（処分の取消し又は変更を求める範囲）	◎該当する番号を◯で囲み，必要な事項を記入してください。 ① 全部取消し………初葉記載の原処分の全部の取消しを求める。 2 一部取消し………初葉記載の ＿＿＿＿＿＿＿＿＿＿＿＿＿＿＿＿＿＿＿＿＿＿＿＿＿＿＿＿＿＿＿＿＿＿＿＿＿＿＿ ＿＿＿＿＿＿＿＿＿＿＿＿＿＿＿＿＿＿＿＿＿＿＿＿＿＿＿＿＿＿の取消しを求める。 3 その他………＿＿＿＿＿＿＿＿＿＿＿＿＿＿＿＿＿＿＿＿＿＿＿＿＿＿＿＿＿＿ ＿＿＿＿＿＿＿＿＿＿＿＿＿＿＿＿＿＿＿＿＿＿＿＿＿＿＿＿＿＿＿＿＿＿＿＿＿＿＿	
⑫審査請求の理由	◎取消し等を求める理由をできるだけ具体的に，かつ，明確に記載してください。 なお，この用紙に書ききれないときは，適宜の用紙に記載して添付してください。 別紙審査請求の理由書の通り。	
⑬添付書類の確認（該当する番号を◯で囲む。）	1 委任状　　2 総代選任届出書 ③ 審査請求の趣旨及び理由を計数的に説明する資料 ④ その他 （　甲野太郎弁護士の陳述書　　　　　　　　　　　　　　　　　　　　　　）	

◯審査請求書の記載に当たっては，別紙「審査請求書の書き方」を参照してください。　　　付表１号様式（次葉）

審査請求の理由書

　Z税務署長（以下「原処分庁」という。）は、平成5年3月3日付で、審査請求人Xの平成元年分の所得税の更正処分及び過少申告加算税の賦課決定処分をなした。
1　Xの譲渡の内容は下記の通りである。
　(1)　Xは、平成元年3月23日にXが所有していた本件譲渡資産（明細省略）をY社に対し7億円で売り渡した。
　(2)　Xは、平成元年3月23日にY社が所有していた本件取得資産（明細省略）を、Y社から本件取得土地については3億1600万円、本件取得借地権（本件取得建物を含む。）については8400万円でそれぞれ買い受けた。
2　Xの平成元年分の所得税確定申告の内容は下記の通りである。
　(1)　譲渡資産の譲渡収入金額は●円である。
　(2)　さらに、当時の租税特別措置法を適用し、譲渡金額を計算した（明細省略）。
3　ところで、原処分庁の更正処分は、Xの平成元年分の所得税につき譲渡所得金額●円の申告に対し、●円が正当であるというものである。つまり、本件譲渡資産の譲渡収入金額7億円の申告に対し、9億8000万円である旨の更正処分である。
　審査請求人は、この処分を不服として、全部取消しを求め、平成5年4月27日に原処分庁に対して異議申立てをしたところ、平成5年7月27日付で原処分庁より異議申立てを棄却する旨の異議決定書の送達を受けた。
4　異議決定書によると、原処分は次の理由により正当であるとされている。
　(1)　審査請求人は、本件譲渡資産に係る取引と本件取得資産に係る取引が別個独立である旨主張するが、本件取引は、Xが本件譲渡資産をY社に譲渡する代価としてY社に対し、本件取得資産と本件差金を要求したことからY社は、Xが要求するままに本件取得資産を他から購入し、Xに引き渡したもの、即ち、その実質は交換取引と認められる。
　(2)　Xは、本件取得土地を直接購入することを一度は承諾している。Y社は、M商事に依頼し、本件取得土地を取得したが、M商事が従来同土地を所有していたM不動産から購入した金額は、Xの当初の購入予定金額と同額の5億5300万円である。
　(3)　Y社は、本件取得土地の取得価額についても特別に高い価額ではなく、一般の取引価額と認識している。また、Y社は、本件取得土地と隣接する

本件取得借地権を 1 億8900万円で取得している。
- (4) 本件取得資産の各売買契約書に記載された金額は，いずれも甲野太郎弁護士が提示した金額であって，Y 社は一般の取引価額より低額であることを認識している。
- (5) 以上の理由により，本件取得土地の価額は X の当初購入予定額 5 億5300万円，Y 社が借家二郎から本件取得借地権を購入した価額 1 億8900万円の合計額 7 億4200万円と認められる。

　また，本件取引が交換取引と認められるため，本件差金 3 億円を加算した合計額10億4200万円が譲渡収入金額となる。

5　しかしながら，この更正処分は，以下に述べる理由により不当かつ違法な処分である。
- (1) そもそも売買契約は，「売る」という意思表示と「買う」という意思表示の合致により成立する。そのために売買の目的物と代金額が取り決められなければならない。

　契約の締結方法に制限はないから，口頭の契約でも有効であるが，不動産売買等の重要な契約では，契約書を取り交わすのが一般的である。

　異議決定においては，本件取引を交換取引と認定しているが，本件において交換契約書は存在せず，本件譲渡資産の売買契約書及び本件取得資産の購入契約書のみであるから，一方的に交換取引と認定するのは違法である。
- (2) 昭和63年 6 月17日付で，売主 M 不動産，買主 X，売買代金 5 億5300万円の内容の売買契約書が双方了解の下に一旦作成されたが，甲野太郎弁護士の意見で最終調印に至らなかったという事実はない。また，仮に当該価額による購入意思が一時的にあったとしても，このような契約は現実には行われていない。
- (3) X の意向は，当時本件取得土地を 5 億5300万円で一度購入しようと考えたが，関係者討議の結果，高額すぎる購入を見合わせ金額を下げるべき交渉を Y 社に打診している。
- (4) Y 社は，昭和63年 8 月頃，X から本件取得土地の購入額を当初金額より安くしたい旨の申出があったにもかかわらず，昭和63年 8 月 1 日付で売主 M 不動産，買主 M 商事とする売買契約が締結されている。この契約日以前に，Y 社から M 商事への購入依頼があったものと認められる。
- (5) 異議決定理由によると，昭和63年12月頃，甲野太郎弁護士から具体的な取引条件の提示があったとしているが，X は本来譲渡代金を先に収受することに何の不都合もなかった。しかし，購入予定地の明渡しが完了していないこと，また Y 社の資金都合の問題もあり，平成元年 3 月23日の同日売

買に至ったものである。
　(6)　異議決定理由によれば，Y社がM商事及び借家二郎から購入した本件取得資産は特別に高い価額ではなく，一般的な価額と認識しているとされている。しかし，むしろ購入価額より安い価額で本件取得資産を売却したのは，以下の通り，Y社が純経済人として，経済活動をしたことの証左である。
　　　Y社は，いわゆる地上げ屋であり，地上げの利益により，Y社が購入し，Xに売却したことによる本件取得資産の損失を補塡できればよいと判断して，純経済人として，本件譲渡資産の購入と本件取得資産の売却を行ったものであり，交換取引の主張には全く理由がない。
6　甲野太郎弁護士の関与に関する異議決定の認定は，添付の同弁護士の陳述書に反する。

　　　　　　　　　　　　　　　　　　　　　　　　　　　　　　以上

(2)　理由の概要

　上記審査請求の理由書に記載された審査請求の理由の概要は，以下の通りである。
　(a)　契約の締結方法に制限はないが，不動産取引では取引の重要性及び金額が多額になることから，契約書を取り交わすのが一般的である。
　(b)　異議決定においては，本件取引を交換取引と認定しているが，本件において交換契約書は存在せず，本件譲渡資産の売買契約書及び本件取得資産の購入契約書のみであるから，一方的に交換取引と認定するのは違法である。
　(c)　昭和63年6月17日付で，売主M不動産，買主X，売買代金5億5,300万円の内容の売買契約書が双方了解の下に一旦作成されたが，甲野太郎弁護士の意見で最終調印に至らなかったという事実はない[(11)]。また，甲野弁護士の関

[(11)]　なお，審査請求の理由書5(3)(70頁)では，「X〔請求人〕の意向は，当時本件取得土地を5億5,300万円で一度購入しようと考えた」と記載されているが，これはXの真意とは異なるものであった（裁決書におけるXの答述Q（89頁注(13)）参照）。
　　後の租税訴訟手続においては，本件取引が行われた平成元年3月23日に先立つ昭和63年6月17日に，XがM不動産から本件取得土地を5億5,300万円（700万円/㎡）で購入する旨の合意が一旦成立したかどうかが原告・被告間で争われた。被告は，地上進の聴取書及び元締太郎の聴取書を根拠にこのような事実があったものと主張し，この事実を本件取得資産の時価が5億5,300万円（700万円/㎡）であることの一根拠としていた（原告第8準備書面（246頁以下）で言及した被告の主張参照）。これに対し，原告は，上記事実の存在を強く争った（Xの陳述書（216頁），X本人尋問速記録54項以下（227頁以下），原告第8準備書面（245頁以下））。したがって，昭和63年6月17日頃，Xが本件取得土地を5億5,300万円で一度取得しようと考えたという本審査請求の理由書の記述は，Xにとって不利な事実を認めていることになる。

与に関する異議決定の認定は，事実に反する。

(d) Y社はいわゆる地上げ屋であり，地上げの利益により，Xから購入した本件取得資産の損失を補塡できればよいと判断して，純経済人として，本件譲渡資産の購入と本件取得資産の売却を行ったものであり，交換取引の主張には全く理由がない。

なお，本審査請求書には，添付書類として甲野太郎弁護士の陳述書の写しが添付されている。

3 裁決に至る経緯

(1) 原処分庁による答弁書の提出

原処分庁Z税務署長は，平成5年10月28日付で答弁書を提出した。

同答弁書は，異議決定の論理をほぼそのまま引用するとともに，Xが原処分庁の担当調査官に対してなした申述内容に照らし，甲野太郎弁護士の陳述内容が信憑性に欠けると主張している。

(2) 審査請求人による反論書の提出

これに対し，審査請求人Xは，平成5年12月17日付で反論書を提出した。同反論書では，主として以下の2点を中心に主張している。なお，これらの主張の概要は，裁決書の「請求人の主張」の部分（74頁以下）にまとめられている。

① 異議決定の基礎となった認定事実は，甲野太郎弁護士の陳述書に照らし，全く根拠がない。

② 原処分庁が本件取得資産の時価算定を特定の基準地のみに基づいて計算したことは時価算定としての適切さを欠く。

なお，本反論書には，以下の書類が添付されている。

① 原処分庁の答弁書
② 甲野太郎弁護士の第二陳述書
③ Xの譲渡所得明細（平成元年の確定申告書添付のもの）

(3) 国税不服審判所長の裁決

国税不服審判所長は，平成7年4月27日付で，以下の通り本件課税処分に関する審査請求を棄却する旨の裁決をした。

書式例 5：裁決書

謄本

裁　決　書

東裁(所)平 6 第258号
平成 7 年 4 月27日

国税不服審判所長　●　㊞

審査請求人
　　住所又は所在地　●
　　氏名又は名称　X
原処分庁　Z税務署長
原処分　平成 5 年 3 月 3 日付でされたXの平成元年分所得税の更正処分及び過少申告加算税の賦課決定処分
上記審査請求について，次の通り裁決する。

主　文

審査請求をいずれも棄却する。

理　由

1　事　実

　　X（以下「請求人」という。）は，不動産賃貸業を営む者であるが，平成元年分所得税の確定申告書（分離課税用）に次表の「申告額」欄の通り記載し，分離長期譲渡所得について　租税特別措置法（平成 3 年法律第16号による改正前のものをいい，以下「措置法」という。）31条の 4 （居住用財産を譲渡した場合の長期譲渡所得の課税の特例）1項，同法35条（居住用財産の譲渡所得の特別控除）1項並びに同法37条（特定の事業用資産の買換えの場合の譲渡所得の課税の特例）1項及び 4 項の規定をそれぞれ適用して，法定申告期限までに申告した。

　　そして，請求人は，平成 3 年 3 月14日に平成元年分の分離長期譲渡所得について措置法37条の 2 （特定の事業用資産の買換えの場合の更正の請求，修正申告等）2項の規定を適用して，次表の「修正額」欄の通り記載した修正申告書を提出した。

　　原処分庁は，それに対し平成 5 年 3 月 3 日付で，次表の「更正額」欄の通

り更正処分(以下「本件更正処分」という。)及び過少申告加算税の賦課決定処分(以下「本件賦課決定処分」という。)をした。
［表略］
　請求人は，これらの処分を不服として平成5年4月27日に異議申立てをしたところ，異議審理庁は，同年7月27日付で棄却の決定をした。
　請求人は，異議決定を経た後の原処分になお不服があるとして，平成5年8月26日に審査請求をした。
2　主　張
　(1)　請求人の主張
　　　原処分は，次の理由により違法であるから，その全部の取消しを求める。
　　イ　本件更正処分について
　　　(イ)　本件取引について
　　　　A　請求人は，その所有する東京都●所在の宅地90平方メートル(以下「本件譲渡土地」という。)並びに同所●所在の建物(以下「本件譲渡建物」といい，本件譲渡土地と併せて「本件譲渡資産」という。)を，平成元年3月23日に，株式会社Y社(以下「Y社」という。)に対し7億円で譲渡(以下「本件譲渡取引」という。)した。
　　　　　また，請求人は，Y社からその所有する東京都●所在の宅地79平方メートル(以下「本件取得土地」という。)を3億1600万円で，同所●所在の借地権30平方メートル(以下「本件取得借地権」という。)及び同所●所在の建物(以下「本件取得建物」といい，本件取得借地権と併せて「本件取得借地権付建物」と，また，本件取得土地と併せて「本件取得資産」という。)を8400万円でいずれも平成元年3月23日にそれぞれ譲り受け(以下「本件取得取引」という。)た。
　　　　B　ところが，原処分庁は，本件譲渡取引及び本件取得取引について，請求人がY社に対し本件譲渡資産を提供し，その対価として同社から本件取得資産及び小切手による金員(以下「本件差金」という。)3億円を取得した，いわゆる交換取引であるとして，Y社が本件取得取引のために買い付けた本件取得資産の買取価額7億4200万円及び本件差金3億円の合計額10億4200万円を本件譲渡資産に係る譲渡収入金額と認定したが，これは次に述べる通り事実を誤認した違法な処分である。
　　　　　(A)　本件譲渡取引及び本件取得取引においては，本件譲渡資産及び本件取得資産に係る各売買契約書は存在するが，これらの資産に係る交換契約書は存在しないこと。

(B) 売買契約とは，売買の目的物及びその代金が両当事者の合意により取り決められ，しかも，売買の申込みとそれに対する承諾が合致することにより成立し，その証拠として売買契約書が作成されること。

(C) 本件譲渡取引及び本件取得取引に係る各売買契約の締結が，平成元年3月23日の同日となったのはY社の都合によるものであること。

(D) 本件取得資産の売買価額は，請求人及びY社が買主又は売主という対等の立場で合意したものであって，Y社による他からの当該資産の買取価額の多寡は本件譲渡取引に係る譲渡収入金額の計算上関係がないこと。

(E) 請求人は，昭和63年6月，本件取得土地をM不動産株式会社（以下「M不動産」という。）から5億5300万円で購入することを考えたが，その価額は思ったより高すぎるのでY社に価額引下げの交渉を打診したが成立せず，契約に至らなかったこと。

(ロ) 本件譲渡資産の譲渡収入金額について

原処分庁は，本件譲渡資産の譲渡に伴いその対価の一部として本件取得資産を取得しているからその譲渡価額はその取得した本件取得資産の時価と本件差金の額の合計金額により算定すべきであると認定した。

しかしながら，前記(イ)のAの通り，本件譲渡資産は7億円で譲渡しているので，これが本件譲渡資産の譲渡価額となるものであるが，仮にその価額を上記の認定のように解する場合には，本件取得資産の時価については，次に述べる通り公示価格や取引事例価額をしんしゃくして算定するのが相当であるから，原処分庁の認定価額は適正を欠くものである。

A 土地等の時価の算定に当たっては，次に述べる通り，数点以上の公示価格や取引事例価額を基にしんしゃくしたいわゆる平均価額をもって時価とするのが相当である。

(A) 公示価格を基にした時価の計算[12]

a 別表1の「公示価格比準倍率等による時価算定表」の通り，本件代替地等と地域要因を同じくする同一地域内の商業地の公示価格標準地（以下「公示地」という。）4地点を比較対象地と

---

[12] 公示価格を基準として本件取得資産の時価を算定するという主張は，第一審段階でも行われている（250頁）。なお，第一審判決は，この原告の主張を退けた（277頁）。

第4節 審査請求手続　75

　　　　して選定し，同表の④の通り，この比較対象地の各公示価格を
　　　　その地点の各路線価で除した割合の平均値1.79を計算する。
　　　b　公示価格の評価基準日である昭和64年1月1日から本件譲渡
　　　　資産の譲渡日である平成元年3月23日までの期間の地価変動率
　　　　として別表1の⑥の通り計算される各公示価格の対前年比割合
　　　　の平均値96.2を基に，同表の注1の通り，月割計算による時点
　　　　修正率0.9905を計算する。
　　　c　本件代替地等に面する路線に付された路線価を，財産評価基
　　　　本通達（昭和39年4月25日付直資56ほか国税庁長官通達，平成
　　　　2年8月3日付直評12ほかによる改正前のものをいう。）16（側
　　　　方路線影響加算）に基づき画地修正した後の1平方メートル当
　　　　たりの価額により，別表1の注2の通り，本件取得資産の相続
　　　　税評価額を計算し，これに前記aの公示価格比準倍率の平均
　　　　値1.79及び上記bの時点修正率0.9905を相乗して得た価額4億
　　　　4516万4203円が本件取得資産の時価となる。
　(B)　東京都からの払下価額による時価の計算
　　　a　請求人は，平成元年5月8日に東京都から本件代替借地権の
　　　　付されている土地の所有権（底地権）30平方メートルを1平方メ
　　　　ートル当たり60万円の総額1800万円で払下げを受けた。
　　　b　上記aの1平方メートル当たりの価額60万円は，底地権の
　　　　価額であるため，その額を底地権割合20パーセント（相続税評
　　　　価基準では30パーセント）で除して求めた額300万円をその土地
　　　　の1平方メートル当たりの更地価額とする。
　　　　　また，本件取得土地は角地であるので，これらの土地に面す
　　　　る路線に付された路線価を基に上記の更地価額300万円を画地
　　　　修正して得た額320万円により次の算式の通り計算すると，本
　　　　件代替地等の時価は3億2960万円となる。
　　　　　算式
　　　　　　（本件取得土地（甲土地）の1m²当たりの価額）　320万円
　　　　　　×（本件取得土地の面積）　79m²
　　　　　　＝2億5280万円
　　　　　　（本件取得借地権対象土地（乙土地）の1m²当たりの価額）
　　　　　　320万円×（借地権割合）0.8×（本件取得借地権の面積）30m²
　　　　　　＝7680万円
　　　　　　（上記合計）　3億2960万円

(C) 本件代替地等の時価

以上により，本件代替地等の時価は，前記(A)の公示価格に基づき計算した時価4億4516万4203円と上記(B)の東京都からの払下価額に基づき計算した時価3億2960万円との平均3億8738万2101円によるのが相当である。

B 本件譲渡資産の譲渡収入金額

以上の計算により，本件譲渡資産の譲渡収入金額は，本件取得資産の時価3億8738万2101円と本件差金3億円との合計金額6億8738万2101円となる。

(ハ) 本件更正処分について

以上の計算の通り，本件譲渡資産の譲渡収入金額は6億8738万2101円であり，この金額は請求人による平成元年分所得税の確定申告に係る譲渡収入金額7億円を下回るから，本件更正処分の全部を取り消すべきである。

ロ 本件賦課決定処分について

以上の通り，本件更正処分は違法であり，その全部を取り消すべきであるから，これに伴い本件賦課決定処分もその全部を取り消すべきである。

(2) 原処分庁の主張

原処分は，次の理由により適法である。

イ 本件更正処分について

(イ) 本件取引について

A 請求人とY社との間の本件譲渡取引及び本件取得取引の経過等について調査したところ，次の事実が認められる。

(A) 売主を請求人，買主をY社，売買代金7億円とする平成元年3月23日付の本件譲渡資産に係る売買契約書(以下「本件譲渡資産の売買契約書」という。)が存すること。

(B) 売主をM不動産，買主をM商事株式会社(以下「M商事」という。)，売買代金5億5300万円とする昭和63年8月1日付の本件取得土地に係る売買契約書が存すること。

(C) 売主をM商事，買主をY社，売買代金6億3200万円とする平成元年3月23日付の本件取得土地に係る売買契約書が存すること。

(D) 売主をY社，買主を請求人，売買代金3億1600万円とする平成元年3月23日付の本件取得土地に係る売買契約書(以下「本件取得土地の売買契約書」という。)が存すること。

(E) 売主を借家二郎，買主をY社，売買代金1億8900万円とする平成元年2月28日付の本件取得借地権付建物に係る売買契約書が存すること。
(F) 売主をY社，買主を請求人，売買代金8400万円とする平成元年3月23日付の本件取得借地権及び本件取得建物に係る売買契約書（以下「本件取得借地権付建物の売買契約書」という。）が存すること。
(G) Y社は，本件譲渡土地を含めた一団の土地を平成2年8月2日付の売買契約により転売していること。
(H) Y社は，請求人に本件取得資産を譲渡したことに伴い生じた譲渡損失を上記の(G)で述べた一団の土地の売上原価に算入していること。
(I) Y社の担当者地上進は，原処分庁の調査担当職員(以下「調査担当職員」という。)に対して，次の通り申述していること。
 a 本件譲渡資産の買収を担当した。
 b 最初，買収交渉を地元の不動産業者に任せた。
 c 本件譲渡資産の買収交渉の経過については，地元の不動産業者から次のような報告を受けている。
  (a) 買収交渉はすべて，請求人本人と行った。
  (b) 本件譲渡土地の買取価格を坪当たり2000万円から2500万円位で提示したところ，その倍の金額を要求された。
  (c) 昭和62年4月頃になって本件譲渡資産の譲渡に応じる代わりとして，代替地を要求された。
  (d) 代替地として本件取得土地（甲土地）に案内したところ，面積が狭いといって本件取得土地に隣接している本件取得借地権対象の土地（乙土地）も要求された。
 d 本件取得土地をその所有者のM不動産から請求人が直接買い受けることとなり，昭和63年6月17日付で売主をM不動産，買主を請求人，売買代金5億5300万円(以下「本件取得土地の購入予定額」という。)とする本件取得土地に係る売買契約書をM不動産及び請求人双方の了解の下で作成し，当日●銀行●支店（以下「●銀行」という。）に関係者が集合したが，請求人に同行した甲野太郎弁護士(以下「甲野弁護士」という。)の意見で署名押印が得られなかった。
 e 甲野弁護士は，請求人の代理人となっている。

  f 昭和63年8月頃，請求人又は甲野弁護士から本件譲渡資産と本件取得資産の売買を同日付で行いたいので本件取得資産はY社で買い上げ安く転売して欲しいとの申出があった。
  g 本件譲渡資産の売買に係る国土利用計画法(以下「国土法」という。)23条（土地に関する権利の移転等の届出）1項の規定に基づく届出書(以下「国土法の届出書」という。)は，Y社と甲野弁護士に確認を取って譲渡価額を8億円と記入した上で売主欄を空欄にし甲野弁護士に渡した。
  h 上記gに記載した国土法の届出書は，昭和63年11月4日に提出したが，勧告を受けたため甲野弁護士が譲渡価額を7億円に変更した届出書(以下「国土法の変更届出書」という。)を同月21日に提出したところ，同月25日付の不勧告通知を受けた。
  i 昭和63年12月頃，甲野弁護士から，本件取得資産のほかに現金を要求され，また，平成元年2月には，同弁護士から本件譲渡資産の譲渡価額は7億円とし，その対価として本件取得土地を3億1600万円，本件取得借地権を8400万円で取得することとする価額の振り分けと差額3億円は現金で授受する旨の提示があった。
  j 上記iで述べた内容により売買契約を締結しようと平成元年2月28日に関係者が集まったが，本件取得建物の明渡しが完了していないことを責められ成約に至らず，以後売買契約書は甲野弁護士が作成することとなった。
  k 請求人から代替物件として要求された本件取得借地権の買取価額は，前記dで述べた本件取得土地の購入予定額を参考にして決めた。
(J) Y社の代表取締役の元締太郎は，調査担当職員に対して，次の通り申述していること。
  a 本件譲渡資産の買収のために地上進を担当にした。
  b 買収の交渉経過については，地上進から逐次報告を受けていた。
  c Y社は，前記(I)のfで述べた要求に応じ本件取得土地を取得することとしたが，資金の都合上M商事に5億5300万円で一旦買い取ってもらい，後に金利相当分を上積みし6億3200万円で買い戻した。
  d 代替地の要求に応じ，本件取得借地権付建物を借家二郎から

　　　　　　　　1億8900万円で取得した。
　　　　　　e　請求人から本件取得借地権を更地の状態で引き渡すようにいわれたので，本件取得建物を解体した上で本件取得借地権を引き渡した。
　　　　　　f　平成元年3月23日，請求人及び元締太郎ほか関係者が●銀行に集まり，甲野弁護士の作成した本件譲渡資産の売買契約書，本件取得土地の売買契約書及び本件取得借地権付建物の売買契約書に各々署名押印し，Y社は，請求人に対し小切手で本件差金3億円を支払った。
　　　　　　g　本件取得土地の売買契約書及び本件取得借地権付建物の売買契約書に記載されている各契約金額の算定根拠は分からない。
　　　　　　h　本件譲渡資産の売買契約書に記載の契約金額7億円は，国土法の届出のための価額にすぎず，本件譲渡資産の実際の対価は本件取得資産となる。
　　　　　　　　また，甲野弁護士に本件取得資産を仕入金額以下で請求人に譲渡することになるから，その差額について受贈益として課税される旨忠告したところ，甲野弁護士は，「Y社が譲渡損となるだけで，税法上は通る。」と答えた。
　　　　　　i　本件取得土地は，M商事に依頼し，前記（I）のdで述べた本件取得土地の購入予定額と同額の5億5300万円で取得させた。
　　　　　　j　請求人に提供した本件取得資産の仕入金額は，特別に高い価額ではなく，一般の取引価額であると認識している。
　　　B　ところで，請求人は，本件譲渡取引と本件取得取引とは，別個独立した売買取引である旨主張するが，上記Aの事実を勘案すると，これらの取引は，請求人がY社に対し本件譲渡資産を譲渡する代価として本件取得資産及び本件差金を要求したため，Y社はその要求するままに本件取得資産を他から購入して請求人に引き渡したもの，即ち，両取引の実質は，交換取引であると認められる。
　　㈹　本件譲渡資産の譲渡収入金額について
　　　A　譲渡収入金額
　　　　　所得税法36条（収入金額）1項及び2項の規定によれば，譲渡所得の金額の計算上収入すべき金額は，金銭以外の物又は権利その他経済的な利益をもって収入する場合には，その金銭以外の物又は権利その他経済的な利益の価額とするとされており，その金銭以外の物又は権利その他経済的な利益の価額は，当該物若しくは権利を取

得し，又は当該利益を享受する時における価額とされている。
B　本件代替資産の価額
　　本件代替資産の価額は，次の理由により，請求人の本件取得土地の購入予定額5億5300万円及びY社が借家二郎から本件取得借地権付建物を購入した価額1億8900万円の合計額7億4200万円と認められる。
(A)　前記(イ)のAの(I)のdによれば，請求人は本件取得土地を本件取得土地の購入予定額で直接購入することを一度は承諾したこと。
(B)　前記(イ)のAの(J)のcによれば，請求人から本件取得土地を要求されたY社は，M商事に依頼し本件取得土地を取得したが，M商事がM不動産から購入した金額は，請求人の本件取得土地の購入予定額と同額の5億5300万円であること。
(C)　前記(イ)のAの(I)及び(J)によれば，Y社は，請求人からの要求に応じ本件取得資産を本件譲渡資産の代替物件として取得したものであり，取得価額についても，特別に高い価額ではなく，一般の取引価額であると認識していること。
(D)　前記(イ)のAの(I)のk及び(J)のdによれば，Y社は，本件取得土地と隣接する土地に存する本件取得借地権付建物を，請求人の本件取得土地の購入予定額を参考にして1億8900万円で取得したこと。
(E)　前記(イ)のAの(J)のeによれば，Y社は，請求人からの求めに応じて本件取得建物を解体した上で本件取得借地権を引き渡していることから，Y社が取得した本件取得借地権付建物の価額1億8900万円には，本件取得建物の価額は含まれていないこと。
(F)　前記(イ)のAの(J)のf及びgによれば，本件取得土地の売買契約書に記載の契約金額3億1600万円，本件取得借地権付建物の売買契約書に記載の契約金額8400万円は，いずれも甲野弁護士が提示し記載した金額であって，Y社はその算定根拠を知らず，またこれらの契約金額については，一般の取引価額より低額であると認識しているから，これらの金額を本件取得資産の価額とすることはできないこと。
C　本件譲渡資産の譲渡収入金額
　　以上の通り，本件譲渡取引及び本件取得取引の実質は，請求人が本件譲渡資産の譲渡対価として本件取得資産及び本件差金を取得したものと認められるから，本件譲渡資産の譲渡収入金額は，本件取

得資産の価額7億4200万円及び本件差金3億円の合計金額10億4200万円となる。
(ハ) 本件取得土地等の時価について
　　請求人は，本件取得土地等の時価が適正であるためには数点以上の公示価格や取引事例価額を基にしんしゃくしたいわゆる平均価額をもって算定すべきである旨主張するが，本件取得土地等の時価が適正であることについては，前記(ロ)のBの通りである。
(ニ) 本件更正処分について
　A　分離長期譲渡所得の金額
　　(A) 請求人は，平成2年3月14日に平成元年分所得税の確定申告書に譲渡内容についてのお尋ね及び譲渡所得計算明細書を添付し原処分庁に提出しているが，当該書類には，要旨として次のことが記載されている。
　　　a　譲渡資産は本件譲渡土地及び本件譲渡土地の上に存する本件譲渡建物であり，その譲渡代金は7億円であること。
　　　b　本件譲渡土地90平方メートルの譲渡代金7億円のうち居住用部分の金額は●円，事業用部分の金額は●円であること。
　　　c　本件譲渡土地の居住用部分の金額については，措置法31条の4第1項の規定を，事業用部分については同法37条1項の規定を各々適用したこと。
　　(B) 本件譲渡土地の事業用部分の譲渡代金●円により買換え取得した資産の価額は●円である。
　　(C) 本件譲渡資産の譲渡収入金額は，前記(ロ)のCで述べた通り10億4200万円となるところ，前記(A)で述べた請求人の申告内容に従いその収入すべき金額を計算すると，請求人の譲渡収入金額は●円となるから，請求人の分離長期譲渡所得の金額は別表2の「分離長期譲渡所得の金額の計算表」の通り●円となる。
　B　納付すべき税額
　　以上の結果，請求人の平成元年分の所得税の納付すべき税額は，別表3の「納付すべき税額の計算表」の通り●円となる。
　C　本件更正処分
　　以上の通り，分離長期譲渡所得の金額及び納付すべき税額は本件更正処分の額を上回るから，この金額の範囲内で行った本件更正処分は適法である。
ロ　本件賦課決定処分について

以上の通り，本件更正処分は適法であり，請求人には国税通則法65条（過少申告加算税）4項に規定する正当な理由があるとは認められないので，同条1項の規定に基づいて行った本件賦課決定処分は適法である。
3 判　断
　本件審査請求の争点は，本件譲渡資産の譲渡収入金額の多寡にあるので，以下審理する。
(1) 本件更正処分について
　イ　本件取引について
　　(イ)　請求人から提出された資料，原処分関係資料等及び当審判所が調査したところによれば，次の事実が認められる。
　　　A　本件譲渡土地は，合計90平方メートルであり，請求人が単独で所有していたこと。
　　　B　本件譲渡資産は，本件譲渡土地と本件譲渡建物により構成されていること。
　　　C　本件取得資産は，本件取得土地（甲土地）79平方メートル及び本件取得借地権の対象である30平方メートルの乙土地（合計109平方メートル）と本件取得建物により構成されていること。
　　　D　本件譲渡資産について，売主を請求人，買主をY社，売買代金を7億円とする平成元年3月23日付の売買契約書が存在すること。
　　　E　本件取得資産について，次の売買契約書がそれぞれ存在すること。
　　　　(A)　売主をM不動産，買主をM商事，売買代金を5億5300万円とする昭和63年8月1日付のもの。
　　　　(B)　売主をM商事，買主をY社，売買代金を6億3200万円とする平成元年3月23日付のもの。
　　　　(C)　売主をY社，買主を請求人，売買代金を3億1600万円とする平成元年3月23日付のもの。
　　　F　本件取得借地権付建物について，次の売買契約書がそれぞれ存在すること。
　　　　(A)　売主を借家二郎，買主をY社，売買代金を1億8900万円とする平成元年2月28日付のもの。
　　　　(B)　売主をY社，買主を請求人，売買代金を8400万円とする平成元年3月23日付のもの。
　　　G　国土法の届出書による売買予定価額は，本件譲渡土地1平方メートル当たり889万円で総額8億円と，また，国土法の変更届出書による売買予定価額は，本件譲渡土地1平方メートル当たり778万円

で総額7億円とそれぞれ記載されていること。
H 本件譲渡土地及び本件取得土地はいずれも●通り（幅員●メートル）の西側に面し、いずれも整形地であり、両所の距離は約120メートルで、その立地条件等は、市街化区域・商業地域・防火地域・建ぺい率80パーセント・容積率600パーセントの同一の状況にあること。
I 請求人は、本件取得借地権の目的となっている土地の所有権（底地権）30平方メートルを平成元年5月8日に東京都から更地価額の10パーセント（1平方メートル当たり60万円、総額1800万円）の対価で購入していること。
J 元締太郎は、調査担当職員に対して次の通り申し述べていること。
(A) 昭和61年12月頃に、地上進に買収を担当させた。
(B) 本件譲渡取引では、ほとんど請求人と売買交渉をした。
(C) 地上進は、請求人と価額の交渉を行ったが、金額的に折り合いがつかないでいたところ、昭和62年4月頃、請求人は代替地を要求してきた。
(D) 代替地として当時M不動産が所有していた本件取得土地（甲土地）に案内したところ、請求人は面積が狭いとの理由で満足せず、本件取得土地に隣接している本件取得借地権（乙土地）を暗に要求してきた。
(E) 地上進からは、本件取得土地を請求人がM不動産から直接買うことにしていたが、昭和63年6月17日の契約当日になって、請求人が契約書に署名押印せず、契約がダメになったという報告を受けている。
(F) 請求人から、Y社で本件代替地を買い上げてそれを請求人の方へ引き渡して欲しい旨の申出があったことから、同社は本件取得土地を取得することとしたが、資金の都合がつかなかったため、M商事に昭和63年8月1日に本件取得土地を5億5300万円で買い取ってもらい、後で金利相当分を上乗せして引き取ることにした。
(G) 請求人は、交渉の途中から甲野弁護士を代理人としたので、それからは、両人と交渉したが、昭和63年11月頃、本件取得資産を更地の状態で引き渡すよういわれた。
(H) 国土法の届出関係書類は、すべて甲野弁護士が作成しており、本件譲渡土地の価額について、昭和63年11月4日に1平方メートル当たり889万円、総額を8億円として国土法の届出をしたのが

勧告されたので，同月21日に1平方メートル当たり778万円，総額を7億円として国土法の変更届出書を提出したところ，同月25日に不勧告通知書を受領した。

(I) 昭和63年12月頃，請求人の方から，本件取得資産のほかに3億円の金員を要求された。この金額は，請求人の手元に5000万円を残し，本件取得資産の上に建築する建物の建築代や引越料等が出るように，甲野弁護士と請求人の関与税理士が計算したそうである。

(J) 以上のような経過で，請求人から購入する本件譲渡資産の対価については，M商事から購入する本件取得土地，借家二郎から購入する本件取得借地権及び3億円の金員をもって支払うことで契約をすることになり，平成元年2月28日，●銀行に請求人，甲野弁護士，Y社の地上進，自分などが集まったが，甲野弁護士から本件取得建物が取り壊されていない旨を指摘され成約に至らなかった。そして，この時に，以後売買契約書は甲野弁護士が自分で作成するという話をしていた。

(K) 地上進は，乙土地上の本件取得建物解体工事を依頼し，これを1週間程度で解体した。そして，地上進は，その解体後すぐに請求人のところへ行き，本件譲渡を確認するため，前記(J)で成約されなかった平成元年2月28日付の売買契約書に念書的に署名押印をしてもらった。

(L) 平成元年3月23日に，前回の平成元年2月28日と同様の場所，同様のメンバーで本件譲渡資産及び本件取得資産の売買契約を締結した。これらに係る契約書は甲野弁護士が作成してきており，①7億円の本件譲渡資産の売買契約書，②3億1600万円の本件取得土地（甲土地）の売買契約書及び③8400万円の本件取得借地権付建物の売買契約書の3通であった。当日は，これらの売買契約書に署名押印し，約束の3億円の金員を銀行振出しの預金小切手で支払った。

(M) 本件譲渡資産の売買契約書に記載の7億円は，国土法で届け出た金額であるが，本件取得土地及び本件取得借地権付建物の売買契約書に記載の3億1600万円及び8400万円の算定根拠は分からない。

地上進からは，3億1600万円及び8400万円の金額は，甲野弁護士が国土法で届け出た金額7億円から金銭で受領する3億円を差

し引いた残りを振り分けたものだと聞いている。
  (N) Y社は，本件取得土地を平成元年3月23日にM商事から1平方メートル当たり800万円の総額6億3200万円で，また，本件取得借地権付建物を平成元年2月28日に借家二郎から1平方メートル当たり900万円の総額1億8900万円で取得しており，これらの金額は，特別に高い価額ではなく一般的な価額であった。
K 地上進は，調査担当職員に対して次の通り申し述べていること。
  (A) 昭和62年2月頃，Y社の元締太郎社長から，本件譲渡資産の買収担当となるように指示を受けた。
    最初は，地元の不動産業者に売買交渉を行わせ，昭和62年2月頃から請求人と交渉を開始した。
  (B) 地元の不動産業者からは，当初金銭による売買交渉で請求人から通常の価額の倍の金額を要求され，金額的に折り合いがつかなかったが，昭和62年4月頃，請求人が代替地を要求してきたとの報告を受けた。
  (C) 代替地の要求に対して，M不動産が所有している本件取得土地（甲土地）を請求人に案内したところ，同人は，面積が少ないとの理由で本件取得土地に隣接している本件取得借地権も要求してきた。請求人は，代替地上にビルを立てる計画をしていたので，要求通りの代替地なら面積も広くなるので，交渉に応じる姿勢を見せた。
  (D) 自分は，地元不動産業者の交渉で代替地の話が進み，請求人が売買に応じる段階になった昭和63年5月頃に請求人に会った。
    そして，昭和63年6月17日に，売買代金を5億5300万円とすることでM不動産及び請求人が既に了解済みの本件取得土地の売買について，売主をM不動産，買主を請求人とする同日付の売買契約書を売主が用意した，当日，●銀行に請求人，甲野弁護士，自分及びM不動産の代理人らが集まって当該契約を締結する予定であったところ，甲野弁護士から本件取得土地の取得先が不明確であることや本件取得土地の購入を委任されていないことなどをいわれて署名押印を拒否されたので，契約の締結はできなかった。
    なお，甲野弁護士とは，この時初めて会った。
  (E) その後，請求人は同人の関与税理士と甲野弁護士に相談し，売却金額と購入金額を確認して，借家二郎の土地が明渡しできる状態になってから本件譲渡資産を譲渡する契約に応じる旨の話をし

(F) 昭和63年8月頃，請求人又は甲野弁護士から本件譲渡資産及び本件取得資産の売買を同日付で行いたいので，本件取得資産はＹ社で買い上げて転売で安く渡して欲しいとの申出があった。

(G) 請求人から要求された本件取得借地権については，昭和63年4月頃から地元不動産業者に買取の交渉をしてもらっていたが，同年9月頃に借家二郎の売却意思が固まったので自分も同人に会った。

そして，昭和63年12月から平成元年1月にかけて，本件取得借地権の売買価額を1億8900万円とし，ほかに営業補償などの補償をすることで話がついたが，この売買価額の1億8900万円は，本件取得土地をＭ不動産が売却しようとした価額などの時価相場から算出した価額である。

(H) 本件譲渡資産の売買に係る昭和63年11月4日の国土法の届出書については，自分がＹ社及び甲野弁護士に確認をとって，当該書面の譲渡価額欄に8億円と記入した上，売主欄を空欄にして甲野弁護士に渡したが，当該届出書の上記譲渡価額は勧告されたため，甲野弁護士が同月21日に譲渡価額を7億円に変更し提出したところ，同月25日付で不勧告の通知を受けた。

(I) 昭和63年12月頃，甲野弁護士から本件取得資産のほかに税金分として現金も要求され，平成元年2月18日頃に，本件譲渡資産の譲渡価額を7億円とし，その対価として，本件取得土地の譲受価額を3億1600万円，本件取得借地権付建物の譲受価額を8400万円とする価額の振り分けと現金3億円の金額の提示があった。

(J) 平成元年2月28日，●銀行に請求人，甲野弁護士，Ｙ社の元締太郎及び自分などが集まって，自分が作成した本件取引に係る売買契約書を締結しようとしたが，甲野弁護士から借家二郎の本件取得建物の明渡しが完了していない旨を指摘され成約に至らず，以後売買契約書は，甲野弁護士が作成するとこととなった。

(K) 平成元年3月23日に上記(J)と同じ場所で同じメンバーが集まり，甲野弁護士が作成してきた契約書により本件譲渡取引と本件取得取引に係る契約を締結した。

(ロ) 請求人は，当審判所に対し次の通り答述している。

A 本件譲渡土地の一角は，昭和61年頃から地上げがされ始めたが，請求人は，当初，本件土地を絶対譲渡しないといっていたものの，

周囲がすべて地上げされ本件譲渡土地だけが孤立したため，近くに住むところが手当てできれば譲渡してもよいと思うようになったこと。

　また，本件譲渡土地は角地でその区域全体の地上げ上絶対必要な土地であったこと。
B　本件譲渡土地を譲渡する決意が固まってからは，自ら地上げ屋と交渉を行ったこと。
C　地上進との当初の売買交渉では，本件譲渡土地を譲渡する意思がなかったので，土地の対価として1坪当たり6000万円を要求したこと。
D　昭和62年4月頃，地元の不動産業者に対し，「どうしても本件譲渡資産を欲しいのであれば，まず，請求人の住む土地を探して欲しい」と申し入れたこと。
E　地元の不動産業者が請求人の居住地として本件取得土地を示してきたが，自分は，「本件取得土地は，地型も悪く，面積も少ないので，隣接している土地も交渉してくれないか」と申し出たところ，本件取得借地権付建物を提示してきたこと。
F　本件取得借地権の所有者，面積及び地形等をおおむね知っていたこと。

　また，本件取得土地の所有者がM不動産であることも知っていたこと。
G　地上げ業者の地上進と売買交渉をする際に，法律的交渉が不得手であったため友人である甲野弁護士を代理人として依頼したが，同人の役割は，売買契約書等の作成及びその立会いと作成された契約書等に法律上の不備があるか否かを確認することであったこと。
H　国土法の届出書の件については，知識としては理解していたが，本件譲渡資産について国土法の届出が必要かどうかは全く知らなかったし，当該届出書も見ておらず，甲野弁護士からもこの件について一切報告を受けていないこと。
I　M不動産とは1度も会ったことがないこと。
J　昭和63年8月頃，地上進に本件譲渡資産と本件取得資産の売買を同日付で行いたいので，本件取得資産はY社で買い上げ安く転売して欲しいという申出はしたことがないこと。
K　甲野弁護士が地上進に対し，昭和63年12月頃，本件取得資産のほかに現金を要求したり，平成元年2月頃に，本件譲渡資産の譲渡価

額は7億円とし，その対価として本件取得土地を3億1600万円，本件取得借地権付建物を8400万円で取得することの価額の振り分けや本件差金3億円は現金で授受する旨の提示をした事実はないこと。
　L　平成元年2月28日に，①上記の内容の売買契約を締結しようと関係者が集まったこと，②その際，本件取得建物の明渡しが完了していないことを責められ成約に至らなかったこと及び③以降，売買契約書は甲野弁護士が作成することになったという事実はないこと。
　M　平成元年3月23日，●銀行に，当方から請求人と甲野弁護士が，Y社側から元締太郎，地上進及び司法書士の2名ないし3名の者がそれぞれ出席し，両当事者は，甲野弁護士が作成した本件譲渡資産の売買契約書，本件取得土地の売買契約書及び本件取得借地権付建物の売買契約書にそれぞれ署名押印して契約を締結し，また，Y社から銀行振出しの小切手で本件差金3億円を受領したこと。
　　　また，本件譲渡資産に係る登記済証等所有権移転登記手続に必要な書類や譲渡代金の領収証をY社に交付し，Y社から本件取得資産に係る登記済証等所有権移転登記手続に必要な書類や本件取得資産の譲受代金の領収証を受領したこと。
　N　本件取得建物は，売主側が取り壊したと思うこと。
　O　請求人は，最終的に本件取得資産を取得することにしたが，本件譲渡資産及び本件取得資産の取引価額は，取引の相手方であるY社が決めたので，どのような事情で成立したかは不明であり，提示された金額を了承した結果，高く売って安く買ったことになったにすぎないこと。
　P　自分は，原処分庁から，交渉の経緯について質問を受けたことはないこと。
　Q　審査請求書で，「請求人の意向は，当時，本件取得土地につき5億5300万円にて1度購入しようと考えたが，関係者討議の結果高すぎるため購入を一時見合わせ金額を下げるべき交渉をY社に打診している」旨記載してある部分は事実無根であること[13]。
(ハ)　甲野弁護士は，審査請求書及び平成5年12月17日提出の反論書に

---

[13] 審査請求書の審査請求の理由書5⑶（70頁）では，「X〔請求人〕の意向は，当時本件取得土地を5億5300万円で一度購入しようと考えた」と記載されている。これに対し，後の租税訴訟手続においては，本件取引が行われた平成元年3月23日に先立つ昭和63年6月17日に，XがM不動産から本件取得土地を5億5,300万円（700万円/㎡）で購入する旨の合意が一旦成立したかどうかが原告・被告間で争われ，原告はこの事実を強く否定している。このため，審査請求の理由書の上記記述は，Xにとって不利な事実を認めたことになる。

「陳述書」と題する書面を添付して，次の通り意見を述べている。
　　A　本件では請求人の代理人となった。本件売買について依頼された内容，役割は，本件取得資産の買受け，本件譲渡資産の売却がスムーズかつ確実に行われるよう売買契約書等の作成及びその立会いを行うことであったこと。
　　B　本件譲渡取引及び本件取得取引に係る売買契約書の作成以前に，地上進以外の本件売買の当事者であるＹ社の関係者に会ったことはないこと。
　　C　本件売買契約書の作成日である平成元年3月23日以外に●銀行に出かけた事実はないので，自分の意見で昭和63年6月17日付の本件取得土地に係る売買契約書に請求人が署名押印をしなかった事実はないこと。
　　D　昭和63年8月頃，Ｙ社に対して，本件譲渡資産と本件取得資産の売買を同日付で行いたいので，本件取得資産はＹ社で買い上げて安く転売して欲しいとの申出をした事実はないこと。
　　E　国土法に関する諸手続及び譲渡価額は地上進に任せていたので，譲渡価額の変更の判断やその提出はすべて同人が行い，自分は，それらの届出書に署名押印しただけであること。
　　F　平成元年2月に，本件譲渡資産の譲渡価額を7億円とし，その対価として本件取得土地を3億1600万円，本件取得借地権を8400万円で取得することとする価額の振り分け提示や本件差金3億円の現金を要求した事実はないこと。
　(ニ)　前記(イ)ないし(ハ)の事実及び答述等によれば，請求人は，地上げ業者の買取申出や本件譲渡資産の周囲の地上げの進展に伴い，当初は本件譲渡土地の譲渡を拒否していたが，代替地を提供してもらうことを条件として本件譲渡資産の譲渡を了承し，請求人及び甲野弁護士が売買等の取引交渉をし，そして，本件譲渡土地がその区域全体の地上げに必要不可欠な場所であることから，本件譲渡土地を譲渡するための条件として提示した代替地の取得に関して少なからぬ要求をするなどして，2年余の交渉の結果，要求した条件にかなう本件取得資産及び本件差金3億円を対価として本件譲渡資産をＹ社に譲渡したと認めるのが自然で合理的であるから，本件譲渡取引と本件取得取引の実質は，本件譲渡資産と本件取得資産及び本件差金とを取り替えるといういわゆる補足金付交換と認められる。
　(ホ)　ところで，請求人は，売買契約とは売買の目的物及びその代金が両

当事者の合意により取り決められ，しかも売買の申込みとその承諾が合致することにより成立し，その証拠として売買契約書が作成されるものであるところ，本件譲渡取引及び本件取得取引においては，Y社の都合により各売買契約の締結が同日付となった本件譲渡資産及び本件取得資産に係る各売買契約書は存在するが，これらに係る交換契約書は存在しない旨主張する。

　しかしながら，売買とは売主が契約に基づき資産を提供し買主からその対価たる金銭の支払を受けることであるところ，本件譲渡取引及び本件取得取引においては，前記(ロ)のMの通り，請求人は，本件譲渡資産に係る譲渡代金の領収証を交付し，Y社から，本件取得資産に係る譲受代金の領収証を受領しているものの，これらの領収証に係る金銭の授受をしたという事実は存在しておらず，また仮に，この領収証の授受が，これらの取引に係る金銭授受の相殺を意味するものであるとすれば，それこそ本件譲渡取引と本件取得取引とが金銭の授受のない交換取引であることを証明しているものというべきである。また，請求人主張のような契約書が作成されているからといって，当該書面が当事者の成立させた合意内容を忠実に示しているとは限らないものでもある。

　本件譲渡取引と本件取得取引の実質は，前記(ニ)の通り，事実関係から判断して補足金付交換であると認めるのが自然で合理的であり，請求人主張にかかる売買や交換の契約書の存否だけをもってその取引の実態を形式的に判断すべきでないことは，当然のことである。

　したがって，この点に関する請求人の主張には理由がない。

(ハ)　なお，当審判所に対し，請求人は，前記(ロ)のIないしL，P及びQの通り，①M不動産との会合の事実，②本件取得資産の廉転売の申出の事実，③甲野弁護士が本件譲渡資産の売価の決定及び本件取得資産の価額振り分けと本件差金の現金授受の提示をした事実，④平成元年2月28日に本件取引関係者の集合の事実や以後の売買契約書は甲野弁護士が作成することとした事実及び⑤本件取引の交渉経緯について原処分庁から質問を受けた事実などはない旨と，審査請求書で本件代替地を5億5300万円で購入しようと考えたが，一時見合わせて金額を下げる交渉をY社に打診したとの記載事項は事実無根である旨を答述し，また，甲野弁護士は，前記(ハ)のB，D及びFの通り，①本件各土地の売買契約書の作成以前に地上進以外のY社の関係者と会合した事実，②本件取得資産の廉転売申出の事実及び③本件譲渡資産の売価決定及

び本件取得資産の価額振り分けと本件差金の現金要求の事実などはない旨の陳述書を提出している。

しかしながら、これらの答述及び陳述書は、①前記(ロ)のMの通り、本件譲渡資産、本件取得土地及び本件取得借地権付建物に係る売買契約書はいずれも甲野弁護士が作成しているが、その作成をするためには何らかの原因があったと認められること、②原処分関係資料等によれば、請求人は、担当調査官に本件取引の交渉経緯について質問を受け応答している事実が認められること、③本件譲渡資産の買受人が、損失を被ることが確実な取引及びその売買価額や差金の区分を自ら進んで行うとは認められないこと及び④これらの答述等の大部分は、本件譲渡取引及び本件取得取引の状況によって何の得失関係も生じない当事者の申述に対する利害関係のある当事者の反論的な答述等であることなどの諸点を総合勘案すると、にわかには得心しがたいものであり、本件譲渡取引と本件取得取引の実質は、前記㈡で述べた通り、補足金付交換であるとの認定を覆すには足りない。したがって、請求人並びに甲野弁護士のこれらの答述等のいかんは、本件譲渡取引と本件取得取引との実質に係る判断を左右するものではない。

ロ 本件譲渡資産の譲渡収入金額について
　(イ) 譲渡収入金額
　　A 請求人は、前記イの㈢の通り、本件譲渡資産を譲渡してその対価の一部を本件取得資産という金銭以外の物で取得していることが認められるところ、所得税法36条1項には、金銭以外の物又は権利その他経済的な利益をもって収入とする場合の収入金額は、その金銭以外の物又は権利その他経済的な利益の価額とする旨を規定し、同条2項において金銭以外の物又は権利その他経済的な利益の価額は、当該物若しくは権利を取得し又は当該利益を享受する時における価額即ち時価によるものと規定しており、その時価とは通常成立すると認められる取引価額、言い換えれば客観的変換価値をいうものと解される。
　　B 通常の売買の場合においては、その売買による収入金額は現実に収入として得た金銭の額であり、その譲渡対価は具体的に取り決められた金銭の数額により定まっている。即ち、仮にある資産の有する通常の取引価額を無視して取引当事者が自由にその譲渡価額を低廉に定めたとしても、その対価を金銭で収受する限り譲渡人は当該資産の譲渡に伴いその約定価額である価値しか取得することができ

ないから，当該資産の値上がり益も結果としてその定める限度でしか享受できないこととなる[14]。

　　ところが，当該資産の譲渡対価が金銭以外の物又は権利であるときは，いかに取引当事者がその物又は権利についてそれらの客観的交換価値を離れて取引価額を約定しても，その約定価額はその物又は権利の有する客観的交換価値に影響を与えることはない。言い換えれば，譲渡人が対価として得た金銭以外の物又は権利は同人においてその客観的交換価値を金銭に改めて換えられる可能性を常に有しているから，当該資産は譲渡により対価として取得した金銭以外の物又は権利の客観的交換価値相当の代価に変換しており，ゆえに譲渡人はその客観的交換価値をまさに享受したことになる。

C　そもそも，譲渡所得の課税は，資産の値上がりによりその資産の所有者に帰属する増加益を所得として，当該資産の譲渡を機会にとらえようとするものであるところ，その資産の価値ないし値上がり益はその譲渡の際得られた対価によって把握されるから，その対価が金銭以外の物又は権利である場合には，譲渡収入金額は金銭の場合と同一に取り扱うことは許されず，当然にその対価である物又は権利の客観的交換価値即ち時価によるべきであると解するのが，所得税法36条2項の規定の趣旨からも相当である。

D　ところで，物の時価を評価する場合，その評価すべき物そのものについてその評価をすべき時点に近い時期に売買取引が行われておりそれが正常な取引の範囲内にあるときには，その売買価額をもって当該代替地等の時価と認定するのが最も合理的である。

　　即ち，物件の売買価額が当該物件を含む地域において地上げなどの土地投機等の諸事情により価額が高騰している場合であっても，これらの物件が当時大多数の人々の間でその価額により取引が行われているならば，その価額は正常な取引価額であるとし，さらにこれらの物件が他の同等の財貨と交換できる事情が認められる状況の下で行われる売買取引は，正常な取引の範囲内にあるものというべきであるから，その取引において成立した価額をもってその物の時

---

[14] 後に，第4章第15節III2（316～317頁）で述べる通り，個人から法人への固定資産の低額譲渡の場合の当該個人の譲渡所得課税の計算上，その売買価額が時価の2分の1未満のときには時価での譲渡が擬制されるのに対し，当該売買価額が時価の2分の1以上のときには実際の売買価額が基準となる（所法59条1項2号，所令169条）。したがって，個人の譲渡所得税の計算上，売買の場合の収入金額が常に現実に得た金銭の額であるかのような本裁決の記述は，必ずしも正確ではないと考えられる。

価として採用するのが相当である。これに反し，当該取引について投機的かつ思惑的な買進みや売急ぎの事情が認められる場合には，当該取引により成立した価額をもって直ちにこれを適正な時価として採用するのは適当でないと解される。

以上を本件についてみると，次の通りである。

(ロ) 本件代替地等の価額

A 請求人は，本件譲渡資産の譲渡収入金額は本件取得資産をY社が他から取得した際の売買価額によるべきではなく，本件譲渡資産に係る売買契約書に記載された売買価額によるべきである旨主張する。

しかしながら，前記イの(ニ)で述べた通り，本件譲渡取引と本件取得取引とは，本件譲渡資産を譲渡しその対価として本件代替地等及び本件差金を取得した，いわゆる補足金付交換取引であるから，この場合における収入金額の一部は譲渡対価として取得した本件取得資産の価額であると認められる。

したがって，この点に関する請求人の主張には理由がない。

B そこで，原処分庁が本件取得資産の時価として認定した価額の適否について，以下審理する。

(A) 原処分庁は，本件取得資産の時価として，Y社がM商事に依頼して取得してもらった本件取得土地の価額5億5300万円と借家二郎から購入した本件取得借地権の価額1億8900万円との合計額7億4200万円をもってその価額と認定している。

(B) 当審判所の調査によれば，前記イの(イ)のHの通り，本件譲渡土地及び本件取得土地の立地条件等は同一の状況にあると認められるので，本件取得土地の1平方メートル当たりの価額は，本件譲渡土地の1平方メートル当たりの価額とおおむね等価となるべきものであるところ，前記イの(イ)のC及びEの(A)により，本件取得土地の1平方メートル当たりの価額は，700万円（＝5億5300万円÷79㎡）であり，また，前記イの(イ)のGの通り，国土法の変更届出書に記載された本件譲渡土地の1平方メートル当たりの価額は778万円であることから，これらの価額はおおむね等価と認められる。

(C) 次に，本件譲渡土地に付された価額を基に本件取得資産の価額を検討すると，前記イの(イ)のGの国土法の変更届出書に記載された本件譲渡土地の1平方メートル当たりの価額778万円及び本件取得土地（甲土地）と本件取得借地権の対象地（乙土地）に係る

借地権の１平方メートル当たりの価額630万円（＝１億8900万円÷30㎡）を本件取得土地の面積79平方メートル及び本件取得借地権の面積30平方メートルに各別に乗じて計算すれば，その合計額は８億3620万円となり，この価額は，原処分庁の認定額である前記(A)の７億4200万円とおおむね等価となる。

(D) 以上の通り，原処分庁が認定した本件取得資産の価額を，本件譲渡土地の適正な価額として国土法の規定に基づき届けられた価額との比較により検討すると，これは，適正な取引価額であることが認められるので，この価額により行われた取引は，正常な取引の範囲内において形成されたものと解するのが相当であり，当該価額をもって適正な時価として採用するのが合理的である。

C 請求人は，本件取得資産の時価はその物の売買実例によるべきでなく公示価格や東京都の払下価額をしんしゃくして算定するのが適正である旨主張する。

しかしながら，前記ロの(イ)のＤで述べた通り，所得税法36条２項でいう時価は原則的には客観的交換価値を示す価額によるべきであると解されることから，土地等の時価を評価するときには，当該土地等又は類似土地等につき評価時点に近い時期に売買実例がある場合にはその実例そのもの又はそれをしんしゃくして評価するのが最も合理的であると認められるところ，これを本件についてみると，上記Ｂで述べた通り，本件取得資産と立地条件等が同一の状況にある本件譲渡土地について，周辺の類似地域にある公示価格と比較して求めたその土地の適正な価額に比して相当との審査を経た国土法の変更届出書に記載された譲渡価額をもって検討しても，原処分庁が採用した本件代替地等の売買実例価額は，適正なものと認めることができる。

また，請求人の主張する払下価額は，全くの第三者に対する払下価額ではなく，当該土地の所在地の住民又は事業者が借地権を設定している土地の当該権利者に対する払下価額であるので，これを通常の時価の算定基準とすることはできない。

したがって，この点に関する請求人の主張は採用することができない。

(ハ) 本件譲渡資産の譲渡収入金額

以上により，本件譲渡資産の譲渡収入金額は，その譲渡対価として取得した本件取得資産の価額７億4200万円に交換差金と認められる本

件差金3億円を加算した金額の10億4200万円となり，前記イの(イ)のAの区分に従い計算すると，請求人に係る譲渡収入金額は●円となる。
　　ハ　本件更正処分について
　　　以上の通り，請求人の本件譲渡資産に係る譲渡収入金額は，本件更正処分の額を上回るから，この範囲内で行われた本件更正処分は適法である。
(2)　本件賦課決定処分について
　　本件賦課決定処分については，本件更正処分が上記(1)のハの通り相当であり，また，同更正処分により納付すべき税額の基礎となった事実が更正処分前の税額の計算の基礎とされていなかったことについて，国税通則法65条4項に規定する正当な理由があるとは認められないから，同条1項の規定によりした本件賦課決定処分は適法である。
(3)　その他
　　原処分のその余の部分については，請求人は争わず，当審判所に提出された証拠書類等によっても，これを不相当とする理由は認められない。
よって，主文の通り裁決する。
(別表略)
　本書は，裁決書の謄本である。
　　平成7年5月1日
　　　東京国税不服審判所長
　　　首席国税審判官　　　　　　　●　　㊞

4　裁決（棄却）の概要

(1)　裁決の理由の要旨

　本件課税処分の適法性を肯定し，審査請求を棄却した裁決の理由の要旨は，以下の通りである。
　(a)　本件取引に至る事実経過からすると，Xは，当初は本件譲渡資産の譲渡を拒否していたが，代替地を提供してもらうことを条件として本件譲渡資産の譲渡を了承し，本件譲渡土地がY社による地上げに必要不可欠な場所であることから，本件譲渡土地を譲渡するための条件として提示した代替地の取得に関して少なからぬ要求をするなどして，2年余の交渉の結果，要求した条件にか

なう本件取得資産及び本件差金3億円を対価として本件譲渡資産をY社に譲渡したと認めるのが自然で合理的であるから，本件譲渡取引と本件取得取引の実質は，本件譲渡資産と本件取得資産及び本件差金とを取り替えるといういわゆる補足金付交換と認められる。

(b) 本件取引において領収証の授受があるが，これらの領収証に係る金銭の授受の事実は存在しておらず，また仮に，この領収証の授受が，これらの取引に係る金銭授受の相殺を意味するものであるとすれば，それこそ本件譲渡取引と本件取得取引とが金銭の授受のない交換取引であることを証明しているものというべきである。また，X主張のような契約書が作成されているからといって，当該書面が当事者の成立させた合意内容を忠実に示しているとは限らない。

本件譲渡取引と本件取得取引の実質は，前記事実関係から判断して補足金付交換であると認めるのが自然で合理的であり，Xの主張に係る売買や交換の契約書の存否だけをもってその取引の実態を形式的に判断すべきでないことは，当然のことである。

(c) Xと甲野弁護士の答述等はにわかに得心しがたいものであり，本件譲渡取引と本件取得取引との実質に係る上記判断を左右するものではない。

(d) Xは，本件譲渡資産を譲渡してその対価の一部を本件取得資産の金銭以外の物で取得していることが認められるところ，所得税法36条1項には，金銭以外の物又は権利その他経済的な利益をもって収入とする場合の収入金額は，その金銭以外の物又は権利その他経済的な利益の価額とする旨規定し，同条2項において金銭以外の物又は権利その他経済的な利益の価額は，当該物若しくは権利を取得し又は当該利益を享受する時における価額即ち時価によるものと規定しており，その時価とは通常成立すると認められる取引価額，言い換えれば客観的交換価値をいう。

(e) 通常の売買の場合においては，その収入金額は現実に収入として得た金銭の額であり，仮に取引当事者が譲渡価額を低廉に定めたとしても，譲渡人は当該資産の譲渡に伴いその約定価額である価値しか取得することができないから，値上がり益もその限度でしか享受できない。

ところが，当該資産の譲渡対価が金銭以外の物又は権利であるときは，いかに取引当事者がその客観的交換価値を離れて取引価額を約定しても，その約定価額は当該客観的交換価値に影響を与えることはない。言い換えれば，譲渡人

が対価として得た金銭以外の物又は権利は同人において客観的交換価値を金銭に改めて換えられる可能性を常に有しているから，譲渡人はその客観的交換価値をまさに享受したことになる。

(f) そもそも譲渡所得課税の趣旨は，資産の値上がりによりその資産の所有者に帰属する増加益を所得として，当該資産の譲渡を機会に捉えようとするものであるところ，その対価が金銭以外の物又は権利である場合には，譲渡収入金額は金銭の場合と同一に取り扱うことは許されず，当然にその客観的交換価値即ち時価によるべきであると解するのが，所得税法36条2項の規定の趣旨からも相当である。

(g) 物の時価を評価する場合，その評価すべき物そのものについてその評価すべき時点に近い時期に売買取引が行われており，しかもそれが正常な取引の範囲内にあるときには，その売買価額をもって本件取得資産の時価と認定するのが最も合理的である。物件の売買価額が地上げ等の事情により高騰している場合であっても，これらの物件が当時大多数の人々の間でその価額により取引が行われているならば，その価額は正常な取引価額であるとし，さらにこれらの物件が他の相当の財貨と交換できる事情が認められる状況の下で行われる売買取引は，正常な取引の範囲内にあるものというべきであるから，その取引において成立した価額をもってその物の時価として採用するのが相当である。他方，投機的かつ思惑的な買進みや売急ぎの事情下で成立した価額をもって直ちにこれを適正な時価として採用するのは適当ではない。

(h) 本件譲渡土地と本件取得土地の立地条件等は同一の状況にあると認められるので，両者の1平方メートル当たりの価額はおおむね等価となるべきである。また，本件譲渡土地の適正な価額は，国土利用計画法上の不勧告価額である1平方メートル当たり778万円となるが，これを基準に計算した本件取得資産の価額は，8億3,620万円となり，原処分庁の認定額であり売買実例価額である7億4,200万円とおおむね等価となる。

(i) 本件取得資産の時価の算定においては公示価格や東京都の払下価額をしんしゃくすべきであるという審査請求人の主張は，以下の理由により採用できない。

第一に，土地等の時価を評価するときには当該土地又は類似土地につき評価時点に近い時期に売買実例がある場合にはその実例そのもの又はそれをしんし

ゃくして評価するのが最も合理的である。周辺の類似地域にある公示価格と比較して求めた適正価額に比して相当との審査を経た国土利用計画法上の不勧告価額によって検討しても，原処分庁が採用した本件取得資産の売買実例価額は適正なものと認めることができる。

　第二に，乙土地に関する東京都の払下価額は，全くの第三者に対するものではなく，借地権者に対する払下価額であるので，これを通常の時価の算定基準とすることはできない。

　(j)　以上より，本件譲渡資産の譲渡収入金額は，その譲渡対価として取得した本件取得資産の価額7億4,200万円に交換差金と認められる本件差金3億円を加算した金額である10億4,200万円となり，原処分庁認定額である9億8,000万円を上回る[15]。したがって，本件課税処分は適法である。

(2)　Xの対応

　上記の通り，裁決は，X側の主張を全面的に退け，本件課税処分の適法性を追認するものであった。このため，Xは，裁判所による救済を求め，租税訴訟を提起することになった。

---

[15]　本件譲渡資産の譲渡対価に関する租税行政庁側の主張は，本件課税処分時が9億8,000万円（39頁）であったのに対し，不服申立手続段階では10億4,200万円（異議決定段階につき59頁），本件訴訟段階では10億円（183頁）にそれぞれ変わっている。

第4節　審査請求手続　　99

第5節　執行不停止の原則

I　概　説

1　異議申立てと執行不停止

　課税処分に対する異議申立ては，その対象となった処分の効力，処分の執行又は手続の続行を妨げないという執行不停止の原則が採用されている（通法105条1項）。この原則が採用されているのは，申立ての濫用の弊害を防止し，行政の停廃や行政運営の不当阻害を防止するためである。

　「処分の効力を妨げない」とは，原処分の効力が異議申立ての影響を受け，あたかも処分がなかったかのような状態になることはない，ということである。例えば，更正処分により納付税額が確定すること，更正税額を納期限までに納付すべきであること等の効力は，異議申立てにより影響を受けない。このため，納期限を徒過すれば，法定納期限の翌日から完納するまでの期間に応じて，延滞税が課される（通法60条1項2号，2項，措法94条1項）。

　「処分の執行を妨げない」とは，納税者が任意に納税義務を履行しない場合には，租税行政庁は自らの手で強制的実現を図る権限（自立執行権）を有するが，異議申立てによりそれができなくなるわけではない，ということである。例えば，更正税額が納期限までに納付されない場合，租税行政庁は異議申立てに関係なく督促を行い，それでも納税義務の履行がないときは納税者の財産から強制的満足を図る滞納処分を開始できる。

　「手続の続行を妨げない」とは，例えば，滞納処分手続において，先行処分である滞納者の第三債務者に対する債権の差押えに対する異議申立てがなされても，租税行政庁はこれに続く処分である差押債権の取立てをすることができる，ということである。

　しかし，全く執行停止がなされず異議申立ての手続中に差押財産が換価されてしまうと，後で異議申立てが認められ当該処分が取り消されても，権利の回

復に困難が生じ，せっかく自己に有利な決定をかち得ても実効を伴わない事態が生じうる。

　そこで，納税者の権利利益の保護を図るため，異議決定がなされるまでの間，一定の場合を除き，原則として差押財産の換価をすることはできないとされている（通法105条1項但し書）。

　また，申立てによる徴収の猶予又は滞納処分の続行停止（通法105条2項），担保提供による差押えの猶予又は解除（通法105条3項）の余地が認められている。

2　審査請求と執行不停止

　上記1の異議申立ての場合における執行不停止の原則の適用とその例外的措置に関する説明は，ほぼそのまま審査請求にも当てはまる。

3　執行不停止と納税者の争い方

　以上の通り，租税行政庁から課税処分を受けた納税者が，異議申立て及び審査請求の手続をとったとしても，課税処分の効力，処分の執行又は手続の続行が妨げられるわけではない。このため，納税者が更正税額の納付を怠れば，延滞税を課されるし，滞納処分を受けるおそれもある。したがって，納税者が課税処分に不服がある場合でも，一旦更正税額を納付した上で，不服申立手続をとるのが通常の争い方である。

　なお，不服申立手続の結果，更正処分の全部又は一部が取り消され，納付税額の全部又は一部が還付される場合には，国が保有していた期間に対応する利息としての還付加算金が還付税額に加算される（通法58条，措法95条）。

II　本件の検討

　本件において，Xは，更正税額の手当てができなかったために，納付しないままに本件課税処分を争った。そのため，Xに対し滞納処分が行われた。即ち，Xは督促を受けた後，X所有の不動産の差押えを受けた（徴法47条1項，68条）。この結果，Xは，差押財産について法律上又は事実上の処分をなすことを禁止されるが，租税の徴収に支障のない限度で，差押財産の使用・収益を継

続することは許されている（徴法69条）。

　なお，Ｘが本件課税処分に対する異議申立て及び審査請求の手続を行っていたため，差押財産の換価は行われていない（通法105条1項但し書）。

第4章

租税訴訟手続

第1節　租税訴訟の類型

I　概　説

本節では，まず租税法律関係に関する訴訟としてどのような類型があるかを概観する[1]。

租税訴訟の大部分は，行政事件訴訟法の適用を受ける行政事件訴訟である。このような行政事件訴訟に属する租税訴訟は，大きく分けると，①抗告訴訟と②公法上の当事者訴訟に分類できる。他方，租税訴訟の中には，③民事訴訟に該当するものも含まれる。

それぞれについて概説すれば，以下の1ないし3の通りである。

1　抗告訴訟

抗告訴訟とは，行政庁の公権力の行使に関する不服の訴訟をいう（行訴3条1項）。抗告訴訟としての租税訴訟には，従来，以下の(1)ないし(3)の訴訟類型が明記されていたが，平成17年4月施行の改正行政事件訴訟法により，従来無名抗告訴訟と捉えられていた下記(4)及び(5)の訴訟類型が新たに追加された。

(1)　取消訴訟

取消訴訟とは，租税行政庁の処分，又はこれに対する異議決定，裁決が違法であることを理由として，その取消しを求める訴訟をいう（行訴3条2項，8条以下）。

課税処分を含む行政処分には公定力（行政処分が拘束力を有することの承認を一般に強要する効力）がある。このため，行政処分が存在すると，無効の場合を除くほか，その当不当，適法違法を問わず，相手方はもとより一般第三者も国家機関も，これを有効なものとして取り扱わなければならない。このよう

---

[1]　改正行政事件訴訟法前の租税訴訟の類型について，泉徳治＝大藤敏＝満田明彦『租税訴訟の審理について』（法曹会，改訂新版，平成14年）（以下「泉他・租税訴訟の審理」と引用）24頁以下参照。

な行政処分の持つ公定力を排除し，国民の権利利益の救済を図ることを目的とするのが，取消訴訟である。

(2) 無効確認訴訟

無効確認訴訟とは，租税行政処分に無効原因たる違法性があることを理由として，それが無効であることの確認を求める訴訟をいう（行訴3条4項，36条）。

租税行政処分の効力を争う点では，取消訴訟と同じ性質を有するが，租税行政処分が無効であることの確認を求める訴訟であるため，後に述べるような取消訴訟に課された制約（出訴期間の制限[2]，不服申立前置主義[3]）の適用を受けない。

(3) 不作為の違法確認訴訟

不作為の違法確認訴訟とは，租税行政庁が，租税法規に基づく申請に対し，相当の期間内に何らの処分もしない場合に，その不作為の違法の確認を求める訴訟をいう（行訴3条5項，37条）。

例えば，税務署長に納税の猶予（通法46条以下）を申請したが，相当の期間内に何らの処分もしない場合には，その不作為につき，税務署長に対する異議申立てか，又は国税局長への審査請求のいずれかをすることができる（行審7条，49条以下）ほか，不作為の違法確認訴訟を提起することができる。

(4) 義務付け訴訟

義務付け訴訟とは，租税行政庁が一定の処分をすべきであるにもかかわらずこれがなされないとき（非申請型の義務付けの訴え），又は租税行政庁に対し一定の処分等を求める旨の法令に基づく申請等がなされたにもかかわらずこれがなされないとき（申請型の義務付けの訴え）に，租税行政庁に当該処分等をすべき旨を命ずることを求める訴訟をいう[4]（行訴3条6項，37条の2，37

---

[2] 本章第4節Ⅰ2(3)（141頁）参照。
[3] 本章第4節Ⅰ2(2)（139頁以下）参照。
[4] 菅野博之判事は，義務付け訴訟の留意点として，①申請型義務付け訴訟と非申請型義務付け訴訟の2類型があること，②法的申請権がある場合には，実際の申請の有無にかかわらず，申請型義務付け訴訟を提起しなければならないこと，③申請型義務付け訴訟の適法要件として，不許可処分等の取消・無効確認訴訟又は不作為の違法確認訴訟の併合提起が必要であること（行訴37条の3第3項），④義務付けの対象になる処分をどのように特定するかが問題であること等を挙げられている（菅野博之「租税訴訟の現状と展望」『第5回租税訴訟研修』（日本弁護士連合会研修センター，平成18年）108頁以下所収（以下「菅野・研修用資料」と引用）111～112頁参照）。

条の3）。さらに，義務付けの訴えの提起があり，その対象となる処分等がなされないことにより生ずる償うことのできない損害を避けるため緊急の必要があり，かつ，本案について理由があるとみえるときには，裁判所は，仮の義務付けをなすことが認められている（行訴37条の5）。

但し，租税訴訟において，どのような場合に，義務付け訴訟が認められるかについては必ずしも明らかでない[5]。

(5) 差止め訴訟

差止め訴訟とは，租税行政庁が一定の処分等をなすべきでないにもかかわらずこれがされようとしている場合に，租税行政庁が当該処分等をしてはならない旨を命ずることを求める訴訟をいう（行訴3条7項，37条の4）。さらに，差止めの訴えの提起があり，その対象となる処分等がなされることにより生ずる償うことのできない損害を避けるため緊急の必要があり，かつ，本案について理由があるとみえるときには，裁判所は，仮の義務付けをなすことが認められている（行訴37条の5）。

但し，租税訴訟において，どのような場合に，差止め訴訟が認められるかについては必ずしも明らかでない。

2　公法上の当事者訴訟

以上のように抗告訴訟が行政処分（ないしは租税行政庁の不作為）そのものを争うのに対し，公法上の当事者訴訟とは，同じく行政事件訴訟に属するものの，抗告訴訟とは異なり，行政処分等に基づき相対立するいろいろな当事者間の公法上の法律関係について争う訴訟をいう（行訴4条）。

---

[5] 小林久起『司法制度改革概説3　行政事件訴訟法』（商事法務，平成16年）164頁（注1）は，過大な申告をした納税者の救済方法として納付税額の減額を求める制度として更正の請求（通法23条）が法定されているため，更正の請求の期間（通法70条）の経過前は，更正の請求をすることが損害を避けるための適当な方法である（行訴37条の2第1項）と考えられるので，租税行政庁が職権で減額更正処分をすることを求めるような義務付けの訴えの可能性を否定している。さらに，同書は，更正の期間経過後についても，更正の請求の制度を設けつつ請求期間を限定して租税法律関係の安定を図った制度趣旨を重視し，義務付けの訴えにより職権による減額更正処分を求めることはできないという考え方を示している。これに対し，職権による減額更正の認められる5年の期間内においては，合法性の原則に従い減額更正義務を肯定すべきであるという見解を述べるものとして，青木丈「国税庁の法令解釈変更による更正の請求と義務付け訴訟」東京税理士界590号4頁。

具体的には，過誤納金の還付を求める給付訴訟や，租税債務の存否の確認を求める確認訴訟が考えられる。

3 租税訴訟に該当する民事訴訟

上記1及び2のような行政事件訴訟としての租税訴訟のほかに，純粋な民事訴訟の中にも，租税訴訟と位置付けられるものがある。

具体的には，次の2つの類型が考えられる。

(1) 争点訴訟

争点訴訟とは，租税行政処分が無効であることを理由として，私法上の請求をする訴訟をいう(行訴45条)。

例えば，滞納処分が無効であることを理由として，公売財産の買受人に公売財産の返還を求める訴訟が，これに当たる。このような訴訟は，通常の民事訴訟であるが，行政処分の効力が争点となっているため，争点訴訟と呼ばれ，行政庁の参加の規定(行訴23条)，出訴の通知の規定(同法39条)等の行政事件訴訟法の規定が準用されている。

(2) 国家賠償請求訴訟

国家賠償請求訴訟とは，税務職員の違法な公権力の行使によって受けた損害の賠償を，国又は地方公共団体に対し求める訴訟をいう(国賠法1条)。国家賠償請求訴訟は，通常の民事訴訟の1つの形態である。

具体例としては，権限を乱用した違法な税務調査[6]によって，受けた損害の賠償を求める訴訟がある。また，課税処分の取消訴訟で納税者側が勝訴したときには，当該処分をなしたこと自体が国家賠償法1条1項上も違法であり，取消訴訟のために要した弁護士費用が当該処分と相当因果関係を有する損害に当たるものとして，国家賠償請求をなすことが考えられる[7]。さらに，一般民事の不法行為事件のように，課税処分の取消訴訟と弁護士費用の損害賠償を求める国家賠償請求訴訟を，最初から併合して提起することも考え得る。

---

(6) 大阪高判平成10年3月19日(判タ1014号183頁)は，店主の承諾を受けることなく，店舗及び居室で税務職員が行った調査が違法であるとして50万円の国家賠償を認めた(第2章第1節II 2(3)(19頁)参照)。

(7) 最判平成16年12月17日(判時1892号14頁)。但し，取消訴訟の「違法性」と国家賠償法1条1項の「違法性」を同一と考えるべきか否かについて学説と判例の立場に相違があることについて，第4章第12節I 2(2)(264頁)参照。

II 本件の検討

　租税訴訟の大半は，取消訴訟，特に課税処分の取消訴訟であるといわれている。そして，本件で取り上げている事案も所得税に係る更正処分及び過少申告加算税の賦課決定処分の取消訴訟のケースであるため，租税訴訟の典型例の1つと位置付けることができる。
　そこで，以下の概説部分においても，特に断りのない限り，国税に関する課税処分の取消訴訟を念頭に置きながら説明する。

第2節　取消訴訟手続の基本構造

I　概　説

1　適用法令

　国税に関する課税処分の取消訴訟は，前記の通り，行政訴訟のうちの抗告訴訟に含まれる（行訴2条）ため，行政事件訴訟法の適用がある（行訴1条）。
　しかし，行政事件訴訟法に定められている手続規定は極めて限られているので，取消訴訟には，民事訴訟に関する規定が包括的に準用されている（行訴7条）。このため，課税処分の取消訴訟を追行するためには，当然のことながら，民事訴訟法及び民事訴訟実務に通じていなければならない。そこで，以下では，適宜民事訴訟に関する基本的な事項についても説明を加える。

2　訴訟の3段階構造

　民事訴訟は，訴えの提起，審理，判決という3段階に大きく区分される[8]。さらに，審理の段階は，口頭弁論と証拠調べという2段階の構造になっている。即ち，裁判所が，原告の訴えに基づき，口頭弁論における当事者の主張と証拠調べの結果を判断の材料として判決を下すのが民事訴訟の基本構造である。
　上記のような民事訴訟の段階的構造は，課税処分の取消訴訟にも基本的に当てはまる。即ち，課税処分の取消訴訟においても，原告の処分取消しを求める訴えによって手続が開始し，口頭弁論における両当事者の主張立証活動の結果に基づき判決を下すという基本構造がとられている。

3　訴訟行為の3段階構造

　民事訴訟手続は，紛争の解決に向けられた訴訟当事者の一連の行為の集積で

---

[8]　林屋礼二＝河野正憲編『民事訴訟法』（青林書院，平成11年）（以下「林屋他・民事訴訟法」と引用）69頁以下。

ある。このような訴訟当事者の行為は，一般に以下の通り，(1)申立て，(2)主張及び(3)立証（挙証）の3つに区分される(9)。

上記の区分は，課税処分の違法性の有無の判断という紛争の解決に向けられた当事者の訴訟行為の集積である課税処分の取消訴訟の手続にもそのまま当てはまる。

(1) 申立て

課税処分の取消訴訟の手続は，納税者が原告となり，国を被告とし，裁判所に対し，自己が求める裁判の申立て（訴状の提出による訴えの提起）をすることから開始する。他方，被告の国は，原告の訴えの提起自体が不適法であると考えるなら「原告の訴えを却下する」旨の裁判を申し立て，また租税行政庁が行った課税処分が適法であると考えるなら「原告の請求を棄却する」旨の裁判を求めることになる。

このように，訴訟当事者が裁判所に対し，一定の内容の裁判を求める意思を表現することを「申立て」という。

(2) 主　張

訴訟当事者が，申立てを基礎付けるために，法律効果あるいは具体的な事実の存否について陳述することを「主張」という。前者を法律上の主張といい，後者を事実上の主張という。

(3) 立証（挙証）

「立証（挙証）」とは，事実上の主張を証明するための行為又は活動をいう。証拠の申出のほか，証拠調べに協力・関与する行為が含まれる。

なお，上記のような申立て，主張，立証を一括して攻撃防御方法と呼ぶ。この場合，攻撃方法か，防御方法かは内容が攻撃的か防御的かで判断するのではなく，形式的に，原告が訴えを維持するために提出するものを攻撃方法，被告が訴えを排斥するために提出するものを防御方法と呼んでいる(10)。

---

(9) 新堂幸司『新民事訴訟法』（弘文堂，第3版補正版，平成17年）（以下「新堂・新民事訴訟法」と引用）370頁。なお，大野重國＝東亜由美＝木下雅博『租税訴訟実務講座』（ぎょうせい，改訂版，平成17年）（以下「大野他・実務講座」と引用）23頁は，この3つの区分を民事・行政訴訟手続の3段構造と呼んでいる。

(10) 林屋礼二＝吉村徳重＝中島弘雅＝松尾卓憲『民事訴訟法入門』（有斐閣，平成11年）（以下「林屋他・民事訴訟法入門」と引用）98～99頁。

II　本件の検討

本件訴訟の経緯を，裁判の審級ごとに，各当事者の行った訴訟行為を中心に簡単に要約すれば，以下の通りである。

なお，本件における申立て，主張，立証の具体的内容については，本章の第6節（146頁）以下で適宜，訴状，答弁書，準備書面，証拠説明書等の資料を添付しながら説明する。

審級	日付	当事者	
		原告（控訴人）	被告（被控訴人）
第一審	平成7年7月21日	訴状提出[11]	
	平成7年10月5日 （第1回口頭弁論）	訴状陳述 甲1～9提出	答弁書陳述[12]
	平成7年11月30日 （第2回口頭弁論）		被告第1準備書面陳述[13]
	平成8年2月14日 （第3回口頭弁論）	原告第1準備書面陳述[14] 甲10～20提出[15]	
	平成8年4月17日 （第4回口頭弁論）		被告第2準備書面陳述 乙1～7提出
	平成8年6月19日 （第5回口頭弁論）	原告第2準備書面陳述 甲21，22提出[16]	
	平成8年8月2日 （第6回口頭弁論）	原告第3準備書面陳述 甲23～25提出 Ｘ原告本人尋問申請[17]	
	平成8年10月2日 （第7回口頭弁論）	（Ｘ原告本人尋問延期）	

---

[11] 訴状は151頁以下に掲載。なお，訴状とともに提出する訴訟委任状及び補佐人選任届は，それぞれ132頁，133頁に掲載。
[12] 答弁書は155頁以下に掲載。
[13] 被告第1準備書面は174頁以下に掲載。
[14] 原告第1準備書面は185頁以下に掲載。
[15] 甲10～20号証の証拠説明書は207頁以下に掲載。
[16] 甲21号証（Ｘの陳述書）は211頁以下に掲載。
[17] Ｘの本人尋問申請のための証拠申出書は222頁以下に掲載。

	平成8年11月20日 (第8回口頭弁論)	Xの主尋問[18]	Xの反対尋問 乙8〜10提出[19]
	平成9年1月23日 (第9回口頭弁論)		被告第3準備書面陳述 乙11, 12提出 地上進の証人尋問申請
	平成9年3月28日 (第10回口頭弁論)		被告第4準備書面陳述 (地上進の証人尋問延期)
	平成9年5月22日 (第11回口頭弁論)	原告第4準備書面陳述	被告第5準備書面陳述
	平成9年8月21日 (第12回口頭弁論)	原告第5準備書面陳述	被告第6準備書面陳述
	平成9年10月2日 (第13回口頭弁論)	原告第6準備書面陳述 甲26提出 地上進の証人尋問申請	被告第7準備書面陳述
	平成9年12月2日 (第14回口頭弁論)	原告第7準備書面陳述 甲27〜32提出 地上進証人の反対尋問	地上進証人の主尋問
	平成10年2月13日 (第15回口頭弁論)	原告第8準備書面陳述[20] 原告第9準備書面陳述	被告最終準備書面陳述[21] 乙13, 14提出
	平成10年5月13日 (第16回口頭弁論)	第一審判決言い渡し[22] (原告敗訴)	
控訴審	平成10年5月22日	控訴状提出[23]	
	平成10年7月10日	控訴理由書提出	
	平成10年10月12日 (第1回口頭弁論)	控訴状, 控訴理由書陳述 甲33, 34提出 鑑定の申出[24]	被控訴人第1準備書面陳述 乙15提出
	平成10年11月30日 (第2回口頭弁論)	控訴人第1準備書面陳述	被控訴人第2準備書面陳述
	平成11年1月25日 (第3回口頭弁論)		被控訴人第3準備書面陳述 乙16, 17提出

(18) X本人の当事者尋問速記録の抜粋は223頁以下に掲載。
(19) 乙8号証(交換のための確約書)は210頁に掲載。
(20) 原告第8準備書面は238頁以下に掲載。
(21) 被告最終準備書面は252頁以下に掲載。
(22) 第一審判決は266頁以下に掲載。
(23) 控訴状は284頁以下に掲載。
(24) 鑑定の申出書は287頁以下に掲載。

	平成11年3月1日 (第4回口頭弁論)	控訴人第2準備書面陳述	
	平成11年4月27日 (弁論準備手続(25))		被控訴人第4準備書面提出
	平成11年5月26日 (第5回口頭弁論)	控訴人第3準備書面陳述(26) 甲35, 36提出	被控訴人第4準備書面, 第5準備書面陳述(27) 乙18提出
	平成11年6月21日 (第6回口頭弁論)	**控訴審判決言い渡し**(28) (控訴人全部勝訴)	
	平成11年7月2日		上告受理申立て(29)
	平成11年9月1日		上告受理申立理由書提出
上告審	平成15年6月13日	**最高裁上告不受理決定**(30) (第一審原告全部勝訴確定)	

(25) 弁論準備手続の概要は289頁以下に掲載。
(26) 控訴人第3準備書面は297頁以下に掲載。
(27) 被控訴人第5準備書面は291頁以下に掲載。
(28) 控訴審判決は301頁以下に掲載。
(29) 上告受理申立書は307頁以下に掲載。
(30) 上告不受理決定は308頁以下に掲載。

第3節　取消訴訟の受任

I　概　説

1　実務担当者

(1)　原告納税者側の体制

　先に述べた通り，国税に関する課税処分の取消訴訟は，課税処分を受けた納税者が原告となり，国を被告として，当該処分の取消しを求める訴訟である。

　納税者本人が自らこのような訴訟の追行を行うこと（本人訴訟）も理論的には可能であるが，高度の専門的知識を要することから，弁護士を訴訟代理人として委任するのが通常である。

　さらに，平成14年4月に施行された改正税理士法により，補佐人税理士制度が創設されたので，補佐人としての税理士も，裁判所の許可を要することなく，課税処分の取消訴訟に関与できることになった。このような補佐人税理士制度は新しい制度であり，解釈上の問題点も少なくないので，2で改めて取り上げ，詳細な説明を加える。

(2)　被告国側の体制

　国税に関する課税処分の取消訴訟の被告は国であるが，被告国側の体制は，以下のようになっている[31]。

　国の利害に関係のある訴訟については，法務省の所掌事務とする（法務省設置法4条31号）とともに，「国の利害に関係のある訴訟についての法務大臣等の権限に関する法律」（以下「権限法」と略称する。）により，法務大臣にこれらの統一的・一元的な処理の権限を付与する訟務制度が採用されている。そして，課税処分の取消訴訟においては，租税行政庁と法務大臣がそれぞれの職員を指定（指定代理人）し，このような指定代理人が訴訟を追行している。具体

---

[31]　大野他・実務講座14～15頁。

的には，各国税局に所属する国税訟務官，法務省の租税訟務課の課付（訟務検事）及び法務専門官，並びに法務局の訟務部の部付（訟務検事），上席訟務官，訟務官らが指定代理人として租税訴訟を担当している。

(3) 裁判所の体制

我が国では，特別裁判所の設置が禁止されている（憲法76条）ため，租税訴訟も通常の裁判所で取り扱われる。

租税訴訟のうち行政事件を扱うのは，地方裁判所以上の裁判所であり，第一審が地方裁判所，第二審が高等裁判所，そして第三審が最高裁判所である。上級審の裁判所は，下級審の裁判所の裁判を取り消し，又は変更する権能を有し，その事件について上級審の裁判所の判断は，下級審の裁判所を拘束する（裁法4条）。

行政事件たる租税訴訟の第一審を担う地方裁判所のうち東京及び大阪には行政事件を専門に審理する行政事件専門部があり，横浜などの地方裁判所には通常の民事事件と併せて行政事件を集中的に扱う行政事件集中部が設置されている。

2　補佐人税理士制度

(1) 制度の導入

一連の司法制度改革の一環として，平成14年に施行された改正税理士法により，税理士が補佐人として租税に関する事項について弁護士とともに出廷し陳述することができる，いわゆる出廷陳述権の規定が創設された。新設された税理士法2条の2は，以下の通り規定している。

> 【税理士法2条の2】
> 　税理士は，租税に関する事項について，裁判所において，補佐人として，弁護士である訴訟代理人とともに出頭し，陳述をすることができる。
> 2　前項の陳述は，当事者又は訴訟代理人が自らしたものとみなす。ただし，当事者又は訴訟代理人が同項の陳述を直ちに取り消し，又は更正したときは，この限りでない。

税理士は，関与先である納税者が違法な課税処分を受けた場合，行政上の不

服申立手続の段階までは直接代理人として関与することができる。しかし，ひとたび租税訴訟の段階に至ると，ほとんどの場合，訴訟代理人である弁護士にその職務を移管するほかないというのが従来の取扱いであった[32]。しかし，本制度の創設により，税理士は，租税訴訟の場においても納税者の利益を守ることができることになった。

(2) 主たる問題点

上記税理士法2条の2によって新設された補佐人税理士制度の適用に関する主たる問題点を挙げると，以下の通りである。

(a) 「租税に関する事項」の範囲

(i) 租税訴訟　補佐人税理士が関与し得るのは，「租税に関する事項」に限定されるのみで，いわゆる課税処分の取消訴訟等の抗告訴訟に限られているわけではない。したがって，租税訴訟に該当する過誤納金の還付請求事件や国家賠償請求事件なども「租税に関する事項」に関する訴訟に含まれると考えられる。

(ii) 私人間の純粋な民事訴訟　さらに，純粋な私人間の民事事件であっても，「租税に関する事項」が争点となるものについては，税理士に出廷陳述権が認められるべきであり，現に以下の通り実例がある[33]。

例えば，平成14年12月，東京地裁民事25部において，消費税の課税取引であったか否かが争点の一つになっていた私人間の民事事件において，消費税法の解釈が争われていたために，税理士の出廷陳述権の行使が認められた事例が報告されている[34]。また，税理士賠償責任訴訟という民事事件においても税理士が補佐人として出廷陳述権を行使した事例が報告されている[35]。

---

[32] 後に(3)（125頁以下）で述べる通り，補佐人税理士制度導入以前でも，民事訴訟法60条に規定される補佐人に税理士が就任する余地はあったが，裁判所の許可が必要とされ，同法上の補佐人制度というものは理解力や身体に障害がある人などを想定し当事者の能力の不足を補填する「介添人」と理解する傾向があったため，税理士が補佐人に就任することを裁判所が許可しないケースが多かった。

[33] これに対して，補佐人税理士制度は，査察事件等の刑事事件に関しては，適用されないと一般に解されている（国税庁は，「改正税理士法のあらまし」において，補佐人税理士制度について，「この規定は，刑事事件の場合には適用されません。」と述べている (http://www.nta.go.jp/category/topics/data/h13/21/01.htm)）。

[34] 菅納敏恭＝黒瀬義雄＝青木丈「民事事件における税理士の『出廷陳述権』－租税訴訟学会の実践から－」東京税理士界第553号4頁。

[35] 鳥飼重和「税理士法改正と現実の変化－特に，出廷陳述権に関して－」東京税理士界第554号4頁。

これらはほんの1例であるが，もとより我々の経済活動で租税に関係しないものはないので，「租税に関する事項」を拡大解釈すれば，税理士は，ほとんど全ての民事訴訟で出廷陳述権を行使できることになるかもしれない。しかし，訴訟代理権が弁護士に限られていることを考えると，このような解釈は行き過ぎである。

　したがって，税理士の出廷陳述権が認められるかどうかは，裁判所が個々の民事訴訟において，当事者双方の主張をみて，租税に関する事項が当該訴訟の重要な「争点」となっているか否かによって判断されることになろう。

(b)　当事者，訴訟代理人，補佐人税理士の関係

(i)　問題の所在　　税理士法2条の2において，「弁護士である訴訟代理人とともに」と規定されていることから，補佐人税理士が関与する事件については，常に，当事者（依頼者）・訴訟代理人（弁護士）・補佐人税理士の三者が登場することになる。この三者間の関係をどのように捉えるのか，が1つの問題である。即ち，補佐人税理士は，当事者（依頼者）を直接補佐する（下図のAの関係）のか，それとも訴訟代理人である弁護士を補佐する（下図のBの関係）のかという理論的な問題である。

【補佐人税理士制度における三者の関係】

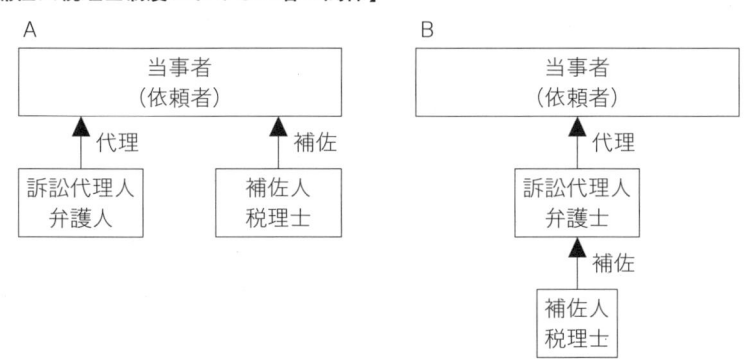

```
A                                    B
┌─────────────┐                      ┌─────────────┐
│  当事者      │                      │  当事者      │
│ （依頼者）   │                      │ （依頼者）   │
└─────────────┘                      └─────────────┘
  ↑代理    ↑補佐                       ↑代理
┌────────┐ ┌────────┐                ┌────────┐
│訴訟代理人│ │補佐人  │                │訴訟代理人│
│弁護人   │ │税理士  │                │弁護士   │
└────────┘ └────────┘                └────────┘
                                        ↑補佐
                                      ┌────────┐
                                      │補佐人  │
                                      │税理士  │
                                      └────────┘
```

　この点は，立法時点では，ほとんど議論されていなかった。これは，民事訴訟法60条の趣旨に則り，当然に当事者の補佐をするものと解されていたからであると推測される。

　しかしながら，税理士法上の補佐人制度と民事訴訟法上の補佐人制度で大きく異なる点がある。即ち，民事訴訟法上は，「当事者又は訴訟代理人は，……

補佐人とともに出頭することができる」（民訴60条1項）とされていることからも明らかなように，訴訟代理人がつかない，いわゆる本人訴訟における補佐人も想定されている。そして，訴訟代理人のいない本人訴訟の場合に，補佐人が当事者を直接補佐することは明らかである。

これに対し，税理士法上の補佐人は，常に訴訟代理人とともに出廷することとされており，本人訴訟は想定されていない。このように，税理士法上の補佐人が常に訴訟代理人とともに出廷するということが要件とされていることを重視すると，税理士は，当事者本人ではなく，訴訟代理人を補佐するものであると解することも可能である。

　(ii)　**税理士法上の補佐人の法的性格**　税理士法も民事訴訟法と同じく「補佐人」という言葉を用いていることからすると，税理士法上の補佐人制度は，従来からの民事訴訟法上の補佐人制度の特則的性格を有していると捉えることができる。そして，民事訴訟法上の補佐人の法的性格については，本人の発言機関とみる説[36]と，権限が制限された代理人とみる説[37]とが対立しているが，権限に制限があるものの，その法的性格が当事者本人の代理人であると解することは一般に受け容れられている。

したがって，民事訴訟法上の補佐人と税理士法上の補佐人で異なる点は，前述のように民事訴訟法上の補佐人制度がいわゆる本人訴訟の場合を想定しているのに対し，税理士法は，そうでなく，訴訟代理人弁護士とともに出廷することが求められている点である。その理由は，一般的に税理士に訴訟に関する知識能力を期待しにくく，「租税に関する事項」を含む訴訟といえども，単独での訴訟追行を認めるべきではないという点にあると思われる。そうであるならば，税理士法上の「補佐人」と民事訴訟法上の「補佐人」の法的な性格を特に別異に解する理由はないといえよう。このように考えれば，民事訴訟法上の補佐人と全く同様に，税理士法上の補佐人も，当事者本人を補佐するものと解すべきである。

　(iii)　**補佐人選任届の書き方**　税理士法上の補佐人の法的性格をどのように捉えるかの問題は，委任関係をどのように考えるかの問題とも関連してくる。実務的には，税理士が補佐人に就任するに際しては，裁判所に補佐人選任届を

---

[36]　三ヶ月章『民事訴訟法』（有斐閣，昭和34年）208頁。
[37]　伊藤眞『民事訴訟法』（有斐閣，第3版再訂版，平成18年）34頁等。

提出する必要があるが，誰が補佐人を選任するかという形で問題となる。
　上記のように，補佐人税理士は，依頼者である当事者本人を補佐するものと考えれば，税理士が補佐人に就任するに際し，裁判所に提出する書類は，当事者（依頼者）作成の補佐人税理士に対する以下のような「補佐人選任届」によることになる。

書式例6：税理士法上の補佐人選任届（A型）

```
平成　年（　）第　　　　号　　　　　　事件
　原　告
　被　告

                    補佐人選任届

                              平成　年　月　日
東京地方裁判所民事第　　部　御中
                         原　告　○　　○　　○

　私は，税理士法2条の2に基づいて下記の者を補佐人として選任しましたので，この旨お届けします。
                      記
　〒○○○－○○○○　　東京都○○区○○○丁目○番○号
                    東京税理士会所属　登録番号○○○○○号
                    税理士　　　　　　　　○　　○　　○
                         電話　03－○○○○－○○○○
                         FAX　03－○○○○－○○○○
                                              以上
```

　これに対し，裁判所では，補佐人選任手続として，訴訟代理人弁護士から例えば以下のような「補佐人選任届」の提出を求める傾向があるようである[38]。

---

[38]　東京高等裁判所管内の統一見解として，依頼者からの委任状でなく，訴訟代理人弁護士からの「補佐人選任届」を求められたとの報告がある（青木丈「税理士補佐人の意義」東京税理士界第572号5頁）。このような場合には，訴訟代理人弁護士の訴訟委任状の委任事項に「補佐人の選任」を記載した上で（133頁注(63)参照），弁護士が「補佐人選任届」を裁判所に提出するという手続を踏むことになる。

第3節　取消訴訟の受任

書式例7：税理士法上の補佐人選任届（B型）

```
平成　年（　）第　　　号　　　　　　事件
　原　告
　被　告

                    補佐人選任届
                                    平成　年　月　日
東京地方裁判所民事第　　　部　御中
                        原告訴訟代理人弁護士　○　○　○

　私は，税理士法2条の2に基づいて下記の者を補佐人として選任しました
ので，この旨お届けします。
                    記
　〒○○○－○○○○　　東京都○○区○○○丁目○番○号
　　　　　　　　　東京税理士会所属　登録番号○○○○○号
　　　　　　　　　税理士　　　　　○　○　○　○
　　　　　　　　　電話　03－○○○○－○○○○
　　　　　　　　　FAX　03－○○○○－○○○○
                                            以上
```

　このような手続を形式的に捉えれば，補佐人税理士は訴訟代理人弁護士の補佐をするという関係（前記図のBの関係）を前提にしているものと推測される。この形では，補佐人税理士は，当事者の意思にかかわりなく，訴訟代理人が選任できることになるし，当該訴訟代理人が辞任すると，補佐人としての地位を当然に失うことになろう。

　前述のように，補佐人税理士の法的性格は，民事訴訟法上の補佐人と同様であると考えれば，当事者の補佐をするものと捉え，補佐人税理士の選任は，前記図Aのように，当事者本人が直接行うべきであると考えられる[39]。

---

[39] 133頁に掲載する通り，本書では補佐人税理士は，当事者本人を直接補佐するものと考え，本人が補佐人を選任する書式を採用している。なお，補佐人税理士の就任手続として，制度の趣旨から，どのような手続が採られるべきかについては，菅納敏恭「税理士の出廷陳述権の法的性格と選任手続」税研108号82～85頁に詳しい。

(c) 「陳述すること」の意義——「尋問」は含まれるか

　税理士法改正に当たっての衆議院における政府委員の国会答弁で，「陳述するにとどまりまして，尋問することはできないというような形になっている」との答弁があった(40)。この見解によれば，「陳述」には「尋問」は含まれないということになるが，この問題については，以下の通り，多くの議論がなされている。

　(i) 「陳述」と「尋問」の意義　「陳述」とは，一般的に，自己の申立てを理由付け，あるいは相手方の申立てを排斥するために，事実あるいは法律効果についての認識を裁判所に申し述べる訴訟行為である。したがって，課税処分の取消訴訟の場合，当該処分が違法であることを根拠付ける事実上・法律上の陳述を税理士補佐人ができることに疑問の余地はない。

　これに対して「尋問」とは，訴訟において，証人等に対し質問を発し，返答させることをいう。

　このように，「陳述」と「尋問」は異なる訴訟行為であると解されている(41)が，「陳述」には立証を含むものと考え，立証には当然「尋問」が含まれるのだから，結局のところ「陳述」に「尋問」は含まれるとの見解も示されている(42)。さらに，税理士法を厳格に解釈し，補佐人税理士に「尋問」を認めないとすると，補佐人税理士制度の機能に問題が生ずるとの指摘がある。即ち，現在の訴訟実務では，「陳述」は準備書面でなされるのがほとんどであり，書面以外に口頭で行われるのは極めて稀なことから，尋問権を認めないと補佐人税理士制度があまり意味のないものになってしまうという懸念が指摘されている(43)。

　(ii) 弁理士法との比較　弁理士法においても，以下の通り，特許侵害訴訟等における補佐人制度があり，税理士法上の補佐人制度よりも歴史が古い。

---

(40) 第151回国会 財務金融委員会 第11号 平成13年5月23日 午後2時31分開議 (http://www.shugiin.go.jp/itdb_kaigiroku.nsf/html/kaigiroku/009515120010523011.htm) 等参照。
(41) 三木義一「これからの税務訴訟と税理士－補佐人制度の活用を期待する」税研100号79頁（以下「三木論文」と引用）。
(42) 補佐人税理士に尋問が認められるかについて，松沢智「出廷陳述権の付与と税務裁判における税理士」税理44巻8号44頁，内田久美子「初めて法廷に立つ税理士のための税務訴訟における税理士補佐人制度とは？」スタッフアドバイザー141号55頁参照。
(43) 三木論文79頁。

> 【弁理士法5条】
>   弁理士は，特許，実用新案，意匠若しくは商標，国際出願若しくは国際登録出願，回路配置又は特定不正競争に関する事項について，裁判所において，補佐人として，当事者又は訴訟代理人とともに出頭し，陳述又は尋問をすることができる。
> 2 前項の陳述及び尋問は，当事者又は訴訟代理人が自らしたものとみなす。ただし，当事者又は訴訟代理人が同項の陳述を直ちに取り消し，又は更正したときは，この限りでない。

 上記の弁理士法の規定で税理士法よりも進んでいる点として注目すべきことが2つある。1つは，税理士法において「（弁護士である）訴訟代理人とともに」出廷することが要件となっているのに対し，弁理士法では「当事者又は訴訟代理人とともに」と規定されていることである。もう1つは，「陳述又は尋問することができる」と「尋問」が明記されている点である。

 このように弁理士法において明文上「尋問」と規定されているのに対し，税理士法では規定されていないことを重視すると，税理士法上の補佐人の権限は「陳述」にとどまり，「尋問」は含まれていないと解さざるを得ない[44]。

 (iii) **実際の取扱い**　実際の取扱いがどのようになっているのかといえば，「裁判実務上は，補佐人税理士が強く『尋問』を求めると，これを認める裁判所が多い」[45]といわれている。また，東京地裁民事38部では，補佐人税理士側から尋問の申入れがあれば拒否しない，という姿勢を示しているとのことである[46]。但し，「裁判官の言葉からは当面，準備書面等の領域で力を発揮して欲しいとニュアンスも伝わってくる」[47]ともいわれている。このような但し書は，現状として一般的に税理士に訴訟追行全般に関する十分な知識能力が備わっているとはいい難いことから，補佐人税理士に「尋問」権を全面的に許容することによる訴訟進行上の弊害を懸念してのことであると推測される。

---

[44] 三木論文79頁。
[45] 大野他・実務講座14頁。
[46] 「裁判官は税理士の証人尋問を拒否しない意向」速報税理平成15年10月11日号10頁。
[47] 同上。

補佐人税理士が実際に法廷で尋問を行ったとの報告(48)によると，補佐人税理士に尋問が認められたいずれのケースにおいても，被告国側からは，「補佐人税理士には尋問権がない」旨の解釈が示され，裁判所の見解も積極的に尋問権を肯定するものではなく，尋問を許す特段の事情があるなどの理由に基づき，裁判所の訴訟指揮により認められたようである。

　このように，補佐人税理士に尋問を許す実例がある以上，税理士は，訴訟技術に関する知識を身に付け，法廷技術を磨き，弁護士とよく相談した上で，必要に応じて法廷での尋問を試みるべきである(49)。

　(d)　弁護士との協働について

　前述のように，補佐人税理士制度の下では，常に補佐人税理士は，訴訟代理人である弁護士とともに出廷陳述権を行使することになる。このため，税理士が補佐人として出廷陳述権を行使するに当たっては，弁護士との協働関係をどのようになすのかが重要課題の1つとなる。

　(i)　補佐人税理士に求められる能力　　そもそも税理士に出廷陳述権が与えられた理由は，法改正に当たっての衆議院における政府委員の国会答弁(50)では，「租税に関する訴訟につきましては，高い専門性，技術性が必要でございますが，これまで，行政上の不服申立ての手続については税理士の業務として認め

---

(48)　平成16年2月，さいたま地裁において，実際，法廷で関博之税理士が補佐人として「尋問」を行ったとの報告がある（租税訴訟学会ホームページ会議室での山下清兵衛弁護士のコメント（平成16年3月3日付））。(http://mav.nifty.com/ahp/mav.cgi?place=sozei-room&no=3007)，「出廷陳述権を行使してこそ初めて補佐人制度を活用できる」シリエズ平成16年10月号アックスコンサルティング25～28頁。

　また，水谷俊彦弁護士・藤田康雄税理士は，被告側及び裁判所ともに補佐人税理士の尋問権を一度は否定したにもかかわらず，税理士法2条の2の解釈論を駆使して，最終的に「この項目に限り，今回のみ」というニュアンスながら，補佐人税理士による尋問を実現した経緯を詳細に報告されている（水谷俊彦＝藤田康雄「税理士補佐人による尋問権行使の試みと可能性」月刊　税務事例37巻4号24～29頁）。

(49)　前述のように，弁理士法には明文上「尋問」と規定されているが，弁理士補佐人制度創設時からこの規定があったわけではない。当初は，弁理士法も税理士法と同様に文言上明確ではなかったのである。しかし，「実際の訴訟では弁理士が幅広い訴訟活動を行い，裁判所も事実上弁理士が証人尋問を行うことを認め，また，その方が争点が明確になり訴訟遂行上有益であったため，徐々に慣行化し，ついに」（三木論文81頁）平成12年の弁理士法改正で条文化されたのである。この経緯を踏まえれば，税理士も尋問の実績を積み重ねていくことにより，弁理士法のように税理士法においても「尋問」が明文化されることにつながるだろう。

(50)　前掲注(40)第151回国会　財務金融委員会議事録参照。

られているわけでございますけれども，今のような税務の問題の一層の複雑化，高度化に伴いまして，訴訟手続においても，税務の専門家である税理士が，補佐人という立場を通じまして納税者を援助する活動を常に行い得るようにするということが，それまでそのクライアントの方の税務の問題を見てきているわけでございますから，納税者の利便の向上にも資するわけでございますし，ひいては申告納税制度の円滑，適正な運営にも資することになるのではないかという趣旨から，今回，出廷陳述権を認めているわけでございます。」と述べられている。

つまり，補佐人となる税理士に求められているのは，高い専門技術性を必要とする租税問題に関して，その専門家である税理士が，税務申告から，不服申立手続を含む租税争訟手続全般について一貫して関与することを通じて，納税者の正当な権利・利益の救済を図ることにある。

(ii) **訴訟技術は弁護士に**　他方，補佐人税理士が，弁護士である訴訟代理人とともに出廷することが求められている理由は，上記国会答弁では，「税理士は訴訟事務に関しての専門家ではございません。したがいまして，まず弁護士である訴訟代理人とともに出頭することを前提としておりまして」と説明されており，これは，少なくとも現時点では，一般的に税理士が訴訟手続に関する専門的知識や法廷技術を十分に備えているとはいい難いことを踏まえての発言であろう。

補佐人税理士にも，訴訟事務や訴訟手続の流れについての基本的な知識が必要となることはいうまでもないが，補佐人税理士は，常に訴訟手続の専門家である弁護士と出廷するのであるから，訴訟技術の面では，弁護士を信頼し，弁護士の意見に基本的に従う対応が望ましい。

(iii) **弁護士との役割分担**　このように考えると，補佐人税理士の役割として最も期待されるのは，税法の解釈と立証に必要となる証拠資料の収集であろう。

税理士は，当事者となる本人と税務申告及び税務調査時から関与している場合が多いであろうから，事案について，当事者と同レベル，又は論点によっては当事者以上の知識を有しているはずである。したがって，税理士の役割としては，訴訟の争点に係る税法の解釈に必要な調査をしたり，納税者に有利な証拠資料を収集したり，あるいはこれらを基に準備書面素案を作成したりするこ

とが考えられる。これらに基づき弁護士が訴訟技術を駆使し，準備書面を完成し，証拠資料を整え，法廷に臨むという流れが，弁護士と税理士の協働として最適な形の1つであると考えられる。

いずれにしても，弁護士と税理士が強力なタッグを組み，お互いの長所と短所を確認した上でその役割分担を明確にし，協力しながら租税訴訟に臨むことが肝要である。

(3) 本人訴訟の場合──民事訴訟法60条に基づく補佐人

これまでは，代理人弁護士とともに出廷することを前提とする税理士法上の補佐人制度について述べてきたが，我が国の租税訴訟の典型とされる「意地の訴訟」[51]のように，争われる金額が低いために，納税者が弁護士に依頼することが困難なケースがある。

この場合は，訴訟代理人弁護士がつかないいわゆる本人訴訟になるが，税理士法上の補佐人は，弁護士である訴訟代理人とともに出頭することが要件とされている（税理法2条の2第1項）ため，本人訴訟の場合は，民事訴訟法60条に基づく補佐人として裁判所の許可を得なければならない。

【民事訴訟法60条】
　　当事者又は訴訟代理人は，裁判所の許可を得て，補佐人とともに出頭することができる。
2　前項の許可は，いつでも取り消すことができる。
3　補佐人の陳述は，当事者又は訴訟代理人が直ちに取り消し，又は更正しないときは，当事者又は訴訟代理人が自らしたものとみなす。

民事訴訟法60条に基づく補佐人として裁判所の許可を得るためには，当事者が裁判所に以下のような「補佐人許可申立書」[52]を提出し，裁判所の許可を求める必要がある（同条1項）。

---

[51] 「意地の訴訟」については，三木義一『新　税理士・春香の事件簿－変わる税金裁判』（清文社，平成17年）44頁参照。
[52] 本書式作成に当たっては，四国税理士会作成の平成17年度　第33回日税連公開研究討論会当日用資料『税務訴訟と税理士の役割』8頁所収の江崎鶴男税理士の用いた書式を参考にさせて頂いた。

書式例8：民事訴訟法上の補佐人許可申立書

平成　年（　）第　　　号　　　　事件
　原　告
　被　告

補佐人許可申立書

　　　　　　　　　　　　　　　　　　平成　年　月　日
東京地方裁判所民事第　　部　御中
　　　　　　　　　　　　　　　　　　原　告　○　○　○　○

　私は，次の者を下記の理由により民事訴訟法60条に基づく補佐人の許可を申立します。
　　〒○○○－○○○○　　　東京都○○区○○○丁目○番○号
　　　　　　　　　　東京税理士会所属　登録番号○○○○○号
　　　　　　　　　税理士　　　　　　　○　○　○　○
　　　　　　　　　　電話　03－○○○○－○○○○
　　　　　　　　　　FAX　03－○○○○－○○○○
　　　　　　　　　　　　　　記
1．現行税理士法では弁護士代理人のいる訴訟では税理士は届出により補佐人となることができる（税理士法2条の2）。
2．本件の訴訟物の価額が極めて少額であり，本件を弁護士代理人に依頼することは経済的に見て難しい。
3．本事件は全国で発生している事案であり税金自体の争いは元より，○○にとって所得となるか否かは○○○○等にも影響を及ぼし看過できない。
4．本案は租税法に係わる争いであるところ，右の者は，税理士として専門的な税務の知識や実務を熟知しており，訴訟前の活動は当事者の○○税申告の（税務）代理人並びに○○税の異議申立て及び審査請求の（税務）代理人として当事者に準じている。
5．右の者は，平成　年（　）第　　　号　　　　事件において，民事訴訟法60条の補佐人として許可を受けたことがある（税理士法2条の2の補佐人に就任したことがある）。
　　　　　　　　　　　　　　　　　　　　　　　　　　　以上

補佐人許可申立書作成に際して重要なことは，裁判官に対して，訴訟進行上税理士が補佐人として出頭することの有益性を説くことである。

上記書式に記したように，訴訟進行上，税理士が補佐人として出頭することの有益性を裏付けるために，①税理士法上，代理人弁護士のいる訴訟では，税理士は届出により補佐人として出頭できること，②本件で争われている金額が低いために弁護士に依頼することが困難なこと，③税負担の問題以上に社会に与える影響の大きいこと，④これまでも税理士は民事訴訟法60条に基づく補佐人として出廷している実績のあること等を理由とし，その他，⑤当事者と補佐人となる税理士との関係（申告代理から審査請求まで一貫して関与した事実等），⑥補佐人となる税理士のこれまでの実績（過去の補佐人の経験，税理士会・支部での役職等）にも触れれば説得力が増すだろう。

補佐人税理士制度導入以前の裁判所の考え方は，京都地決平成7年8月18日（税資213号419頁，TAINSコードZ213-7562）で，「裁判所が裁量により輔佐人とともに出頭することの許可を与えることができるのは，1）当事者に弁論能力がないとはいえないが，難聴，言語障害，老齢，知能不十分等の原因に基づき訴訟上の行為をするにつき相当の困難があり，そのために訴訟が必ずしも円滑に進行しない場合，2）当事者または訴訟代理人が当該事案の性質上特に必要とされる人文・社会・自然諸科学の専門的知識を欠くため，適切な攻撃防御を行なうことが困難であり，そのために権利の伸張，擁護に万全を期し得ないおそれのある場合，3）その他これに準ずる場合に限られるものと解される」ことを理由として，税理士が口頭弁論期日に補佐人として出頭することを認めなかった[53]ことに代表されるように，極めて消極的であった。

しかしながら，税理士法2条の2により税理士に出廷陳述権がある現在では，先に引用した国会答弁[54]でも述べられているように，税理士は，訴訟手続においても，税務の専門家として補佐人という立場を通じて納税者を援助する活動を常に行い得るということが期待されている。したがって，訴訟代理人たる弁護士に依頼できない相当な理由がある事件の場合には，民事訴訟法60条に基づき，裁判所が税理士を補佐人として積極的に許可することを期待したい。

---

[53] 但し，本訴訟は本人訴訟ではなく訴訟代理人弁護士がついていた事案であることに注意。
[54] 前掲注(40)第151回国会 財務金融委員会議事録参照。

3 事件処理の手順

上記の通り，国税に関する課税処分の取消訴訟は，課税処分を受けた納税者が原告となり，国を被告として，裁判所に対し，当該処分の取消しを求める訴訟である。納税者の顧問税理士がかかる訴訟の補佐人となる場合には，納税者の税務申告，税務調査及び行政不服申立て段階から関与しているのが通常であるために，事件の内容に通じていることが少なくない。これに対し，弁護士に対する委任は，租税訴訟提起の段階で初めてなされることも決して稀ではない。そこで，弁護士が原告代理人として，このような取消訴訟の提起の段階で初めて事件に関与したときに，いかなる手順で論点を検討し，事件処理の方針を立てていけばよいかが問題となる。通常は，以下に述べる通り，具体的な事実関係の把握に始まり，租税行政庁側の主張を確認し，関係する法令・通達・判例・裁決・文献等を調査し，事件の見通しを立てた上で，事件の処理方針を確立することになる[55]。

(1) 具体的な事実関係の把握

特に最初の段階では，関係者からの事情聴取，関連資料の検討を通じて，具体的な事実関係を正確に把握することが重要である。

そのためには，以下のように，事情の聴取，資料の検討，追加調査等のステップを踏むのが有用である。なお，これらのステップは，決して単線的に進むものではなく，時間をおいていくつかのステップが繰り返されたり，逆の順序で展開したりすることも少なくない。

(a) 事情の聴取と資料の検討

事案の概要を把握し，関連資料を請求し，それを検討する場合には，通常以下のような手順を踏む。

① 依頼者（関与税理士を含む。）との面談と聴取による事案の概要の理解と必要資料の要求
② 裁決書の検討による事案の概要の理解

---

[55] このような事件処理の手順は，通常の民事訴訟と共通する部分が少なくないので，司法研修所編『7訂民事弁護の手引』（法曹会，平成17年）17頁以下，伊藤滋夫『要件事実の基礎—裁判官による法的判断の構造』（有斐閣，平成12年）（以下「伊藤・要件事実の基礎」と引用）284〜285頁等が参考になる。

③ 当初の申告書，課税処分等の関連資料の検討
④ 課税処分に至るまでの税務調査の段階での提出資料の検討
⑤ 行政不服申立手続段階の提出資料の検討
⑥ 税務調査段階での未提出の資料の検討

　特に事実関係が複雑な場合には，事情聴取や資料の検討の過程で，適宜，時系列表，論点表等を作成することが望ましい。

(b) 関係者からの追加聴取と事実の調査

　関係者からの事情聴取の際，関係者がいかなる事実が重要であるか，どのような証拠が必要であるかを正確に理解していないことが少なくない。また，関係者が誤った情報を伝えたり，自己に都合のよい事実のみを語ったりすることもあるし，極端な場合には嘘をつくこともある。

　このため，関係資料を精査した上，関係者から重ねて事情を聞くことが必要になる。その際には，動かし難い事実や信用性の高い証拠と対照して，一致していない点や，不明な点を確認することが重要である(56)。

　また，訴訟の係属後も，被告の主張や提出証拠に関連して，追加の事情聴取や資料の検討が必要となる事態がしばしば生じる。

(2) 租税行政庁の主張の検討

(a) 一般的な留意点

　後に第4章第6節Ⅰ3(2)（147頁）で説明する通り，課税処分の取消訴訟の審理の対象（訴訟物）は，課税処分の適法性であり，その適法性の要件は，実体上の適法要件（課税要件）と手続上の適法要件に区分される。しかも，両要件の具備を主張立証する責任は，被告となる国側にある。即ち，いかなる法令と事実に基づき，課税要件が満たされ，納税義務の成立という法律効果が発生しているかということを主張しなければならないのは，被告国側である。したがって，納税者の立場からは，まず，被告の課税要件に係る主張を吟味し，その当否を検討することが重要である。

　このような被告の課税要件に係る主張は，青色申告者の場合には更正処分の段階で理由の附記がされることにより明らかになっているはずである（所法155条2項，法法130条2項）。また，青色申告者以外の場合でも，遅くとも行

---

(56) 訴訟代理人弁護士が当事者の主張や証拠を吟味する場合にも，裁判官がいかにして事実認定を行うかという観点からの検討方法（第4章第9節Ⅰ4（203頁以下））が参考になる。

政不服申立手続の段階では課税処分の理由はより詳細な形で明らかにされている。このため，租税行政庁側の主張を特定し，より仔細な検討を加えるためには，通常は裁決書を精査することになる。

(b) **特別な留意点**

上記のような一般的な説明に対しては，以下のような注釈が必要である。

(i) **理由の差替えの可能性**　後に第4章第8節Ⅰ5（165頁以下）で述べる通り，課税処分の取消訴訟においては，いわゆる総額主義の下に，処分理由の差替えが認められるのが原則である。したがって，訴訟の段階において，被告がそれまでの処分理由とは別の理由で，課税処分の適法性を根拠付けようとする可能性がある。このため，被告による理由の差替えの可能性も常に念頭に置きながら，租税行政庁の従前の主張を吟味し，争点を把握し，租税訴訟における主張立証に備える必要がある。

(ii) **手続上の適法要件の主張**　後に第4章第8節Ⅰ4(3)（165頁）で説明する通り，裁判実務上は，原告から特に主張がない限り，手続上の要件の適法性については争いがないものとして取り扱われる[57]。このため，租税訴訟を受任した際には，手続上の適法要件についても積極的に検討し，その充足の有無に疑義があるときには，訴訟において明示的に争う必要がある。

(3) **法令・通達・判例・裁決・文献等の活用と事実の再整理**

前記の通り将来における理由の差替えの可能性はあるものの，課税処分に関する租税行政庁の主張を検討することにより，課税要件を定める法令が特定される。このように，課税根拠となる法令が特定されると，さらに，以下のような点に留意しながら，検討を進め，最終的に事件処理の見通しを立てなければならない。

(a) **課税要件の解明**

租税訴訟の実際の処理に当たっては，法令の定める課税要件の内容を解明する必要のある場合が少なくない。また，課税要件の事実への当てはめの段階での判断に迷う事態もしばしば生ずる。このような場合には，当該法令に関する通達を検討するほか，関連する判例，裁決，文献等を調査する必要がある。特に，通達は，裁判所及び納税者を拘束するものではないから，通達の有効性を前提として，自己の主張を組み立てるのか，それとも通達自体の不当性・違法

---

[57] 泉他・租税訴訟の審理87頁。

性を主張して租税訴訟を追行するのかを見極める必要がある[58]。

なお，関連裁判例・裁決例等の検索方法については，第5章（319頁以下）を参照されたい。

　(b) 事実関係の再整理

正しく課税要件を解釈することにより，当該事案における諸々の事実を要件事実[59]とそれ以外の事実に明確に分別することが可能になるし，争点となる要件事実と関係する間接事実[60]としてはどのようなものがあるかを具体的に考えることもできるようになる[61]。この結果，追加の事実調査を有効になすことができるし，立証方法，立証の難易についても具体的に検証することが可能になる。

　(4) 事件の見通しと処理方針の決定

以上のような一連のプロセスを経ることにより，事件の見通しを立て，訴訟提起段階での事件の処理方針を決定することになる。但し，訴訟の追行の過程で，一旦立てた方針に軌道修正の必要が生じたり，当初明確に意識していなかった論点を発見したりすることもあるので，あくまでも柔軟な対応が肝要である。

II　本件の検討

1　訴訟代理人と補佐人

先に述べた通り，本件に関する異議申立て及び審査請求は，いずれも棄却さ

---

[58] 既に第2章第1節Ⅳ2(1)(24〜25頁)で述べた通り，税務調査における折衝の段階では，通達は租税行政庁側を拘束するため，通達自体の不当性・違法性を主張しても無意味である。これに対し，租税訴訟の段階では，通達が裁判所も国民も拘束しないため，通達の効力を否定する立論をなすことが可能となる。

[59] 法律の定める要件に該当する具体的事実があって，それがあると，その要件が充足されたことになり，対応する法律効果（権利の発生・変更・消滅）が発生することになる具体的事実を要件事実という（伊藤・要件事実の基礎61頁）（第4章第8節Ⅰ3(3)(161頁以下）参照）。この意味での要件事実は，権利の発生・変更・消滅という法律効果を判断するのに直接必要な事実の意味で用いられる主要事実と同義である（同書60頁）。そこで，本書では，もっぱら要件事実という言葉を用いることにする。

[60] 間接事実とは，要件事実の存在を経験則上推認させるに役立つ事実をいう（伊藤・要件事実の基礎66頁）（第4章第8節Ⅰ3(3)(161頁以下）参照）。

[61] 伊藤・要件事実の基礎284頁。

れた。このような結果に納得できないXとしては，さらに司法救済を求めるべく本件課税処分の取消訴訟を提起することにした。そのため，Xは，本件租税訴訟を弁護士郎に新たに委任した。また，Xは，Xの顧問税理士であり，当初の税務申告，税務調査，異議申立て，審査請求の段階から本件に一貫して関与してきた税理士麻を補佐人に選任した[62]。弁護士の訴訟委任状及び補佐人の選任届の様式は，以下の通りである。

書式例 9：訴訟委任状

訴訟委任状

平成　年　月　日

住　所　〒〇〇〇－〇〇〇〇
　　　　東京都〇〇区〇〇〇丁目〇番〇号
委任者　X　㊞

　私は，次の弁護士を訴訟代理人と定め，下記の事件に関する各事項を委任します。

　弁護士　弁　護　士　郎
　　　第二東京弁護士会所属
　　　住所　〒〇〇〇－〇〇〇〇
　　　　　東京都〇〇区〇〇〇丁目〇番〇号
　　　　　弁護士郎法律事務所
　　　　電話　03－〇〇〇〇－〇〇〇〇
　　　　FAX　03－〇〇〇〇－〇〇〇〇

記

第1　事件
　1　当事者
　　　原告　X
　　　被告　国
　2　裁判所
　　　東京地方裁判所
　3　事件の表示

---

[62] 補佐人税理士が当事者本人を補佐するのか，それとも訴訟代理人弁護士を補佐するのかについて争いがあることについては，第4章第3節Ⅰ2(2)(b)（117頁以下）参照。

所得税更正処分等取消請求事件
第2　委任事項
　1　上記事件の訴訟行為，訴えの取下げ，和解，請求の放棄，請求の認諾，調停，控訴・上告・上告受理の申立て・抗告及びそれらの取下げ，反訴の提起，弁済金の受領，保管金納入及び受領，復代理人選任・解任
　2　訴訟参加又は訴訟引受による脱退
　3　補佐人の選任(63)

書式例10：補佐人選任届

平成7年（行ウ）第213号　所得税更正処分等取消請求事件
　原　告　X
　被　告　国

補佐人選任届

　　　　　　　　　　　　　　　　　　　　　平成　年　月　日

東京地方裁判所民事第2部　御中
　　　　　　　　　　　　　　住　所　〒○○○－○○○○
　　　　　　　　　　　　　　東京都○○区○○○丁目○番○号
　　　　　　　　　　　　　　原　告　　X　　　㊞

　私は，税理士法2条の2に基づいて下記の者を補佐人として選任しましたので，この旨お届けします。
　　　　　　　　　　　　記
　〒○○○－○○○○　東京都○○区○○○丁目○番○号
　　　　　　　　　　東京税理士会所属　登録番号○○○○○号
　　　　　　　　　　税理士　　　税理士　麻
　　　　　　　　　　　　電話　03－○○○○－○○○○
　　　　　　　　　　　　FAX　03－○○○○－○○○○
　　　　　　　　　　　　　　　　　　　　　　　　　　以上

---

(63) 補佐人税理士の選任に関し，当事者からの委任状ではなく，訴訟代理人からの「補佐人選任届」を裁判所が求める可能性を考慮し，委任事項として補佐人の選任を付加してある（第4章第3節Ⅰ2(2)(b)(iii)（118頁以下）参照）。

2 事件検討の実際

(1) 事件検討の手順

　本件租税訴訟の委任を受けた弁護士郎は，関連資料を精査するとともに，X及び税理士麻から聞き取り調査を精力的に行った。さらに，弁護士郎は，Xの代理人として，本件取引に関連する契約書を作成し，本件取引の調印と実行に関与した甲野太郎弁護士とも面談し，事実関係の確認をした。また，弁護士郎は，本件に関する法律上の問題点についても，判例，裁決例，文献等の調査を行った。これらの法律調査を通じて，さらに確認すべき事項が明らかになったので，追加の事実調査が行われた。

　上記のような事実及び法律の調査に関し，弁護士郎と税理士麻の役割分担と協力関係が有用であることはいうまでもない。

　このような一連の検討の結果，本件訴訟の追行に当たり，重要と考えられた事項は，以下の(2)ないし(4)である[64]。

(2) 売買か交換か

　本件取引を，本件譲渡資産及び本件取得資産を各別に売買し，その対価の差額に相当する本件差金を交付した取引と評価するのか，それとも実質的には補足金付交換取引であると評価するのかが問題となる。

　もし税務上も本件取引が売買であると評価できるのであれば，Xの譲渡所得課税は，本件譲渡資産の売買価額である7億円を基準になされるべきである。これに対し，もし税務上本件取引が交換と評価されるのであれば，Xは，本件取得資産と本件差金を，本件譲渡資産の譲渡の対価として取得したことになり，本件取得資産の時価が次に問題となってくる。

　以上より，税務上，何を基準に売買と交換が区別されるかが検討されなければならない[65]。

　但し，本件取引が売買であることに絞って原告の主張を組み立てることは避けるべきである。税務の世界では，実質に従った判断がなされるのが通常であ

---

[64] 原告の立場からまとめた本件の事実関係は，Xの陳述書（甲21号証）（211頁以下）の形で裁判所に提出されている。
[65] 本件取引を売買と捉えるべきであるとする原告の主張は，例えば原告第1準備書面（185頁以下）で行われている。

るから、本件取引が実質的には交換であるという認定がなされることは覚悟しなければならない。本件取引が税務上交換と認定されても、なお本件課税処分が違法であることを裏付ける主張を組み立てる必要がある。

(3) 本件譲渡資産及び本件取得資産の時価

本件取引が税務上売買ではなく交換であると評価された場合には、本件譲渡資産に係る売買価額を基準にXの譲渡所得の金額を計算することはできず、所得税法36条に従い、Xは本件譲渡資産の対価として、本件取得資産と本件差金を得たことになる。このため、本件取得資産の時価がいくらとなるかが重要な争点になってくる。また、本件取引当時の本件譲渡資産の時価の解明も必要である。

本件譲渡資産については、当時の国土利用計画法の規制により、Xは、同資産の売買価額につき7億円の届出をして、不勧告の通知を受けているため、この事実をどう評価するかが問題となる。また、公示価格ベースで評価した場合、本件譲渡資産の価額がどうなるかも検討する必要がある[66]。

他方、本件取得資産については、乙土地の底地に関し、Xが本件取引直後に東京都から払下げを受けているので、この取引事例をベースに本件取得資産の時価評価ができないかが問題となる[67]。また、公示価格ベースでの本件取得資産の時価評価についても検討する必要がある。

なお、特に上記のような不動産の時価評価のための資料の収集や実際の計算については、税理士麻の積極的な関与が必要となる。

(4) 理由の差替えのリスク

後に第4章第8節Ⅰ5（165頁以下）で述べる通り、課税処分の取消訴訟の審理の対象（訴訟物）は、課税処分の違法性一般と解し、しかも当該課税処分の違法性は、同処分によって確定された税額（租税債務の内容）の適否により決まるという総額主義が判例の立場であるとされている。この総額主義の考え方に立つと、被告国側は、処分時に認定した理由に拘束されることなく、訴訟の段階でその後新たに発見した事実を追加又は変更し、原則として自由に処分

---

[66] 公示価格ベースでの本件取得資産の時価の算定に関する主張は、審査請求の段階で既に行われている（裁決書の請求人の主張2(1)(ロ)A(A)（75頁以下）参照）。
[67] 後の調査により、乙土地の底地の東京都からの払下価額は、時価の指標としては採用し難いことが判明した。なお、裁決書の請求人の主張2(1)(ロ)A(B)（76頁以下）参照。

理由を差し替えることが可能となる。

　したがって，本件においても理由の差替えのリスクがあらかじめ検討されなければならない。具体的には，X主張の通り，本件において本件譲渡資産の時価が7億円であり，譲渡所得の金額は7億円を基準として計算されなければならないという判断が下されたとしても，仮に本件取得資産の時価が4億円ではなく，7億円であるとすると，XはY社から3億円相当の贈与を受けたことになる。このような法人から個人への贈与に係る所得は，Xの一時所得になると考えられる（所法34条，所基通34－1(5)）。訴訟の段階において，このような理由の差替えを被告国側が行うと，その限度で本件課税処分の適法性が基礎付けられることになる（具体的には，原告第8準備書面（251頁）参照）。このため，このような理由の差替えのリスクも十分考慮した上で，本件訴訟の方針を組み立てなければならない。

(5) **手続的違法**

　後に第4章第8節Ⅰ4(3)（165頁以下）で説明する通り，原告から特に争わない限り，手続上の要件の適法性については争いがないものとして扱われてしまう。このため，本件の事実関係に照らし，手続的違法性を争う余地がないかどうかについても慎重に検討する必要がある。

　本件では，具体的には，本件課税処分の理由が極めて簡単で理由の体をなしていないこと，並びに本件課税処分段階と行政不服申立手続段階で，本件譲渡資産の時価に関する主張に変遷が認められることの2点に着目し，これらの事実が手続的違法事由となるかどうかが検討された。

第4節　取消訴訟の訴訟要件

I　概　説

1　訴訟要件の概観

　課税処分の取消訴訟において，訴えの内容である請求（課税処分の取消し）の当否について裁判所の審理判断を受け，判決を得るためには，訴訟要件と呼ばれる一定の事項を満たしていなければならない。
　この取消訴訟の主な訴訟要件を概説すれば，以下の①ないし⑥の通りである。
　なお，下記①処分性，②原告適格，③狭義の訴えの利益は，一般に「広義の訴えの利益」（原告の請求につき公権的な解決を図るべき利益ないし必要性）の持つ3つの側面として説明されている。
① 訴えの対象（処分性）：取消訴訟の対象が訴訟の対象として判決で取り消すに適するものであること（行訴3条2項）。
② 原告適格：当該取消請求につき原告が訴訟を追行する正当な資格を有すること（行訴9条）。
③ 狭義の訴えの利益：当該取消請求の当否につき判決を受けるだけの法的利益ないし必要があること。
④ 被告適格：国税に関する課税処分の取消請求においては，処分をした行政庁の所属する「国」を被告として取消訴訟を提起しなければならないこと（行訴11条1項本文）。
⑤ 不服申立前置：国税に関する課税処分については，原則として異議申立て，審査請求の2段階の不服申立てを経由しなければ，取消訴訟の提起が許されないこと（通法115条，75条）。
⑥ 出訴期間：取消訴訟は，処分又は裁決のあったことを知った日から6カ月以内に提起しなければならないこと（行訴14条）。

2 主たる留意点

国税に関する課税処分の取消訴訟を前提として考えた場合，課税処分が①処分性を有することは明らかであるし，当該処分の名宛人が②原告適格を有することも疑う余地はない。また，当初の更正処分について職権で再更正が行われたような事例(68)を除き，③狭義の訴えの利益の有無が問題になることもない。

そこで，以下では，上記1の④ないし⑥の手続要件に限定して，特に留意すべき点を簡単に説明する。

(1) 被告適格

改正行政事件訴訟法が平成17年4月に施行される前においては，課税処分の取消訴訟における被告は，原則として処分をした行政庁（税務署長等であり，税務署等の官署ではない。）であったが，同改正により，処分等の効果の帰属主体である国や地方公共団体に改められた。原告となる国民の立場からすると，国や地方公共団体の行政組織は複雑であり，処分をした行政庁を特定することは必ずしも容易ではないので，このような負担を軽減するために，上記のような改正が行われたのである。この結果，税務署長のした更正処分の取消しを求めているにもかかわらず，当該税務署長の上級庁に当たる国税局長を被告として訴えを提起するケース(69)のような誤りが生ずるおそれはなくなった。

なお，上記のように被告が「国」に変更されたにもかかわらず，訴状には，処分をした行政庁を記載しなければならない（行訴11条4項）ので，原告の負担に実質的な変更はないのではないかという疑問が生じ得る。しかし，仮にこの記載が誤っていたり，欠けていたりした場合でも，原告に不利益はなく，この記載の有無又は内容にかかわらず，被告たる国は，提訴後遅滞なく，処分をした行政庁を自ら特定しなければならない（行訴11条4項）。このように，原告が訴訟提起のために被告たる行政庁を特定しなければならないという従来の負担は，改正行政事件訴訟法の下では実際に軽減されている(70)。

---

(68) 更正・再更正と狭義の訴えの利益の問題については，例えば大野他・実務講座172頁以下参照。

(69) 中尾巧『税務訴訟入門』（商事法務，新訂版，平成5年）（以下「中尾・入門」と引用）97頁以下。

(70) 大野他・実務講座141～142頁。

(2) 不服申立前置主義

(a) 不服申立前置の趣旨

　行政処分に対し，直ちに裁判所に出訴するか，それとも行政不服申立ての手続を経た上で，裁判所に出訴するかについて選択権を認めるのが行政事件訴訟法の建前である(行訴8条1項)。しかし，租税行政処分の取消しを求める訴訟については，原則として行政不服申立てを経た後でなければ提起することができないという，いわゆる不服申立前置主義が採用されている(通法115条1項，関税法93条，地方税法19条の12)。特に，税務署長の課税処分に対する取消訴訟については，青色申告書に係る更正の場合を除いて，異議申立てと審査請求の2段階の手続を経なければならない(通法115条1項，75条3項，4項1号)。即ち，税務署長の処分を受けた者は，第1段階として，税務署長に対する異議申立てをし，さらに，この異議申立てに対する決定を経た後の処分にさらに不服があるときは，第2段階として，国税不服審判所長に対し，審査請求をすることになる(通法75条)。

　このように，現行法が，2段階の不服申立前置制度を採用しているのは，以下の2つの理由によるものとされている[71]。

　第一の理由としては，租税の確定と徴収に関する処分が毎年大量にのぼるため，不服申立手続によってなるべく多くの事件を解決し，裁判所の負担能力を超えた訴訟事件の発生を防ぐことである。

　さらに，租税事件が多分に専門的，技術的な性格を持っているため，まず行政段階で十分な審理を行い，争点を整理する必要のあることが，第二の理由である。

(b) 不服申立前置の例外

　以上のような不服申立前置主義の例外[72]として，国税通則法115条1項但し書に定める以下の場合には，決定又は裁決を経ることなく，直ちに裁判所に出訴することができる。

① 異議申立て(国税庁長官にされたものに限る。)又は審査請求がされた日の翌日から3カ月を経過しても決定又は裁決がないとき。

② 更正決定等の取消しを求める訴えを提起した者が，その訴訟の係属してい

---

[71] 金子宏『租税法』(弘文堂，第11版，平成18年)(以下「金子・租税法」と引用)756頁。
[72] 金子・租税法820頁以下。

る間に，当該更正決定等に係る国税の課税標準等又は税額等についてなされた他の更正決定等の取消しを求めようとするとき。

③　異議決定又は審査裁決を経ることにより生ずる著しい損害を避けるため緊急の必要があるとき，その他，その決定又は裁決を経ないことにつき正当な理由があるとき。

　上記①の異議申立ては，国税庁長官に対するものという特殊な場合について，決定を経ずに直接訴訟の提起を認めた規定である。さらに注意すべきは，国税通則法75条5項が，税務署長・国税局長等に対して行った異議申立てについて3カ月を経過しても異議決定のない場合には，決定を経ないで審査請求できる旨規定している点である。したがって，異議申立手続中に3カ月が経過した場合には，そのまま異議決定を待つか，それとも異議決定を待たずに，審査請求手続に進むかを選択することになる。同様に，審査請求手続中に3カ月が経過したときには，裁決を待つか，それとも裁決を待たずに取消訴訟を提起するかの選択になる。

　上記②の例として考えられるのは，更正の取消しを求める訴訟の係属中に，再更正がなされた場合である。更正と再更正とは，同一の納税義務の内容を確認する行為であり，相互に密接な関係を有するから，更正の取消訴訟が係属している場合には，直ちに再更正についても出訴を認め，紛争を同時にしかも矛盾なく解決するのが有益だからである。

　上記③の例としては，課税処分に不服があり，納付をせずに争っていたところ，滞納処分が進み，差押不動産の公売手続が既に開始されているような場合が考えられる。

(c)　原処分中心主義

　上記の通り，不服申立前置主義がとられていることの結果として，取消訴訟の対象としては，原処分のみならず，異議申立てに対する決定又は審査請求に対する裁決も考えられる。

　但し，原処分の違法は，「処分の取消しの訴え」(行訴3条2項)においてしか主張することができないことに注意しなければならない。即ち，現行法の下では，「裁決の取消しの訴え」(行訴3条3項)においては，原処分の違法を理由とすることはできず，裁決固有の違法しか主張できないという原処分中心主義がとられている(行訴10条2項)。

なお，原処分の適否を争っているにもかかわらず，原処分の取消しを求めず，誤って裁決の取消しのみを求めていた場合，原告が原処分中心主義に気がついたときには，既に6カ月の出訴期間を徒過しているような事態が考えられる（行訴9条参照）ので注意しなければならない。

(3) 出訴期間の制限

取消訴訟は，処分又は裁決のあったことを知った日から6カ月以内に提起しなければならず（行訴14条1項），また処分又は裁決のあった日から1年を経過したときは，提起することができない（同3項）。行政処分は，その処分を受ける者の権利や利益に関係するばかりでなく，公共の利害にもかかわりを有するため，行政処分の効力をいつまでも不安定にしておくことは，妥当ではないという考慮から，行政事件訴訟法14条は，行政処分の効力を争うことのできる期間を限定し，この出訴期間経過後は，その処分の違法性を主張して取消しを求めることができないという原則をとっている。

先に説明した通り，税務署長のなす課税処分については，原則として異議申立てと審査請求の2段階の手続を経なければならないので，6カ月の出訴期間は，通常審査請求について裁決のあったことを知った日の翌日から起算されることになる。

II 本件の検討

本件は，所得税に関する課税処分の取消訴訟を提起すべき事案である。本件において，上記Ⅰ1（137頁）の①ないし⑥の手続要件が充足されていることを示すと，以下の通りである。

① 本件で取消しの対象となるのは所得税の課税処分であるから，処分性の要件が満たされることは明らかである。
② 当該処分の名宛人であるXは，明らかに原告適格を有する。
③ Xが本件課税処分の取消しに関し，狭義の訴えの利益を有することも疑いない。
④ 本件は，所得税に関する課税処分の取消請求であるから，処分をしたZ税務署長の所属する「国」を被告として取消訴訟を提起しなければならない。
⑤ 本件では，既に説明した通り，異議申立て及び審査請求の2段階の行政不

服申立手続を経ている（48頁以下，66頁以下参照）ため，不服申立前置主義の要件は満足している。

⑥　本件では，Ｘが棄却裁決のあったことを知った日の翌日から起算して6カ月以内に取消訴訟を提起すれば，出訴期間の制限を遵守したことになる。

第5節　取消訴訟の管轄等

I　概　説

1　管轄——どの裁判所に取消訴訟を提起するか

　改正行政事件訴訟法の下では，国税に関する課税処分の取消訴訟を提起すべき裁判所は，以下のいずれかの裁判所である。
① 　被告たる国の普通裁判籍の所在地を管轄する裁判所（行訴12条1項）
② 　処分をした行政庁の所在地を管轄する裁判所（行訴12条1項）
③ 　原告たる納税者の普通裁判籍の所在地を管轄する高等裁判所の所在地を管轄する裁判所（行訴12条4項）

　上記のうち，①の国を当事者とする訴訟について，国を代表するのは法務大臣である（権限法1条）から，その所在地は法務省の住所である東京都千代田区霞が関1丁目1番1号となり，東京地方裁判所の管轄になる（民訴4条6項）。この結果，全国どこの税務署長により課税処分が行われようと，当該処分の取消訴訟については，常に東京地方裁判所に管轄が認められることになる。

　また，上記②の通り，従前と同様に，課税処分をなした税務署長の所在地の管轄も認められている。

　さらに，上記③のように，管轄が拡大されている。

　なお，行政訴訟の第一審については，訴額にかかわらず，地方裁判所の裁判権に服し（裁法24条1号，33条1項1号），しかも行政事件は地方裁判所の支部では取り扱われない（地方裁判所及び家庭裁判所支部設置規則1条2項）。このため，行政訴訟の1類型である課税処分の取消訴訟は，支部ではなく，上記①ないし③のいずれかの地方裁判所本庁に提起することになる。

2　関連請求——どのような請求を併合することができるか

　取消訴訟には，関連請求に係る訴えを併合して提起することができる（行訴

16条）。また，数人は，その数人の請求が処分又は裁決の取消しの請求と関連請求である場合に限り，共同訴訟人として訴えることができる（行訴17条）。

　このような処分又は裁決の取消訴訟の関連請求は，行政事件訴訟法13条において，以下の通り6つに分けて列挙されている。このうち，⑥の関連請求に該当するか否かの判断については，困難を伴う事案が少なくない[73]。

① 　処分又は裁決の取消訴訟において，当該処分又は裁決に関連する原状回復又は損害賠償の請求
② 　処分の取消訴訟において，当該処分とともに1個の手続を構成する他の処分の取消しの請求
③ 　処分の取消訴訟において，当該処分に係る裁決の取消しの請求
④ 　裁決の取消訴訟において，当該裁決に係る処分の取消しの請求
⑤ 　処分又は裁決の取消訴訟において，当該処分又は裁決の取消しを求める他の請求
⑥ 　処分又は裁決の取消訴訟において，その他当該処分又は裁決の取消しの請求と関連する請求

　このように，行政事件訴訟法が，取消訴訟の管轄裁判所に，関連請求に係る訴えの併合管轄権が生ずることを認め，関連請求に係る訴えを併合して提起できることを認めているのは，行政処分の取消請求に関連する請求を併合することで審理の重複，裁判の矛盾抵触を避け，紛争の一挙解決を図ることを狙ったものである。

　しかしながら，他方でみだりに請求を併合して審理が複雑化すると，対象となる行政処分の効力が長く不確定の状態に置かれることになるから，併合できる請求を上記の関連請求の範囲に限定することにより，取消訴訟の迅速な審理裁判を企図している。

　但し，実務上は，行政事件訴訟法13条6号の解釈上，関連請求とすることが無理であっても，民事訴訟法136条（請求の併合）により併合が許されるという考え方がとられている。このため，実務においては，関連請求に該当しなくても，請求の併合が認められることが多い。したがって，関連請求に該当するかどうかの議論の実益は，訴訟提起の際の手数料を計算するための訴額の算定

---

[73]　泉他・租税訴訟の審理66頁。

の際に生ずる（第 4 章第 6 節 I 4(2)（148～149頁）参照）。

II　本件の検討

　本件訴訟は，本節 I 1（143頁）の①ないし③のいずれの基準に照らしても，東京地方裁判所に管轄が認められる。
　さらに，本件の取消訴訟の対象になるのは，Xの平成元年分の所得税に係る課税処分のみであるから，そもそも請求の併合の問題は生じない。

第6節　訴えの提起

I　概　説

1　訴えの提起の方式

　課税処分の取消訴訟の第一審手続は，原告たる納税者側が管轄裁判所に，訴状を提出することによって開始される（民訴133条1項）。

2　訴状の記載事項等

　課税処分の取消訴訟の訴状には，通常以下の事項が記載される。
① 　裁判所の表示（民訴規2条1項5号）
② 　提出年月日（民訴規2条1項4号）
③ 　当事者及び代理人・補佐人の表示（民訴133条2項1号，民訴規2条1項1号，税理法2条の2）
④ 　処分をした行政庁（行訴11条4項）
⑤ 　原告又は代理人・補佐人の記名押印（民訴規2条1項本文）
⑥ 　事件の表示（民訴規2条1項2号）
⑦ 　訴訟物の価額と貼用印紙額
⑧ 　請求の趣旨（民訴133条2項2号）
⑨ 　請求の原因（民訴133条2項2号）
⑩ 　証拠方法の表示（民訴規53条1項）
⑪ 　附属書類の表示（民訴規2条1項3号）

　上記のうち，訴訟の主体である当事者（上記③）と審判の対象である請求の特定（上記⑧及び⑨）が，訴状において必ず記載されなければならない事項である（民訴133条2項）。これらの必要的記載事項の記載がないと，裁判長が補正を命じ，原告が補正期間内に補正しないと，訴状が却下される（民訴137条）。

3 訴状による請求の特定——訴訟物

(1) 「請求の趣旨」と「請求の原因」の概念

訴訟における審判の対象は，一定の権利又は法律関係の存否の主張という形式をとり，その主張が請求であり，請求の内容である一定の権利又は法律関係を「訴訟物」という。

請求は，以下の通り，「請求の趣旨」と「請求の原因」により特定される。

(a) 請求の趣旨

請求の趣旨とは，原告が訴状によって主張している一定の権利又は法律関係についての結論に相当するものをいう。原告の請求が認容されたときの判決主文に対応する。

(b) 請求の原因

請求の原因とは，訴訟物である権利又は法律関係の発生に必要な事項をいう。請求がどのような権利又は法律関係についての主張であるかを，他のものから識別するのに必要な程度の事柄を記載すれば足りる[74]。

(2) 取消訴訟の訴訟物

取消訴訟を含む抗告訴訟の訴訟物は，行政処分の違法性一般であると解されており，違法事由ごとに訴訟物が別個になるわけではない[75]。このため，取消訴訟の審理の範囲は，当該行政処分の適否の判断に必要な事項全般に及ぶことになる。

したがって，課税処分の取消訴訟の原告としては，少なくとも訴状の段階においては，訴えの対象となる課税処分の存在とそれが違法であることを記載すれば，訴訟物を特定したことになり，違法事由等を特定する必要はない。

(3) 実質的記載事項——民事訴訟規則53条の要請

上記のような訴訟物の特定のために最低限必要な事項のほかに，民事訴訟規則53条1項は，請求を理由付ける事実を具体的に記載し，かつ，立証を要する事由ごとに，当該事実に関連する事実で重要なもの及び証拠を記載することを要請している[76]。また，同条2項によると，訴状に事実についての主張を記

---

[74] 泉他・租税訴訟の審理71頁。
[75] 泉他・租税訴訟の審理72頁。
[76] 司法研修所監修『民事訴訟第一審手続の解説——事件記録に基づいて——』（法曹会，4訂

載するには，できる限り，請求を理由付ける事実（要件事実）についての主張と当該事実に関連する事実（事情）についての主張を区別して記載しなければならない。

このように，民事訴訟規則53条は，訴状の記載事項を充実させ，裁判所及び相手方に対し，紛争の全体像を早期に提示させ，相手方の反論の便宜を図ることにより，訴訟の当初より充実した審理を行うことを目指している。

4 貼用印紙

訴えを提起するには，訴訟物の価額（訴額）に応じた手数料の納付が必要であり，この手数料は，訴状に収入印紙を貼って納めることになっている[77]（民訴費用法3条，4条，6条，8条）。

この貼用印紙の額は，訴訟物の価額に応じて機械的に算定されるが，租税訴訟においては，訴訟物の価額の算定そのものに注意を要する場合が少なくない。特に以下の点が重要である。

(1) （重）加算税額の合算の要否

課税処分の取消訴訟の訴訟物の価額は，減額を求める本税額（更正処分による本税額と原告主張の本税額の差額）である。

1つの訴えをもって本税の更正処分と（重）加算税の賦課決定処分の取消しを請求する場合でも，本税額のみによって訴訟物の価額を算定すればよく，（重）加算税額の合算は不要である[78]。

(2) 複数の課税処分の取消しの場合

複数の課税処分の取消請求を1通の訴状に記載して訴えが提起された場合，各請求が互いに行政事件訴訟法13条に定める関連請求（第4章第5節Ⅰ2（143頁以下）参照）に該当すれば，訴えの併合が許され，取消しの対象となる租税（本税）の額を合算して得た額が訴額となる。

これに対し，各請求が互いに関連請求に当たらない場合には，個別の請求ごとに訴額を算定し，それを基準にして格別に手数料額を算出し，その合計額を

版，平成13年）（以下「第一審手続の解説」と引用）7頁，13頁。
[77] 異議申立て及び審査請求の段階では，手数料は不要である。
[78] 泉他・租税訴訟の審理76～77頁。

納付しなければならない⁽⁷⁹⁾。

　なお，東京地裁の現在の実務では，数年にわたる課税処分の取消請求を1通の訴状に記載している場合でも，各年分の請求は，互いに関連請求に当たらないとして，各年分の請求ごとに訴額を算定し，それを基準に個々の手数料額を算定し，合算する取扱いがとられているようである。

　これに対し，最決平成17年3月29日（判時1890号43頁）が，ホテルとして一体となっている建物についての複数の固定資産税賦課決定の取消訴訟について，関連請求性を肯定したことが注目される。同決定は，当該訴訟に係る各請求の基礎となる社会的事実に着目し，社会的事実として一体として捉えられるべきであり，争点も同一であると判断した上で，関連請求性を肯定することが，審理の重複や裁判の矛盾抵触を避け，当事者の訴訟提起，追行上の負担を軽減するとともに，訴訟の迅速な解決に役立つ旨判示しており，より実質的な考慮をして，関連請求の範囲を拡大する方向性を示しているので，その射程範囲が問題となり得る⁽⁸⁰⁾。

5　訴状の附属書類

　訴状には，通常以下のような書類が添付される⁽⁸¹⁾。

① 訴状副本：原告が訴状原本（実務上「正本」ともいう。）と副本を裁判所に提出し，副本を被告への送達のために使用する（民訴138条1項，民訴規58条1項）。

② 書証の写し：訴状には立証を要する事由につき，証拠となるべき文書の写し（書証⁽⁸²⁾の写し）で重要なものを添付しなければならない（民訴規55条2項）。書証が提出された場合，裁判所は，その原本の閲読による証拠調べを終えると直ちに返還するのが原則なので，どのような文書が書証として提出されたかを明らかにするため，写しの提出が求められ（民訴規137条），その写しが訴訟記録にとじられる。

---

(79) 裁判所書記官研修所編『訴額算定に関する書記官事務の研究』（法曹会，補訂版，平成14年）127頁以下，300頁以下。
(80) 菅野・研修用資料127〜128頁。
(81) 第一審手続の解説14頁以下。
(82) 書証の意義については第4章第9節 I 2(3)（200頁以下）参照。

③ 訴訟委任状（民訴規23条）：訴訟委任状の書式については，既に第4章第3節Ⅱ1（132頁）に掲げた通りである。また，補佐人の選任される場合には，補佐人選任届も併せて添付することになる（133頁）。

6　執行不停止の原則

　課税処分の取消訴訟の提起は，処分の効力，処分の執行又は手続の続行を妨げないのが原則である(行訴25条1項)。この執行不停止の原則は，濫訴の弊害を防止し，行政の停廃や行政運営の不当阻害を防止するために採用されている[83]。したがって，課税処分に対して取消訴訟を提起しても，納期限までにその租税を納付しなければならず，納付がないときは，租税行政庁は，滞納処分をすることができる。

　但し，処分の執行又は手続の続行により生ずる「重大な損害を避けるため緊急の必要があるとき」には，例外的に，執行停止の余地が認められている(行訴25条2項)。なお，この執行停止の要件は，改正行政事件訴訟法により，「回復の困難な損害」から「重大な損害」に緩和されたものである[84]。

Ⅱ　本件の検討

　本件訴訟のために準備された訴状は，以下の通りであり，本件訴状は，平成7年7月21日付で東京地方裁判所に提出された。

　なお，既に説明した（第3章第5節Ⅱ（101頁以下））ように，本件においてXは，納税資金を手当てできなかったために，納付しないままに，本件課税処分を争い，本件訴訟提起に至っている。本件において特に執行停止の申立てはなされていないが，差押えを受けたXの不動産について，それ以上に換価等の手続は進んでいない。

---

[83]　泉他・租税訴訟の審理243頁。
[84]　租税訴訟に関するものではないが，業務改善命令に違反したことを理由とする一般航路旅客定期航路事業の一部停止命令により「重大な損害」が生ずるとして，同命令の効力の停止を認めた事件として，福岡高決平成17年5月31日（判タ1186号110頁）がある。

書式例11：訴　状

訴　状

東京地方裁判所　御中

平成7年7月21日

〒●【住所】
　　原告　X

〒●【住所・事務所名】（送達場所）
　　（電　話●）
　　（ファクシミリ　●）
　　原告訴訟代理人弁護士　弁護士郎　㊞

〒●【住所・事務所名】
　　（電　話●）
　　（ファクシミリ　●）
　　原告補佐人税理士　税理士麻　㊞

〒100-8977　東京都千代田区霞ヶ関1丁目1番1号
　　被告　国
　　代表者法務大臣　法務相子
（処分をした行政庁）

〒●【住所】
　　Z税務署長　Z

所得税更正処分等取消請求事件
　　訴訟物の価額　　金●円
　　貼用印紙額　　　金●円

請求の趣旨

1　Z税務署長が，Xの平成元年分の所得税について，Xに対して，平成5年3月3日にした更正処分のうち，長期譲渡所得金額●円及び納付すべき税額●円を超える部分並びに過少申告加算税賦課決定を取り消す。
2　訴訟費用は，被告の負担とする。
との判決を求める。

請求の原因

第1　本件譲渡取引について

平成元年3月23日，Xは，別紙物件目録1記載の土地及び建物（以下「本件譲渡資産」という。）を，訴外株式会社Y社（以下「Y社」という。）に対し，合計金7億円で売り渡した（以下「本件譲渡取引」という。）。

第2　本件取得取引について

1　平成元年3月23日，Xは，別紙物件目録2－1記載の土地（甲土地）の所有権（以下「本件取得土地」という。）並びに同目録2－2記載の土地（乙土地）の借地権（以下「本件取得借地権」という。）及び建物（以下「本件取得建物」という。）（以下，本件取得土地，本件取得借地権及び本件取得建物を併せて「本件取得資産」という。）を，Y社より，合計金4億円で購入した（以下「本件取得取引」という。）。

2　本件取得取引後の平成元年5月8日，Xは，東京都から本件取得借地権に対応する底地権を，総額1800万円で取得した。なお，平成元年12月20日に，本件取得建物は取り壊されている。

第3　本件更正処分について

1　本件譲渡取引を行ったことに伴い，Xは，平成元年分の所得税について，本件譲渡資産の譲渡価額を7億円，分離長期譲渡の所得金額を●円として確定申告した。

2　これに対し，Z税務署長は，本件譲渡資産の譲渡価額が9億8000万円であるとし，右資産にかかる長期譲渡の所得金額が，●円であるという認定を行った。そして，Z税務署長は，納付すべき税額を●円とし，過少申告加算税額を●円とした上で，平成5年3月3日付で，Xに対し，所得税更正処分及び過少申告加算税賦課決定処分をなした（以下，所得税更正処分及び過少申告加算税賦課決定処分を併せて「本件課税処分」という。）。

3　そこで，Xは，本件課税処分を不服として平成5年4月27日，Z税務署長に対し，異議申立てをしたが，Z税務署長は，平成5年7月27日付でこれを棄却した。

　さらに，Xは，本件課税処分になお不服があるとして，平成5年8月26日，国税不服審判所長に審査請求をしたところ，国税不服審判所長は，平成7年4月27日付で，右審査請求を棄却する旨の裁決をなし，その頃右裁決書謄本の送達を受けた。

4　先に述べた通り，Xは，本件譲渡資産を，平成元年3月23日付で，Y社に対し，7億円で譲渡したものである。

5　しかるに，Z税務署長は，その調査の結果，右譲渡対価が，以下の通りであると認定し，本件課税処分を行った。

本件譲渡資産　　　　　　　　　　　　　　　　9億8000万円

(増加認定額2億8000万円)

　　さらに，異議申立て及び審査請求の過程を通じて明らかになったところによれば，Z税務署長は，本件譲渡取引と本件取得取引を一体としての，補足金付交換取引と認定し，本件譲渡資産の実際の譲渡価額とは異なる金額を基準としてXの譲渡所得金額を認定することが許される旨主張している。即ち，Z税務署長は，本件譲渡資産の譲渡収入金額が以下の通り，合計10億4200万円であると主張している。

本件取得資産時価相当額	7億4200万円
本件差金	3億円
合　計	10億4200万円

6　しかしながら，本件課税処分に当たり，Z税務署長が行った譲渡対価の認定も，譲渡収入金額に関する上記主張も，事実を無視した違法不当なものである。また，本件譲渡取引と本件取得取引を一体として交換取引であるとする主張にも全く理由がない。したがって，本件課税処分は明らかに違法であり，取消しを免れない。

第4　よって，Xは，Z税務署長のなした本件課税処分の取消しを求め，本訴を提起する次第である。

証拠方法
1　甲第1号証　所得税の更正・過少申告加算税の賦課決定通知書
2　甲第2号証　裁決書

附属書類
1　訴訟委任状　　　1通
2　補佐人選任届　　1通
3　甲号証写し　　　各1通

物件目録（略）
物件目録1（本件譲渡資産の明細）
物件目録2－1及び2（本件取得資産の明細）

第7節　訴状の審査と答弁書の提出

I　概　説

1　裁判所による訴状の審査

　訴状が裁判所に提出されると，まず裁判長が訴状審査を行う。
　訴状審査の対象は，訴状が必要的な記載要件（民訴133条）を満たしているか，又は訴訟提起の手数料である所定の収入印紙が貼用されているかどうかである。これらの要件を欠く場合には，通常窓口指導が行われる。
　なお，上記の要件を欠いている場合に，裁判長が補正命令を発したにもかかわらず，原告がそれに応じないときには，裁判長は，命令をもって訴状を却下する（民訴137条）。
　訴状に不備がないときや，不備があっても補正されたときには，裁判長は，裁判所書記官に命じて訴状の写し及び第1回口頭弁論期日の呼出状を被告に送達させる（民訴138条1項）。その際，被告に対して，答弁書を提出するよう通知する。

2　答弁書の記載事項等

　答弁書は，被告が最初に提出する準備書面であり，訴状の請求の趣旨に対する答弁のほか，訴状の請求の原因欄の原告の主張に対する回答を記載する。なお，準備書面とは，当事者が口頭弁論期日において陳述しようとする事項を記載してあらかじめ裁判所に提出する書面のことをいう（民訴161条1項）。
　通常，答弁書には，以下の事項が記載される。
① 事件番号
② 当事者の表示
③ 提出年月日
④ 提出裁判所

⑤ 被告（指定代理人）の記名押印
⑥ 被告指定代理人の郵便番号，電話番号，ファクス番号（民訴規80条3項，53条4項）
⑦ 原告の請求の趣旨に対する答弁（民訴規80条1項）
⑧ 請求の原因に対する認否（民訴規80条1項）
⑨ 被告の主張
⑩ 附属書類の表示

II 本件の検討

本件においても訴状の審査を経て，被告である国に訴状が送達された。

これに対し，被告側では，以下のような答弁書を準備した。

なお，下記答弁書において，被告は，原告の訴状における個々の主張に対し，「認める」「争う」「不知」等の回答をしているが，このように認否を明らかにすることが争点の特定のために必要であることについては，後に第4章第8節I4（163頁以下）で説明する。

また，答弁書の段階では，認否と本件課税処分に違法性がないことを簡単に主張するにとどめ，当該処分の根拠事実を詳細に主張し，その適法性を基礎付けるのは，被告が第2回口頭弁論以降に提出する第1準備書面[85]に委ねられるのが通常である。

書式例12：答弁書

```
平成7年(行ウ)第213号　所得税更正処分等取消請求事件
　　原　告　X
　　被　告　国

                    答　弁　書

                                        平成7年10月5日
東京地方裁判所民事第2部　御中
                                        被告指定代理人
```

[85] 被告第1準備書面は174頁以下に掲載。

　　　　　　　　　　　　　　　　訟務検事　㊞
　　　　　　　　　　　　　　　　他4名

　送達場所
　〒●【住所】
　　（ファクシミリ番号）
　　（電話番号）

第1　請求の趣旨に対する答弁
　1　原告の請求をいずれも棄却する。
　2　訴訟費用は原告の負担とする。
第2　請求の原因に対する認否
　1　請求の原因第1について
　　譲渡金額については争い，その余は認める。
　2　同第2について
　　(1)　1について
　　　取得金額については争い，その余は認める。
　　(2)　2について
　　　本件建物が取り壊された年月日については不知，その余は認める。
　3　同第3について
　　(1)　1について
　　　認める。
　　(2)　2について
　　　認める。
　　(3)　3について
　　　認める。
　　(4)　4について
　　　争う。
　　(5)　5について
　　　ア　第1段落について
　　　　認める。
　　　イ　第2段落について
　　　　㋐　第1文のうち，「本件譲渡資産の実際の譲渡価額とは異なる金額を基準として」との部分は争い，その余は認める。
　　　　㋑　第2文の「即ち・・・」以下におけるZ税務署長の主張は，Z税務署長が，異議申立て及び審査請求段階において，原告に対して行

った本件課税処分が適法であることの理由付けとして主張したものである。
　　(6)　6について
　　　　争う。
　4　同第4について
　　　争う。
第3　被告の主張
　1　本件課税処分の経緯は，別表1の1ないし2の2の通りである。
　2　本件課税処分の根拠及び適法性については，追って主張する。
　　　　　　　　　　本件課税処分の経緯（略）

第8節　取消訴訟の審理

I　概　説

1　審理の構造と概要

(1)　訴訟審理の構造
　先に第4章第2節 I 2（109頁）で述べた通り，民事訴訟において，裁判所は，原告の訴えに基づき，口頭弁論における当事者の主張と証拠調べの結果を判断の材料として判決を下す。したがって，裁判所における民事訴訟の審理は，第1段階の口頭弁論の段階と第2段階の証拠調べの段階に，便宜上区分することができる。但し，第1段階が完全に終わった後に，第2段階が開始するのではなく，両段階は，通常一部並行しながら進行していく。
　上記のような民事訴訟の審理の構造は，課税処分の取消訴訟を含む租税訴訟にも基本的に当てはまる。

(2)　租税訴訟の審理の概要
　課税処分の取消訴訟の概略を説明すると，以下の通りである。
　第1回の口頭弁論において，原告は，訴状を陳述し，そこで取消訴訟で争われる課税処分の内容が特定される。
　これに対し，被告である国は答弁書を陳述するが，この段階では，当該処分に違法性がない旨を比較的簡単に主張するにとどまるのが通常である。
　そして，第2回口頭弁論以降に被告が第1準備書面を提出し，当該処分を行った根拠事実を詳細に主張し，その処分の適法性を基礎付けることになる。
　被告第1準備書面により詳細な課税根拠事実の主張がなされると，次に，原告がこれに対し認否，反論を行って，争点が絞られていく。
　租税訴訟における証拠調べの方法は，通常の民事事件とほとんど変わりがない。行政事件訴訟法では，職権証拠調べができることになっている（行訴24条）が，これは実務ではあまり行われていないようである。

上記の口頭弁論及び証拠調べの結果，判決をするのに熟すれば，弁論が終結されることになる。

2　口頭弁論の基本原則

裁判所が判決をなすには，必ず口頭弁論が開かれなければならない（民訴87条1項）。口頭弁論という言葉は，色々な意味で使われるが，ここでは当事者が本案の申立て，及びそれを基礎付ける主張，証拠の申出などの訴訟行為をすることを意味する。このような口頭弁論には，以下の基本原則の適用がある[86]が，同原則は，課税処分の取消訴訟の審理にも基本的に当てはまる。

(1)　公開主義

公開主義とは，誰でも自由に傍聴できる状態で訴訟の審理及び裁判を行う原則（憲法82条1項）をいう。

(2)　双方審尋主義

双方審尋主義とは，当事者双方にそれぞれの主張を述べる機会を平等に与える原則をいい，当事者対等の原則，武器対等の原則とも呼ばれる[87]。

但し，課税処分の取消訴訟における被告は，法に基づき公益を追求すべき国であり，日頃から行政処分の根拠法規に精通した所属の職員を指定代理人として訴訟活動を行うことができるという立場にあるのに対し，原告側は，その代理人である弁護士を含めてそのような知識経験を有しないのが通常であるから，一般の民事訴訟とは異なり，当事者が実質的にみて対等な立場にあると考えるべきではないという意見がある[88]。

(3)　口頭主義

弁論と証拠調べが口頭で行われなければならないこと，及び口頭で陳述されたものだけが判決のための資料となる原則を口頭主義という。民事訴訟法は，口頭主義を原則としている（民訴87条1項）が，その短所を補うために，書面の利用を要求している（訴え，上訴の提起等の重要な訴訟行為に関する書面の

---

[86]　林屋他・民事訴訟法80頁以下。
[87]　新堂・新民事訴訟法417頁。
[88]　藤山雅行「行政訴訟の審理のあり方と立証責任」『新・裁判実務体系　第25巻　行政争訟』（青林書院，平成16年）297頁以下所収（以下「藤山論文」と引用）304～305頁，東京地判平成15年12月12日（判時1850号51頁）参照。

要求，準備書面の利用など)。そして，現在の裁判実務においては，特に弁論に対する口頭主義原則の適用は，準備書面の利用により大幅に形骸化している。実務では単に法廷で「準備書面を陳述する」旨述べるのが通常で，その主張を逐一述べることは行われていない。

(4) 直接主義

当事者の弁論の聴取や証拠調べを，その事件の判決をする裁判官自身が行う原則を直接主義という。直接主義を徹底するなら，裁判官が交代したときには，弁論及び証拠調べを最初からやり直さなければなくなる。こうした弊害を避けるために，弁論の更新が認められている（民訴249条2項）。これは，直接主義の要請を形式的に満足させるための手続であるから，実務上は極めて簡略化されている。

(5) 適時提出主義

適時提出主義とは，攻撃防御方法[89]の提出は，訴訟の進行状況に応じて，適切な時期になされなければならないという原則をいう（民訴157条）。

なお，課税処分の取消訴訟においては，国税通則法116条が，原告の主張及び証拠の申出に対し重要な規制をしているので，特に注意を要する[90]。即ち，被告が課税処分の基礎となった事実を明らかにした場合，原告がそれと異なる必要経費，損金等に関する自己に有利な事実を主張するには，遅滞なく主張し，証拠の申出をしなければならないのが原則である（通法116条1項）。この原則に反すると，原告の主張又は証拠の申出は，「時機に後れて提出した攻撃又は防御の方法」（民訴157条1項）とみなされる（通法116条2項）。

3 訴訟資料収集の方法——弁論主義

(1) 民事訴訟における弁論主義の内容

弁論主義とは，判決の基礎となる資料（事実の主張と証拠の申出）の収集と提出を当事者の権能及び責任とする原則をいう。

具体的には，民事訴訟に適用のある弁論主義の内容は，以下の3つの法理に要約される[91]。

---

[89] 「攻撃防御方法」の意義については第4章第2節Ⅰ3(3)（110頁）参照。
[90] 泉他・租税訴訟の審理145頁。
[91] 林屋他・民事訴訟法85頁以下。

(a) 主張責任

裁判所は，当事者によって主張されていない（要件）事実を判決の基礎とすることはできない。なお，弁論主義は，裁判所と当事者間の権限分配の問題であるから，いずれの当事者からの主張でも，主張がある限り裁判の基礎となる（主張共通の原則）（最判平成9年7月17日・判時1614号72頁参照）。

(b) 自白の拘束力

裁判所は，当事者間に争いのない（要件）事実は，そのまま判決の基礎にしなければならない（民訴179条，159条）。

(c) 職権証拠調べの禁止

裁判所は，当事者間に争いのある事実を証拠によって認定する場合には，必ず当事者の申し出た証拠によらなければならない。

(2) 取消訴訟に対する弁論主義の適用

行政事件訴訟法は，職権証拠調べを認めている（行訴24条）ものの，実際に職権証拠調べがなされることはほとんどなく，課税処分の取消訴訟を含む租税訴訟においても，通常の民事訴訟と同様に弁論主義が妥当するとされている[92]。このため，主張責任に関する考え方及び裁判上の自白の拘束力に関する民事訴訟法の規定は，課税処分の取消訴訟にもそのまま適用される。

(3) 要件事実

(a) 要件事実と間接事実の概念

上記の弁論主義の第1法理（主張責任）と第2法理（自白の拘束力）は，全ての事実ではなく，要件事実に対して適用がある。この要件事実の意義を，間接事実と対比しながら説明すると，以下の通りである[93]。

「要件事実」とは，権利の発生，変更，消滅という法律効果を判断するのに直接必要な事実を意味する[94]。

これに対し，「間接事実」とは，要件事実の存否を推認するのに役に立つ事実を意味する。間接事実は，経験則の助けを借りることによって要件事実の存否を明らかにする機能を果たす。

---

[92] 泉他・租税訴訟の審理146頁以下。
[93] 林屋他・民事訴訟法88頁以下。
[94] 「主要事実」と呼ばれることも多いが，本書ではもっぱら要件事実という言葉を用いる（131頁注(59)参照）。

なお，何が要件事実であるかについては，訴訟物との関係から特定されるのに対し，間接事実の特定と推認力の評価は経験則によって行われる（第4章第9節Ⅰ4(2)（204～205頁）参照）。

(b) **課税処分取消訴訟の要件事実**

実額課税の場合を念頭に置いた場合に，課税処分取消訴訟の要件事実が何かについては，以下の通り，見解が分かれている[95]。

① 課税標準たる所得金額のみが要件事実であり，ほかは全て間接事実にすぎないとする説
② 課税標準たる所得金額は計算の結果であって具体的な事実ではなく，所得金額の算出に必要な個々の所得発生原因事実が要件事実であるとする説
③ 収入金額及び必要経費（又は益金及び損金）の各金額が要件事実であるとする説

要件事実が具体的な事実でなければならないことからすると，②の説が妥当であると考えられる[96]。

(4) **裁判所の釈明権と釈明処分**

訴訟における事実関係・法律関係を明らかにするために，事実及び法律に関する事項について，当事者に対し質問をし，又は立証を促す裁判所の権能を釈明権という（民訴149条1項）。

裁判の基礎資料の収集と提出を当事者の責任とする弁論主義の形式的な適用から生じる不合理を排除するために，裁判所の釈明権の行使が認められている。

なお，当事者は，直接釈明権を有するわけではなく，釈明権を相手方に対して行使するよう裁判長に求める（求釈明）ことができるにすぎない（民訴149条3項）。

上記のような釈明権の行使のほかに，裁判所は，釈明の準備又は補充としての適当な処分を行うことができる（この処分を釈明処分という。）。具体的には，裁判所は，当事者のために事務を処理し，又は補助する者（例えば，原告会社の業務担当者）に口頭弁論期日において陳述させることもできるし（民訴151条1項2号），訴訟書類又は訴訟において引用した文書その他の物件で当事者の所持するものを提出させることもできる（民訴151条1項3号）。このような

---

[95] 泉他・租税訴訟の審理146頁以下。
[96] 泉他・租税訴訟の審理147頁。

釈明処分の行使は，釈明のための準備又は補充的な手段であり，裁判所が当事者の弁論を理解するためのものであるから，釈明処分の結果得られた陳述，文書，その他の物件が当然に裁判の基礎となる証拠資料になるわけではない。裁判所が証拠資料として事実認定のために活用するためには，別途訴訟記録の一部とするための行為(97)が必要である。

(5) 裁判所の釈明処分の特則

改正行政事件訴訟法23条の2は，民事訴訟法151条1項の規定によって認められる上記の釈明処分のほかに，取消訴訟等において裁判所がすることができる新たな釈明処分を定めた(98)。

この結果，従来とは異なり，取消訴訟等の原告たる納税者は，裁判所の釈明処分を通じて，以下のような資料の入手が可能になった。

第一に，裁判所の裁量により，審査請求に係る事件の記録の全部又は一部の提出・送付嘱託を命ずることができる（行訴23条の2第2項）。

第二に，上記以外の記録の全部又は一部の提出・送付嘱託の命令は，裁判所が訴訟関係を明瞭にするため，必要があると認められるときに発令される（行訴23条の2第1項）。

このように，行政事件訴訟法23条の2の釈明処分は，民事訴訟法151条1項の釈明処分と比較すると，その対象が引用文書等に限られず，相当広範囲の資料に及ぶこと，しかも訴訟当事者以外の当該資料を保有する全ての行政庁をも対象とし得る点で斬新な制度となっている。

なお，行政事件訴訟法23条の2の釈明処分により提出された資料も，当然に裁判の基礎となる証拠資料となるわけではないから，訴訟記録の一部とするための行為が必要である。

4 争点の特定

(1) 認否の必要性

先に3(1)（160～161頁）で述べた通り，弁論主義の下では，当事者間に争い

---

(97) 例えば，釈明処分の結果提出された書類を，当事者が閲覧し，必要な部分を謄写し，書証（第4章第9節Ⅰ2(3)（200～201頁）参照）として裁判所に提出することにより，裁判の基礎となる証拠資料とすることが可能となる。

(98) 改正行政事件訴訟法23条の2の釈明処分の内容及び実務上の問題点については，菅野・研修用資料115頁以下参照。

のない要件事実（自白された事実）については，証拠によって認定する必要がないのみならず，これに反する認定をすることも許されず，そのまま判決の基礎としなければならない（民訴179条）。したがって，一方の当事者が主張する要件事実について，相手方がどれを争い，どれを認めるかの認否を明らかにすることが必要である。

(2) 認否の態様

通常の民事訴訟を念頭に置いた場合，原告の請求原因事実に対する被告の対応は，以下の4つに分かれる[99]。

① 認める：被告が原告の主張する事実の存在を認めるときには，「認める」と記載する。先に述べた通り，弁論主義の下では，被告が原告主張の要件事実を認めたときは，裁判上の自白として，証明することを要しないのみならず，裁判所としてこれに反する認定をすることも許されない。

② 否認する：被告が原告主張の事実の存在を否定するときは，「否認する」と記載する。一般に，事実の主張を否認する場合には，「否認する」を用い，法律上の主張や意見を否定するときには，「争う」と記載することが多い。

　　被告が否認した事実は，顕著な事実（民訴179条）である場合を除き，原告はその事実を立証しなければならない。被告の答弁により反論を要することになった原告は，速やかに答弁書に記載された事実に対する認否及び主張を具体的に記載し，かつ，立証を要することになった事由ごとに，その事実に関連する事実で重要なものの証拠を記載した準備書面を提出しなければならない（民訴規81条）。

③ 不知：被告が原告主張の事実を知らない場合には，「知らない」又は「不知」と記載する。不知の答弁がなされると，争ったものと推定される（民訴159条2項）から，裁判所が当該事実を認定するには証明を要する。

④ 沈黙：被告が原告主張の事実に対して何も認否せず沈黙している場合には，弁論の全趣旨からその事実を争っていると認められる場合を除き，自白したものとみなされる（民訴159条1項）。

---

[99] 第一審手続の解説29頁以下，中尾・入門31頁以下。なお，課税処分の取消訴訟における証明責任の分配に関しては，第4章第9節Ⅰ3(5)（202頁以下）で述べる通り，通常の民事訴訟と異なる点（特に，課税要件事実の証明責任は被告にあるのが原則である。）があるので注意を要する。

(3) 被告の答弁と主張

(a) 被告の主張責任

第4章第6節Ⅰ3(2)（147頁）で述べた通り，課税処分の取消訴訟の訴訟物は，課税処分の違法性一般であると解されている。したがって，原告は，訴状において，課税処分の経緯とそれが違法であることを主張すれば足りる。

これに対し，被告は，租税債権が発生するための要件事実として実体上及び手続上の適法要件が存在することを抗弁として主張しなければならない[100]。

例えば，実体上の適法要件としては，被告は，課税処分によって確定された税額が租税実体法によって客観的，抽象的に定まっている税額を超えないことを具体的に主張しなければならない。実額課税の場合には，被告は個々の所得発生原因及びこれに対応する個々の必要経費について主張することになる。

(b) 実務の取扱い

実際の裁判においては，被告が当初から実体上及び手続上の適法要件を詳細に主張することはなく，以下のように取り扱われるのが通常である[101]。

被告は，まず課税処分の経緯（係争年分の確定申告，更正・過少申告加算税等賦課決定等）について主張することにより，課税処分及び過少申告加算税等賦課決定等の基礎事実を主張する。この段階における被告の課税処分の内容に関する主張は，当初原告が争うか否かを決定するのに必要な限度で更正等の項目，金額及び理由を概括的に主張するにとどまるのが普通である。被告は，原告の認否を待ち，争点が明らかになったところで争点項目についての詳細な課税根拠事実を主張する。

他方，課税処分の手続上の適法要件については，原告がその違法性を明示的に争わない限り，この点の適法性については争いがないものとして取り扱ってよいものと考えられている。このため，原告としては，手続上の適法要件の充足の有無に疑義があるときには，訴訟において明示的に争う必要がある。

5　理由の差替え──総額主義と争点主義

(1) 総額主義と争点主義

第4章第6節Ⅰ3(2)（147頁）等で説明した通り，課税処分の取消訴訟の訴

---

[100]　泉他・租税訴訟の審理85頁以下。
[101]　泉他・租税訴訟の審理85頁以下。

訟物(審判の対象)は，一般的には，処分の違法性一般（処分の主体，内容，手続，方式等全ての面における違法）であるとされている。しかし，上記のような一般的な考え方に従ったとしても，処分の同一性をどのように捉えるかによって，訴訟物(審判の対象)が異なってくる。そして，一般にこの問題は，以下の通り，総額主義と争点主義の対立と捉えられている[102]。処分理由ごとに訴訟物があると捉える争点主義の立場に立つと，その限度で被告の主張は制約を受けることになる。他方，総額主義が説くように，処分理由の差替えが認められるのであれば，被告は，処分理由に拘束されず，訴訟の段階において課税処分の適法性を基礎付ける幅広い主張が可能になる。

(a) **総額主義**

総額主義とは，課税処分の取消訴訟の対象は，それによって確定された税額の適否であるとする考え方である。

したがって，課税処分によって確定された税額が，処分時に租税実体法によって客観的に定まる税額を超えていなければ，当該課税処分は適法となる。即ち，総額主義の立場では，国は，処分時に認定した処分理由に拘束されることなく，訴訟の段階で，その後新たに発見した事実を追加し，あるいは上記事実と交換することにより，原則として自由に処分理由を差し替えることができる。

その反面，一定額を超えて税額を認定したことが違法であるとして課税処分が取り消されたときには，取消判決の拘束力（行訴33条）により，国は訴訟で主張しなかった理由をもってしても，税務署長をして上記の額を超える課税処分を再度行わせることができない。このため，総額主義によると紛争の一回的解決が図れると一般に説明されている。

(b) **争点主義**

争点主義とは，課税処分の取消訴訟の対象は，処分理由との関係における税額の適否と捉える考え方である。

したがって，争点主義の下では，税務署長が処分時に認定した処分理由に誤りがあれば，国は，訴訟の段階において処分理由を差し替えることが原則として許されず，当該処分理由を維持できないときには，課税処分は違法として取消しを免れないことになる。

---

[102] 泉他・租税訴訟の審理88頁以下。なお，審査請求手続の審理の範囲との関係で，総額主義と争点主義が議論されることについて，第3章第4節Ⅰ2(4)（63頁以下）参照。

争点主義は，手続的保障の面では理があるが，紛争の一回的解決が図れないという難点があるといわれている。

但し，更正等の期間制限の問題（通法70条等）があり，しかも租税争訟が長期にわたることが多いことから考えると，争点主義に基づき国が敗訴した場合に，さらに別の理由により課税処分をなすことは実際上不可能である。このように考えると，争点主義をとることが納税者にとって必ずしも不利益に働くとは限らないことに留意すべきである。

(c) 判例の立場

上記の2つの見解のうち，判例は，総額主義の立場をとっている[103]。

(2) 処分理由の差替え

(a) 意　義

上記の総額主義の下では，税務署長が処分時に現実に認定した処分理由により，課税処分の同一性が決まるとは考えないために，訴訟の段階における処分理由の差替えを認める考え方と結びつくことになる。

但し，行政事件訴訟法7条により，民事訴訟法の規定が準用されているので，その範囲内で，処分理由の差替えは制約を受けることになる。具体的には，以下のような制約が及ぶことに注意を要する[104]。

① 攻撃防御方法は，訴訟の進行に応じて適切な時期に提出しなければならず（民訴156条），故意又は重大な過失により時機に後れて提出した攻撃防御方法については，これにより訴訟の完結を遅延させることになると認めたときは，裁判所は却下することができる（民訴157条1項）。

② 当事者が準備書面の提出期間（民訴162条）内に準備書面の提出等をしないときは，裁判所は，準備的口頭弁論を終了することができ（民訴166条），準備的口頭弁論の終了後に攻撃防御方法を提出した当事者は，相手方に対し，上記終了前に提出することができなかった理由を説明しなければならない（民訴167条）。

③ 書面による準備手続を終結した事件について，口頭弁論期日において，書面に記載した事項の陳述等がされた後に攻撃防御方法の提出をした当事者は，相手方に対し，その理由を説明しなければならない（民訴178条）。

---

[103] 最判平成4年2月18日・民集46巻2号77頁ほか参照。
[104] 泉他・租税訴訟の審理114頁以下。

さらに，処分理由の差替えがどのような形態で起こるかにより，以下の(b)ないし(d)の通り別個の考慮が必要となる。

(b) **白色申告に対する更正と理由の差替え**

白色申告に対する更正については，総額主義に基づき，国は，課税処分の適法性を維持するため，処分時の認定理由に拘束されることなく，訴訟の段階で，その後に新たに発見した事実を追加し，あるいは上記事実と交換することにより，処分理由を口頭弁論の終結に至るまで随時差し替えることができるという非制限説が，判例通説である[105]。

(c) **青色申告に対する更正の附記理由と異なる主張**

(i) **青色申告に対する更正と理由附記** そもそも，青色申告に対する更正は，納税者の帳簿書類を調査し，その調査によって所得金額又は純損失等の額に誤りがあると認められる場合に限って行うことができる（所法155条1項，法法130条1項）。しかも，青色申告に対し更正をなす場合には，更正の通知書に更正の理由を附記しなければならない（所法155条2項，法法130条2項）。

このように，青色申告に対する更正通知書に理由を附記することが要求されているのは，税務署長の判断の慎重・合理性を担保してその恣意を抑制する（処分適正化機能）とともに，処分の理由を納税者に知らせて不服の申立てに便宜を与える（争点明確化機能）ためであると一般に解されている[106]。したがって，附記すべき理由は例文的・抽象的なものでは足りず，更正処分の具体的根拠を明らかにするものでなければならない。特に，青色申告に係る所得計算が法定の帳簿による正当な記載に基づくものであるときには，その帳簿の記載を無視して更正されることがないことを納税者に保障したものであるから，理由附記に当たっては，単に更正に係る勘定科目とその金額を示すだけでは足りない。そのような更正をした根拠を帳簿書類以上に信憑力ある資料を摘示することによって具体的に明示することを要する。

このように附記理由に瑕疵がある場合は，それだけで当該更正処分が違法となり，また，その瑕疵は，行政不服申立手続中では補正できないと解されている[107]。

---

[105] 泉他・租税訴訟の審理117頁以下。
[106] 金子・租税法673頁以下，泉他・租税訴訟の審理126～127頁。
[107] 金子・租税法673頁以下，泉他・租税訴訟の審理126～127頁。

(ii) **理由の差替えの可否** 判例は，全て総額主義を前提としながら，青色申告に対する更正の附記理由と異なる主張に制限を課さない非制限説と，一定の制限を認める制限説に分かれている。

なお，青色申告に対する更正の取消訴訟における処分理由の差替えの可否について判示した最初の最高裁判決である最判昭和56年7月14日（民集35巻5号901頁）は，以下の通り述べ，結論を留保している。

「このような場合に被上告人に本件追加主張の提出を許しても，右更正処分を争うにつき被処分者たる上告人に格別の不利益を与えるものではないから，一般的に青色申告書による申告についてした更正処分の取消訴訟において更正の理由とは異なるいかなる事実をも主張することができると解すべきかどうかはともかく，被上告人が本件追加主張を提出することは妨げないとした原審の判断は，結論において正当として是認することができる。」

(d) **審査裁決の附記理由と異なる主張**

審査庁は，審査裁決書に裁決の理由を附記しなければならない（通法101条1項，84条4項）。かかる理由附記が要請されているのは，審査庁の判断の慎重・公正を期し，その恣意を抑制するとともに，裁決の理由を明示することによって審査請求人に原処分に対する取消訴訟の提起に関し判断資料を与えるためである[108]。

したがって，課税処分の取消訴訟において，国は，審査裁決に附記された理由と異なる理由を主張できるかどうかが理論的に問題となる。

この問題につき，判例は，総額主義に基づき，非制限説をとっている[109]。

6 主張の書き方

(1) 準備書面の意義と目的

先に説明した通り，民事訴訟法は，口頭主義を原則としている（民訴87条1項）が，現在の裁判実務においては，特に弁論については同原則の適用は大幅に形骸化しており，当事者の主張は，一般に準備書面を通じて行われている。このような実状は，租税訴訟においても全く同様であり，納税者側のほとんどの主張は，準備書面としてまとめられる。したがって，納税者側の主張をど

---

[108] 最判昭和49年7月19日（民集28巻5号759頁）。
[109] 最判昭和42年9月12日（訟月13巻11号1418頁，税資48号395頁）ほか参照。

ように組み立て，それを書面でいかに表現するかについて十分な考慮を払う必要があることはいうまでもない[110]。

納税者側の主張をまとめた準備書面を作成する最大の目的は，書面の読み手である裁判官を説得することにある。したがって，説得力を増すような書面の構成と表現方法に十分留意する必要がある。

他方，一旦書面により行った主張は，自らを拘束することになる点にも留意する必要がある[111]。また，自ら矛盾した主張を展開すると，説得力を失うことはいうまでもない。したがって，当該書面が今後及ぼす影響や主張の一貫性にも十分配慮しなければならない。

そこで，以下では，説得力と一貫性を備えた準備書面をどのように効果的に作成するかという方法論について述べる。

(2) 準備書面作成の方法

(a) はじめに

パソコンのワープロ・ソフトの普及により，文書の作成方法が根本的に変わったといっても過言ではない。

一昔前の「下書き→和文タイプ」方式では，加筆，削除，修正，変更，編集作業を容易に行うことができないので，「考えてから書く」ことが必要であった。

ところが，パソコンの利用により，上記の加筆，削除，修正，変更，編集作業が極めて容易になり，「書きながら考える」ことと「考えながら書く」ことが可能になった。

具体的には，以下のような文書の作成方法が有効である。

(b) 書けるところから書く

パソコンを利用する場合には，後の変更・編集作業を気にする必要がないた

---

[110] 租税訴訟の段階のみならず，行政不服申立手続の段階においても，納税者側は，自己の主張を裏付ける書面を提出することができるので，異議申立て及び審査請求手続においても，納税者側の主張をどのようにして書面化するかという問題が同様に重要である。また，税務調査段階で，納税者側が自己の主張をまとめた書面を準備する場合にも同様の問題が発生する（第2章第1節III 2(1)（21頁以下）参照）。

[111] 要件事実について裁判上自白すると，撤回することができないのが原則である（大判大正11年2月20日・民集1巻52頁）。また，法律上の主張についても，従前の主張と矛盾する主張は，説得力を大幅に減殺するので，極力避けなければならない。

め，文書全体の構成にとらわれることなく，「書けるところ」や「書きたいところ」から書くことが可能である(112)。

ある程度の分量の文書は，一気に書き下ろすことは難しいから，いずれにしろ特定の部分から始めるほかない。パソコンの利用は，叙述の順序にかかわる束縛を解き，任意の場所から書き始めることを可能にした。しかも，パソコンによる文書の場合には，後で，叙述の順序や，表現を簡単に修正することができる。

極端なことをいえば，ある程度書きたまったところで通読し，全体の構成は後から考えることも十分可能である。

(c) **何度も見直す**

短期記憶に関する人間の処理能力には，限界があると一般にいわれている。即ち，人間が一瞬のうちに把握し，識別できる対象の数が最大で7個程度であるのと同様に，短期記憶の限界もほぼ7といわれている(113)。このため，複雑なことを一度に考えることは，人間の脳には適していない。つまり，論点の入り組んだ事案について書面を作成する場合には，論点を整理し，全体の構成を固めることが難しい。他方，説得力ある書面を作成するには，叙述の順序や文書全体の構成に十分意を払う必要がある。

したがって，複雑な事柄を書面化する場合には，まず個別の論点の叙述に集中する方が効率的である。そして，論点ごとの叙述のある程度の固まりができるたびに，印刷し，通読し，全体の見直しと修正をする。このような原稿の読み直しにより，自らの頭も整理され，叙述の順序の変更，主張の補強，修正，削除，新たな論点の付加等が比較的容易にできる。

なお，可能であれば，書面全体がある程度固まった段階で他人に通読してもらい，意見を聞くことで，さらに文書の構成，内容，体裁，表現を改良することが望ましい。

(d) **分かりやすさのための工夫**

(i) **書面の分量**　　パソコンのワープロ・ソフトの文書編集機能（特にコピ

---

(112) 野口悠紀雄『「超」文章法』（中央公論社，平成14年）（以下「野口・「超」文章法」と引用）233頁以下。
(113) 野口悠紀雄『続「超」整理法・時間編』（中央公論社，平成7年）216頁以下，226頁以下。

第8節　取消訴訟の審理　171

ー・貼り付け機能）により，長文の書面を作成することが容易になっている。また，文書作成者の心理として，時間と労力をかけて一旦作成した部分を削除することには無意識の抵抗がある。この結果，準備書面の分量は自ずと増える傾向にある。

他方，準備書面の作成の目的が読み手である裁判官を説得するところにあることからすると，いたずらに冗長な書面は慎むべきで，「簡にして要を得たもの」にするよう努力すべきである(114)。

但し，分量の多寡は，個々の事案や内容による場合もあるので，どうしても長文になるケースでは，要約や目次を記載する等の工夫が必要であろう。

(ii) **構成の工夫**　説得力ある準備書面となるためには，叙述の順序と全体の構成に特に注意しなければならないことは既に繰り返し述べた通りである。

しかし，どのような叙述の順序を採用し，書面全体をいかに構成するかについては，個々の事案により異なり得る。

なお，先に述べたように，特に長い文書の場合には，ある程度の文章の固まりから始め，その固まり同士の関連性，配列の妥当性に留意しながら，何度も読み直し，修正を加えるうちに，自然と体系や構成が生まれることが実際には少なくない。その意味でも書けるところから書き始めることが重要である。

(iii) **表現方法の工夫**　準備書面の読み手である裁判官を説得するためには，文書自体の読みやすさにも十分留意する必要がある。

具体的には，以下のような点に配慮した方がよい。

① 文の構造と接続：一文は，長過ぎないように工夫する必要がある。そして，主語と述語の関係，修飾語と被修飾語の関係，文と文との関係と順序及び接続詞の使い方には十分配慮し，叙述の流れが損なわれないように工夫すべきである。

特に「が」という接続詞を多用して文をつなぐことは避けた方がよい(115)。「が」は逆接にも順接にもなり得るので，文書のつながりや論理の運びが不分明になるおそれがあるからである。

---

(114) 「裁判官アンケート(2)東京地裁民事裁判官109名に聞きました」二弁フロンティア平成15年12月号31頁以下参照。特に34頁では，冗長な準備書面を強く批判する裁判官の生々しい肉声が収録されている。

(115) 野口・「超」文章法210頁。

②　段落分けと見出し：書面全体を見やすくするためにも，適度な段落分けをし，適当な見出しをつけることが望ましい。また，このような段落分けと見出し付けを意識的に行うことにより，文書全体の構成の再検討，論点の欠落や矛盾の発見につながることも少なくない。

③　箇条書きの活用：論点が複雑なケースでは，例えば１つの主張の裏付けとなる理由が複数ある場合が少なくない。また，その個々の理由付けをさらに基礎付ける主張が複数にわたるというように，重層的な主張の展開をしなければならないこともしばしば生ずる。このようなケースでは，適宜箇条書きの形式を活用し，結論と理由及び上位の理由と下位の理由がどのような関係で結び付くのかを明らかにすることが望ましい[116]。

　特に，理由付けや論点が３つ以上になる場合には，箇条書きや段落分けの形式を利用する方が，書きやすいし，かつ読みやすい。

④　図表の活用：図表にまとめることが一覧性を増し，かつ理解の手助けになる場合がある。そのようなケースでは，図表を積極的に活用することが望ましい。

II　本件の検討

1　被告の課税根拠事実の主張

先に述べた通り，被告は，答弁書[117]の段階では，訴状[118]の主張に対する認否をした上で，本件課税処分に違法性がないことを簡単に主張するにとどまるのが通常である。被告がその課税根拠事実を詳細に主張し，当該処分の適法性を基礎付ける主張をなすのは，第１準備書面においてである。本件において，被告が第２回口頭弁論期日において陳述した第１準備書面は，以下の通り，本件課税処分の適法性を基礎付ける事実を具体的に主張している。

---

[116]　野口・「超」文章法176頁。
[117]　答弁書は155頁以下に掲載。
[118]　訴状は151頁以下に掲載。

書式例13：被告第1準備書面

平成7年(行ウ)第213号　所得税更正処分等取消請求事件
　　原　告　X
　　被　告　国

　　　　　　　　　　被告準備書面(1)

　　　　　　　　　　　　　　　　　　　　平成7年11月30日

東京地方裁判所民事第2部　御中

　　　　　　　　　　　　　　　　被告指定代理人
　　　　　　　　　　　　　　　　訟務検事　　　㊞
　　　　　　　　　　　　　　　　他4名

　被告は，Z税務署長が原告に対して平成5年3月3日付けで行った原告に係る平成元年分の所得税の更正処分(以下「本件更正処分」という。)及び過少申告加算税の賦課決定処分(以下「本件賦課決定処分」といい，本件更正処分と併せて「本件課税処分」という。)の根拠及び適法性について以下の通り主張する。
　なお，以下において，下記の通り法律，条文を略称する。
　所得税法・・・・・平成2年法律第12号による改正前の所得税法
　措置法・・・・・・租税特別措置法
　措置法31条・・・・平成3年法律第16号による改正前の措置法31条
　措置法31条の4・・平成3年法律第16号による改正前の措置法31条の4
　措置法31条の5・・平成3年法律第16号による改正前の措置法31条の5
　措置法35条・・・・平成5年法律第10号による改正前の措置法35条
　措置法37条・・・・平成2年法律第13号による改正前の措置法37条
　措置法69条の3・・平成4年法律第14号による改正前の措置法69条の3
　通則法・・・・・・国税通則法
第1　本件処分の経緯
　1　原告の平成元年分の所得税の確定申告について
　　(1)　原告は，平成2年3月14日，不動産所得の金額を●円，分離課税の長期譲渡所得の金額を●円，申告納税額を●円と記載した平成元年分の所得税の確定申告書を提出した。そして，同申告書には，分離課税の長期譲渡所得金額の計算に当たり，措置法31条の4，同法35条及び同法37条を適用した旨が記載され，譲渡所得計算明細書，譲渡内容についてのお尋ね，買換え承認申請書等が添付されていた。
　　(2)　右譲渡所得計算明細書等によると，①原告は，別紙物件目録記載の1-

1の土地(以下「本件譲渡土地」という。)及び同目録記載の1-2の建物(以下「本件譲渡建物」といい，本件譲渡土地と併せて「本件譲渡資産」という。)を有していた。そして，原告は，平成元年3月23日，本件譲渡資産を株式会社Y社(以下「Y社」という。)に対して総額7億円で譲渡した(なお，本件譲渡建物も形式上売買対象に含まれているが，売買代金の算定に当たっては無価値と評価されたため，実質的には本件譲渡土地の売買となる。)こと，②本件譲渡資産は，居住用及び事業用として利用されており，それぞれの利用割合は，●対●であることなどが記載されていた。
  (3) 右譲渡所得計算明細書等によると，右譲渡収入7億円は，本件譲渡資産の利用状況に基づき区分されており，分離課税の長期譲渡所得の金額の計算に当たって，措置法の規定を適用した旨記載《詳細省略》されていた。
2 「平成元年分の所得税の修正申告書」と題する書類について
  (1) 原告は，平成3年3月14日，「平成元年分の所得税の修正申告書」と題する書類に措置法37条の特例を受けて取得した買換資産の明細を記載した書類，右買換資産に係る工事請負契約書及び登記簿謄本等の資料を添付して提出した。
    右の添付書類には，特定の事業用資産の買換えの特例を受ける買換資産として，平成3年1月21日，東京都●所在の宅地上に総額●円で延べ床面積が●平方メートルの建物（以下「本件買換建物」という。）を建築した旨が記載されていた。
  (2) なお，原告が提出した前記「平成元年分の所得税の修正申告書」と題する書類に記載された課税標準額及び税額は，いずれも前記1(1)に記載した確定申告書に記載された課税標準額及び税額と同額であることから，右書類は措置法37条の2（特定の事業用資産の買換えの場合の更正の請求，修正申告等）2項に規定する修正申告書及び通則法19条(修正申告)1項に規定する修正申告書のいずれにも該当しない。
3 本件課税処分について
    Z税務署長は，平成5年3月3日付で，原告の平成元年分の所得税の確定申告に対し，総所得金額を●円，分離課税の長期譲渡所得の金額を●円及び納付すべき所得税の額を●円とする更正処分をするとともに，過少申告加算税の額を●円とする賦課決定処分をした上，右各処分に係る更正通知書を，原告に対して送付した。
第2 本件課税処分の根拠及び適法性について

1　本件課税処分の根拠
　　被告が本訴において主張する原告の平成元年分の所得税の課税標準及び税額は，別表１に記載した通りであり，その内訳は次の通りである。
　(1)　総所得金額　　　　　　　　　　　　　　　　　　●円
　　　上記金額は，不動産所得の金額及び雑所得の金額の合計額であり，原告の確定申告額と同額である。
　(2)　分離課税の長期譲渡所得の金額　　　　　　　　　●円
　　　上記金額は，本件譲渡資産の譲渡に係る譲渡所得の金額であり，次のア及びイの金額の合計額である。
　　　なお，原告が本件譲渡土地を譲渡した年の１月１日現在において，その所有期間は10年超である。また，本件譲渡資産は，居住用部分と事業用部分とに利用されていたことから，①本件譲渡土地のうち，居住用部分の譲渡については措置法31条の４に該当する譲渡として，②事業用部分の譲渡については措置法37条の規定の適用がある譲渡として，譲渡収入金額をそれぞれ区分して次の通り譲渡所得の金額を計算した。
　　　また，本件譲渡建物の居住用部分の床面積が本件譲渡建物の床面積に占める割合（以下「居住用割合」という。）は，原告が確定申告の際に使用した割合と同じである。
　　ア　本件譲渡土地のうち居住用部分に係る譲渡所得金額
　　　　　　　　　　　　　　　　　　　　　　　　　　●円
　　　上記金額は，次の(ｱ)の譲渡収入金額から(ｲ)の取得費及び(ｳ)の譲渡費用の金額の合計額を控除した金額である。
　　　(ｱ)　譲渡収入金額　　　　　　　　　　　　　　●円
　　　　　上記金額は，本件譲渡資産の譲渡収入金額10億円に，居住用割合を乗じて算出した金額である。
　　　(ｲ)　取得費　　　　　　　　　　　　　　　　　●円
　　　　　上記金額は，措置法31条の５第１項の規定に基づき，前記(ｱ)の譲渡収入金額●円に100分の５を乗じて算出した金額である。
　　　(ｳ)　譲渡費用　　　　　　　　　　　　　　　　●円
　　　　　上記金額は，本件譲渡資産の譲渡に要した費用である弁護士報酬●円に，前記(ｱ)の譲渡収入金額の本件譲渡資産の譲渡収入金額に占める割合を乗じて算出した金額である。
　　イ　本件譲渡土地のうち事業用部分に係る譲渡所得金額
　　　　　　　　　　　　　　　　　　　　　　　　　　●円
　　　上記金額は，次の(ｳ)の譲渡収入金額から(ｴ)の必要経費の額を控除し

(ア)　譲渡価額　　　　　　　　　　　　　　　　　●円
　　　　上記金額は，本件譲渡資産の譲渡収入金額10億円に事業用割合を乗じて算出した金額である。
　　(イ)　買換資産の取得価額　　　　　　　　　　　　●円
　　　　上記金額は，本件買換建物の取得に要した金額であり，原告が提出した「平成元年分の所得税の修正申告書」と題する書類に記載された金額と同額である。
　　(ウ)　譲渡収入金額　　　　　　　　　　　　　　　●円
　　　　上記金額は，前記(ア)の譲渡価額●円が，前記(イ)の買換資産の取得価額●円以下であることから，措置法37条1項及び措置法施行令25条4項の規定に基づき，前記(ア)の譲渡価額●円に100分の20の割合を乗じて算出した金額である。
　　(エ)　必要経費の額　　　　　　　　　　　　　　　●円
　　　　上記金額は，次の①の取得費と②の譲渡費用の合計額である。
　　　①　取得費　　　　　　　　　　　　　　　　　●円
　　　　　上記金額は，措置法31条の5第1項の規定に基づき，前記(ウ)の●円に100分の5を乗じて算出した金額である。
　　　②　譲渡費用　　　　　　　　　　　　　　　　●円
　　　　　上記金額は，本件譲渡資産の譲渡に要した費用である弁護士報酬●円に，前記(ウ)の譲渡収入金額の本件譲渡資産の譲渡収入金額に占める割合を乗じて算出した金額である。
(3)　納付すべき所得税額　　　　　　　　　　　　　　　●円
　　上記金額は，次のア及びイの金額の合計額(但し，通則法119条1項の規定により100円未満の端数を切り捨てた後のもの。)である。
　ア　総所得金額に対する税額　　　　　　　　　　　　●円
　　　上記金額は，所得税法87条2項の規定に基づき，原告の総所得金額●円から所得控除の合計額●円(原告の確定申告額と同じ。所得税法72条ないし86条)を控除した金額の●円(但し，通則法118条1項の規定により1000円未満の端数を切り捨てた後のもの。)に，所得税法89条1項に規定する税率を乗じて計算した金額であり，原告の確定申告額と同額である。
　イ　分離課税の長期譲渡所得の金額に対する税額　　　●円
　　　上記金額は，次の(ア)の税額●円と(イ)の税額●円との合計額である。
　　(ア)　措置法31条の4の規定に該当する譲渡所得金額に対する税額

●円

上記金額は，原告の分離課税の長期譲渡所得の金額のうち措置法31条の4の規定に該当する譲渡所得金額●円(但し，通則法118条1項の規定により1000円未満の端数を切り捨てた後のもの。)から4000万円を控除した金額の100分の15に相当する金額との合計額である。

(イ) 措置法31条の規定に該当する譲渡所得金額に対する税額

●円

上記金額は，原告の分離課税の長期譲渡所得の金額のうち措置法31条の規定に該当する譲渡所得金額●円(但し，通則法118条1項の規定により1000円未満の端数を切り捨てた後のもの。)から4000万円を控除した金額の100分の25に相当する金額との合計額である。

2 本件更正処分の適法性について

　　被告が，本訴において主張する原告の平成元年分の総所得金額，分離課税の長期譲渡所得金額及び納付すべき所得税額は，前記1の通りであるところ，原告に係る所得税の更正処分により納付すべき所得税額●円は，上記金額の範囲内であるから原告に係る本件更正処分は適法である。

3 原告に係る本件賦課決定処分の根拠及び適法性について

　　原告は，平成元年分の所得税に係る課税標準及び納付すべき税額を過少に申告していたものであり，過少に申告したことについて通則法65条4項に規定する正当な理由も存しないから，同法65条1項の規定に基づき原告に係る本件更正処分により原告が新たに納付すべきこととなった税額●円(但し，同法118条3項の規定により1万円未満の端数を切り捨てた後のもの。)に100分の10の割合を乗じて算出した金額●円が過少申告加算税となるところ，原告に係る本件賦課決定処分額は上記金額と同額であるから，原告に係る本件賦課決定処分は適法である。

第3 被告の主張

1 本件譲渡資産の売却等の経緯

(1) 昭和61年12月頃，Y社は，地上進に対し，本件譲渡資産の買収を担当させた。

(2) 地上進は，昭和62年2月頃，地元の不動産業者に原告との売買交渉を依頼した。

　　そこで，地元の不動産業者が，原告へ売買交渉に出向いたところ，原告は，当初，業者側の提示した売買価額1坪当たり2500万円の倍の金額である1坪当たり5000万円の金額を要求し，買収に応じ難い態度であった。昭和62年4月頃，原告は，本件譲渡資産の譲渡に応じる代わりとし

て代替地の提供を要求してきた。

(3) 地元の不動産業者は，原告に提供する代替地として●区所在の宅地（甲土地）79平方メートル（以下「本件取得土地」という。）を提示し，本件取得土地に原告を案内した。原告は，本件取得土地が本件譲渡土地より面積が狭いとの理由で，本件取得土地の隣接地である●区所在の宅地（乙土地）30平方メートルの借地権（以下「本件取得借地権」という。）をも要求し，右要求に応じるならば，売買交渉に応じる姿勢を見せた。

(4) その後，本件取得土地を原告が直接取得することとなり，昭和63年6月17日，●銀行●店において，売主をM不動産株式会社(以下「M不動産」という。），買主を原告，売買代金を5億5300万円とする本件取得土地に係る売買契約書をM不動産及び原告双方の了解の下で作成したが，契約に至らなかった。

(5) そうしたところ，原告から地上進に対し，本件譲渡資産及び本件取得借地権の各取引金額を確認し，本件取得借地権上の建物(以下「本件取得建物」といい，本件取得借地権と併せて「本件取得借地権付建物」，本件取得土地と本件取得借地権付建物を併せて「本件取得資産」という。）の明渡しができる状態になってから本件譲渡資産に係る譲渡契約に応じる旨の申出がされた。

そして，昭和63年8月頃，原告から地上進に対し，本件譲渡資産と本件取得資産の売買を同じ日に行いたいので，本件取得資産は，一旦Y社が購入し，原告に安く転売して欲しい旨の申出がされた。

(6) ところで，Y社は，当時本件譲渡資産を含む東京都●区の画地一帯の買収を計画し，その買収を進めていたが，本件譲渡資産は表通りに面する角地であり買収計画に欠くことのできない物件であったことから，同社は，原告の右申出に応じ，本件取得土地を購入することとしたが，買収資金の都合がつかなかったため，M商事株式会社(以下「M商事」という。）に購入を依頼した。そして，M商事が，昭和63年8月1日，売主をM不動産，買主をM商事，売買価額を5億5300万円とする売買契約により本件取得土地を購入し，その後，Y社は，平成元年3月23日，売主をM商事，買主をY社，売買価額を6億3200万円とする売買契約により右土地を取得した。

(7) また，Y社は，本件取得借地権付建物について，平成元年2月28日，売主を借家二郎，買主をY社，売買価額を1億8900万円とする売買契約を締結した。

(8) さらに，地上進は，本件譲渡資産の売買に係る国土利用計画法(昭和49

年法律第92号、但し平成元年法律第84号による改正前のもの。）23条1項の規定に基づく届出書について、Y社と原告の代理人である弁護士甲野太郎（以下「甲野弁護士」という。）に確認をとり、譲渡価額を8億円と記載した上で、売主欄を空欄のまま甲野弁護士に渡した。

　　右届出書は、昭和63年11月4日に●区役所に提出されたが、同届出書に記載された売買価額が高額であったことから、同法に基づく勧告を受けたため、甲野弁護士が譲渡価額を7億円と変更して同月21日に再度提出し直したところ、同月25日付の不勧告の通知を受けた。
(9)　ところが、昭和63年12月頃、甲野弁護士から地上進に対し、代替地のほかに税金分として現金が欲しい旨の申出がなされ、また、平成元年2月には、同弁護士から、本件譲渡資産の譲渡価額を7億円とし、その対価として原告がY社から購入する本件取得土地の価額を3億1600万円、本件取得借地権付建物の価額を8400万円とし、さらに、差額3億円（以下「本件差金」という。）は現金で受領したい旨の申出があった。
(10)　以上の経緯から、Y社と原告の間では、本件譲渡資産の対価として、本件取得資産と本件差金3億円を渡すことで合意が成立し、平成元年3月23日、本件譲渡資産の譲渡価額を7億円とする同日付の売買契約書を作成するとともに、同日付で本件取得土地の譲渡価額を3億1600万円、本件取得借地権付建物の譲渡価額を8400万円とする売買契約書を作成し、本件譲渡資産、本件取得土地及び本件取得借地権付建物に係る売買契約を了した。

　　また、Y社は、同日、原告に対し、本件差金として銀行振出しの小切手で3億円を支払った。
(11)　その後、原告は、東京都から本件取得借地権の付されている土地の所有権30平方メートルを、平成元年5月8日に1800万円で取得した。
2　本件譲渡資産の譲渡収入金額について
(1)　譲渡所得の本質について
　　ア　譲渡所得の本質については、資産の取得時から譲渡の時までの期間内に、経済的事情の変化等によって、その取得資産の価値が増加した場合、その増加価値部分を譲渡価額と取得価額との差額によって認識し、その資産を譲渡した時に課税するものであって、いわば資産の所有期間内の価値の増加に対する清算課税であると解されている（最高裁昭和47年12月26日第3小法廷判決・民集26巻10号2083頁、同旨、金子宏・租税法第5版192頁）。
　　イ　また、所得税法36条1項は、金銭以外の物又は権利その他経済的な

利益をもって収入とする場合の収入金額は、その金銭以外の物又は権利その他経済的な利益の価額とする旨を規定し、同条2項は金銭以外の物又は権利その他経済的な利益の価額は、当該物若しくは権利を取得し又は当該利益を享受する時における価額即ち時価によるものと規定しており、その時価とは通常成立すると認められる取引価額、言い換えれば客観的交換価値をいうものと解されている。

ウ　そもそも、譲渡所得の課税は、前記アで述べた通り、資産の値上がりによりその資産の所有者に帰属する増加益を所得として、当該資産の譲渡を機会にとらえようとするものであり、その資産の価値ないし値上がり益はその際得られた対価によって顕現したものとみることができるから、それに基づき算定せざるを得ないところ、その対価が金銭でなされたときは、金銭はその一つの機能として元来その他の財貨の価値の尺度たる機能を有することから、その対価がいくらの価値を有するか、即ち当該資産譲渡によりそれがいくらの価値を具現したかは、その金銭の数額によって一義的に定まるのである。それゆえ当該資産の有する通常の取引価額を無視して当事者が所得税法の定める制限内で自由にその譲渡価額を右取引価額より低廉に定めたとしても、その対価を金銭で収受する限り、譲渡人は当該資産の譲渡に伴いその約定価額の価値しか取得することができないから、当該資産の値上がり益も結果としてその限度でしか享受できないこととなる。

　ところが、当該資産の譲渡対価が金銭以外の物又は権利であるときは、いかに当事者間でその物又は権利についてそれらの客観的交換価値を離れて取引価額を約定しても、その約定価額はその物又は権利の有する客観的交換価値に影響を与えることはない。言い換えれば、譲渡人が対価として得た金銭以外の物又は権利は同人においてその客観的交換価値を金銭に改めて換えられる可能性を常に有しているから、当該資産は譲渡により得られた金銭以外の物又は権利の客観的交換価値相当の価値に変換し、譲渡人はその客観的交換価値を正に享受したとみることができる。

　したがって、前記アで述べた譲渡所得課税の目的からすれば、当該資産の対価が金銭以外の物又は権利である場合には、譲渡収入金額を金銭の場合と同一に取り扱うことは許されず、当然にその対価である物又は権利の客観的交換価値即ち時価によるべきであるということができ、所得税法36条2項の規定は右の趣旨を規定したものと解されている（横浜地裁昭和48年6月27日判決・税資70号473頁）。

(2) 本件譲渡資産の譲渡収入金額について

　前記した本件譲渡資産の売却等の経緯からすれば，原告は，代替地を提供してもらうことを条件として本件譲渡資産の譲渡を了承し，甲野弁護士とともに売買等の取引交渉をし，本件譲渡資産を譲渡するための条件として提示した代替地の取得に関して少なからぬ要求をするなどして，２年余の交渉の結果，要求した条件にかなう本件取得資産及び本件差金３億円を対価として本件譲渡資産をＹ社に譲渡したものである。また，Ｙ社も本件譲渡資産が同社の買収計画に欠くことのできない土地であったことから，原告の要求のままに本件取得資産を第三者から購入し，原告に本件取得資産及び本件差金を渡したものであり，原告は，本件譲渡資産の譲渡の対価として，本件取得資産及び本件差金を取得したものと認められる。したがって，本件譲渡資産の譲渡収入金額は，次に述べる本件取得土地及び本件取得借地権付建物の価額(時価)と本件差金の合計額となる。

ア　本件取得土地の価額

　㋐　原告は，Ｙ社との間において，平成元年３月23日付で，本件取得土地を売買価額３億1600万円，本件取得借地権付建物を売買価額8400万円とする売買契約を締結しているが，Ｙ社の本件取得土地及び本件取得借地権付建物の取得時期，取得価額は，それぞれ本件取得土地が平成元年３月23日，６億3200万円，本件取得借地権付建物が平成元年２月28日，１億8900万円であるから，Ｙ社は原告との右取引により少なくとも４億2100万円の損失を被ることになる。

　　通常，利潤を追求する経済人が右取引のように損失を生じさせてまで譲渡することは，大幅な地価下落等の特段の事情がない限り，およそ考えられないことであるところ，右取引は取得日若しくは取得日から１カ月以内のもので大幅な地価下落等も認められないので，右取引は本件取得資産のみに係る単独の取引ではなく，本件譲渡資産に係る取引と本件取得資産に係る取引が密接なかかわりを持つ一連の取引であるからこそ，Ｙ社は右取引に応じたものと認められる。

　　したがって，右本件取得資産の売買契約金額は，本件譲渡資産の売買契約金額と原告が金銭で受領する本件差金を前提として，本件取得資産の価額を意図的に圧縮して形式的に作成されたものというべきであって，このような合理的理由のない契約金額を本件取得資産の価額として容認することはできない。

　㋑　そうすると，①原告は本件取得土地を５億5300万円で直接Ｍ不動

産から購入することに１度は承諾したこと，②原告から本件取得土地を要求されたＹ社は，Ｍ商事に依頼して本件取得土地を取得したが，Ｍ商事がＭ不動産から購入した金額は，原告の本件取得土地の購入予定額と同額の５億5300万円であることから，右売買価額５億5300万円（１平方メートル当たり700万円）をもって本件取得土地（79平方メートル）の価額(時価)と認めるのが相当である。
　(ｳ)　また，①本件譲渡土地と本件取得土地は同一路線に面していること，②本件譲渡土地と本件取得土地の所在地は120メートル程度しか離れていないこと，③本件譲渡土地と本件取得土地は，都市計画法（平成５年法律第72号による改正前のもの。）上の法規制が同じ地域に存していることから，両土地の地価形成要因は同じであると認められるところ，国土利用計画法24条３項に基づく不勧告通知書によれば，原告が届け出た本件譲渡土地の１平方メートル当たりの価額778万円は，適正な価額であると認められているのであるから，この点からも，右Ｍ商事の売買価額の１平方メートル700万円をもって本件取得土地の価額と認めるのが相当である。
　イ　本件取得借地権付建物の価額
　　本件取得借地権は，本件取得土地の隣接地であり，本件取得土地と価格が異なる特段の理由もないことから，本件取得借地権の所在する土地の単位面積当たりの価額は，本件取得土地の価額と同額であると認められる。
　　よって，本件取得土地の価額を基に借地権割合を70パーセントとして本件取得借地権の価額を算定すると，本件取得借地権の価額は１億4700万円となる。
　　なお，本件取得建物については，原告が取得後取り壊すことが予定されていたことからその経済的価値はないものと判断した。
　ウ　以上述べたことから，本件譲渡資産の譲渡収入金額は，本件取得土地の価額５億5300万円と本件取得借地権の価額１億4700万円及び本件差金３億円の合計額10億円[119]となる。
　　なお，本件譲渡資産のうち本件譲渡建物については，その取得が昭和36年であり，本件譲渡資産の譲渡時において，その経済的価値がほとんど認められないと判断されたため，本件譲渡資産を譲渡したこと

---

[119] 本件譲渡資産の譲渡対価に関する租税行政庁側の主張は，本件課税処分時が９億8,000万円（39頁）であったのに対し，不服申立手続段階では10億4,200万円（59頁，98〜99頁），本件訴訟段階では10億円にそれぞれ変わっている。

第８節　取消訴訟の審理　　183

に係る譲渡所得金額の算定に当たっては，その譲渡価値はないものとして計算した。

別紙及び別表一覧（省略）

本件譲渡資産の物件目録
別表1（原告の平成元年分の所得税の課税標準及び税額の計算）

2 原告の反論

(1) 実体的違法

　被告第1準備書面における被告の主張に対し，原告が認否し，反論するために作成した原告第1準備書面は，以下の通りである。

　本準備書面で原告は，本件取引の経緯について説明した上で，①本件取引を補足金付交換取引とみる根拠がないこと，及び②国土利用計画法の規制の観点から本件譲渡資産の譲渡価額を7億円を超える価額に設定することは許されないことを中心に主張を展開した。さらに，本件更正処分が実体上違法であるとする原告の主張は，原告第8準備書面(120)にまとめられている。

　なお，国土利用計画法は，国土利用計画の策定に関し必要な事項について定めるとともに，土地利用基本計画の作成，土地取引の規制に関する措置その他土地利用を調整するための措置を講ずることにより，総合的かつ計画的な国土の利用を図ることを目的としており（国土法1条），かかる行政目的を達成するために，都道府県知事は土地売買等の契約の締結に許可を必要とする規制区域を指定することができるとしている（国土法12条，14条）。さらに，当時の国土利用計画法の規制の下では，規制区域外であっても，一定面積以上の土地について土地売買等の契約をしようとする場合には，所定の事項を都道府県知事に事前に届け出ることを義務付け（国土法旧23条），当該土地売買等の契約に係る売買等の価格が著しく適正を欠くなどの場合には，都道府県知事は当該土地等の売買契約の締結の中止等を勧告することができるものとし（国土法旧24条），さらに勧告を実効あらしめるために，勧告に基づいて講じた措置の報告をさせること（国土法旧25条），勧告に従わない場合の公表（国土法旧26条）

---

(120) 原告第8準備書面は238頁以下に掲載。

などの権限を付与した上で，この届出や報告を怠った者に対しては罰則をもって臨んでいた（国土法旧47条，49条）。

(2) 手続的違法

先にⅠ4(3)(b)（165頁）で説明した通り，課税処分の取消訴訟の実務においては，原告から特に主張がない限り，手続上の要件の適法性については争いがないものとして取り扱われる。そこで，本件において原告は，理由附記の不備の違法と理由変更の違法の主張をした[121]。第一審判決は，これらの主張をいずれも退けた[122]。

書式例14：原告第1準備書面

平成7年（行ウ）第213号　所得税更正処分等取消請求事件
　　原　告　X
　　被　告　国

原告準備書面(1)

平成8年2月14日

東京地方裁判所民事第2部　御中

　　　　　　　　　　　原告訴訟代理人弁護士　　弁護士郎　㊞
　　　　　　　　　　　原告補佐人税理士　　　　税理士麻　㊞

　被告の平成7年11月30日付準備書面(1)（以下「被告準備書面(1)」という。）に対する原告の認否及び反論は，以下の通りである。
　なお，略称については，特に断りのない限り，被告準備書面(1)の例による。
第1　被告準備書面(1)に対する認否
　1　第1項について
　　(1)　1について
　　　(a)　(1)について
　　　　　認める。但し，上記譲渡所得金額の計算に当たり，措置法31条も適用した。
　　　(b)　(2)について
　　　　　認める。

---

[121] 原告の手続的違法の主張の概要については，原告第8準備書面（238頁以下）参照。また，理由附記の不備の違法の問題については238～239頁，理由の差替えの違法性の問題については239頁参照。
[122] 第一審判決（266頁以下，特に279頁以下）参照。

        (c) (3)について
            認める。
    (2) 2について
        (a) (1)について
            認める。
        (b) (2)について
            認める。
    (3) 3について
        認める。
2 第2項について
    (1) 1について
        (a) (1)について
            認める。
        (b) (2)及び(3)について
            いずれも争う。
            なお，本件譲渡資産の譲渡にかかる譲渡所得の金額が誤りであるのは，後に述べる通り，そもそも，本件譲渡資産の譲渡収入金額が，10億円であるという被告の主張が誤りだからである。
    (3) 3について
        争う。
3 第3項について
    (1) 1について
        (a) (1)について
            不知。
        (b) (2)について
            売買交渉当初，地元の不動産業者が，地上進と共に，原告のもとへ出向いたことは認め，その余は不知ないし否認する。なお，後に述べる通り，本売買交渉のほとんどの部分は，原告とY社の地上進との間で行われたものである。
        (c) (3)について
            否認ないし争う。
        (d) (4)について
            否認する。売主をM不動産，買主を原告，売買代金を5億5300万円とする本件取得土地にかかる売買契約書が，原告の了解の下に作成されたことは一切ない。

(e) (5)について

　　原告が地上進に対し，本件取得建物の明渡しができる状態になれば，本件譲渡資産の売却に原告が応ずるかもしれない旨述べたことは認め，その余は否認する。

(f) (6)について

　　Y社が，当時本件譲渡資産を含む●区の画地一体の買収を計画し，その買収を進めていたこと，本件譲渡資産が表通りに面する角地であり，その買収計画に欠くことのできない物件であったことは認め，その余は不知。

(g) (7)について

　　Y社が，本件取得借地権付建物を，借家二郎から購入したことは認め，その余は不知。

(h) (8)について

　　昭和63年11月4日に，本件譲渡資産の売買にかかる国土利用計画法（以下「国土法」という。）に基づく届出書（譲渡価額の総額を8億円とするもの）が●区役所に提出されたこと，同届出書に記載された売買価額が高額であったことから，同法に基づく勧告を受けたこと，譲渡価額を7億円と変更した変更届出書を同月21日付で再度提出し直したところ，同月25日付で不勧告の通知を受け取ったことは認め，その余は否認する。

(i) (9)について

　　否認する。

(j) (10)について

　　平成元年3月23日付で，本件譲渡資産の売買代金を7億円とする不動産売買契約書が締結されたこと，本件取得土地の売買代金を3億1600万円とする同日付の土地売買契約書が締結されたこと，本件取得借地権付建物の売買代金を8400万円とする同日付の借地権付建物売買契約書が締結されたこと，上記3つの売買契約書の調印により，本件譲渡資産，本件取得土地及び本件取得借地権付建物にかかる売買契約が完了したこと，Y社が原告に対し，小切手で3億円を支払ったことは認め，その余は否認ないし争う。

(2) 2について

　(a) (1)について

　　(i) アについて

　　　認める。

(ii) イについて
　　認める。
(iii) ウについて
　　一般論としては認める。なお，被告は，譲渡所得の対象となる資産の有する通常の取引価額を無視して当事者が「所得税法の定める制限内で」自由にその譲渡価格を右取引価額より低廉に定めたとしても，その対価を金銭で収受する限り，譲渡人は当該資産の譲渡に伴い，その約定価額の価値しか取得することができないから，当該資産の値上がり益も結果としてその限度でしか享受できないことになる旨述べている。この主張自体は正しいが，右にいう「所得税法の定める制限内で」とは，具体的には，取引時価の2分の1以上の対価を定める場合をいうことに留意すべきである。即ち，本件のように，個人が法人に対し，不動産を譲渡する場合，その対価の額が，取引時価の2分の1未満である場合には，取引時価による譲渡が擬制され，取引時価を基準に譲渡人の譲渡所得の計算が行われるのである（所法59条1項，所令169条）。したがって，被告が主張するように，通常の取引価額よりも低い実際の譲渡価額を基に譲渡人の譲渡所得が計算されるのは，当該譲渡価額が取引時価の2分の1以上の場合に限られる。

(b) (2)について
　(i) 前段について
　　　原告が売買等の取引交渉を行ったことは認め，その余は否認ないし争う。
　(ii) アについて
　　　(ア)のうち，原告とY社との間において，本件取得土地と本件取得借地権付建物について，それぞれ売買契約が締結されたことは認め，Y社の本件取得土地及び本件取得借地権付建物の取得時期，取得価額，Y社が原告との取引によって被った損失の額については不知。その余は否認ないし争う。
　　　(イ)のうち，①については否認し，②については不知。その余については争う。
　　　(ウ)のうち，本件譲渡土地と本件取得土地が同一路線に面していること，本件譲渡土地と本件取得土地の所在地が120メートル程度離れていること，本件譲渡土地と本件取得土地が都市計画法上の法規制が同じ地域に存していること，本件譲渡土地の1平方メートル当た

り778万円が適正な価額であると認められていることは認め，その余は否認ないし争う。
　　(iii)　イについて
　　　　本件取得借地権の価額を除き，認める。
　　(iv)　ウについて
　　　　本件譲渡建物の譲渡価値がないことは認め，その余は争う。
第2　原告の主張
　1　本件譲渡資産の売却及び本件取得資産の購入の経緯
　(1)　本件は，Y社が地上進に本件譲渡資産の買収を担当させたことに端を発する。これは，Y社が，本件譲渡資産を含む●区の画地一体の買収を計画し，その買収を進めていたことに基づくものである。本件譲渡資産は，表通りに面する角地であり，Y社の右買収計画に欠くことができない物件であった。
　　　なお，Y社は，いわゆる地上げ屋であり，Y社及び地上進は，原告とは，一切関係がなく，完全な第三者に当たる。
　(2)　地上進は，地元の不動産業者とともに，原告方を訪れ，本件譲渡資産の売買交渉を開始した。なお，地元の不動産業者は，主として地上進を原告に紹介するために同行したにとどまり，Y社のために本売買交渉を実際に担当したのは，ほとんど地上進のみである。また，原告は，自ら地上進との売買交渉に当たった。
　(3)　その当時，本件譲渡資産には，原告が1人で居住していた。特に原告は，本件譲渡資産に30年以上居住していた上，強い愛着を抱いていたために，本件譲渡資産を売却し，引っ越す意思はそもそもなかった。
　(4)　原告には，本件譲渡資産を売却する意思が全くなかったので，原告は，本件譲渡資産を売却して欲しい旨の地上進の申出に対し，売却する気がないことをはっきりと伝えた。また，原告に本件譲渡資産を売却する意思がないことを伝えるために，原告は，地上進に対し，法外な価額（1坪当たり6000万円又はそれ以上の価額）を提案したこともあった。
　　　このように，原告には，当初本件譲渡資産を売却する意思は毛頭なかった。ところが，Y社による本件譲渡資産付近の地上げが進展するに従い，本件譲渡資産のみが孤立していくという状況が進行した。本件譲渡資産の近辺の建物が取り壊され，鼠が発生する等，地上げの進行とともに，本件譲渡資産の環境は次第に悪化していった。このため，原告は，適当な代替地が取得できるのであれば，本件譲渡資産を売却するのもやむを得ないと考えるに至ったのである。

(5) 右のような状況を踏まえて、昭和63年夏ないし秋頃、地上進は、原告に対し、原告に提供する代替地として、本件取得土地を提示した。原告は、本件取得土地だけでは、表通りに面している間口が狭く、地型が悪いということを指摘した上で、本件取得土地の隣接地である土地の本件取得借地権（なお、同土地の底地は、東京都が所有していた。）と併せて取得できるのであれば、売買交渉に応じる余地があるという見解を示した。

(6) これ以降、本件譲渡資産の売却及び本件取得資産の購入を巡り、原告と地上進との間の交渉は、数カ月にわたり行われた。このように、交渉がさらに数カ月にわたり行われたのは、原告が、本件取得資産を、確実に取得できるようなお膳立てをするのに、地上進がかなりの時間を要したためである。

　なお、右交渉中に、原告と地上進との間で様々な話し合いが行われ（但し、その中には、地上進が一方的に提案し、原告が取り合わなかったものも含まれる。）たが、少なくとも被告の主張のうち、以下の点は全く事実に反するものである。

(a) 第一に、昭和63年6月17日に、売主をM不動産、買主を原告とし、売買代金を5億5300万円とする本件取得土地にかかる売買契約書が原告の了解の下に作成されたことはないし、両者間でこのような内容の合意が成立したことも一切ない。

(b) 第二に、原告が地上進に対し、本件取得資産を、一旦Y社が購入し、原告に安く転売して欲しい旨の申出をしたことはない。原告としては、代替地として、本件取得資産を確実に購入できる保証が得られれば足り、本件取得資産の売主がY社である必要は必ずしもなかったのである。また、後に述べる通り、原告は、最終的にはY社から、本件取得資産を購入することになるが、Y社がいかなる価額で本件取得資産を取得したかについて、原告は、一切知らなかった。

(7) 昭和63年11月4日、本件譲渡資産の売買に関し、国土法23条1項の規定に基づく届出書3通（甲第10号証の1ないし3）が●区役所に提出された。右届出書に記載された本件譲渡資産の譲渡予定価額は、8億円である。

　なお、右届出書上に記載された価額は、国土法上通りそうな価額ということで、地上進が決めたものを、原告が了承したものである。甲野弁護士は、地上進が作成した右届出書に、原告の代理人として押印したにとどまり、右譲渡予定価額の決定には一切関与していない。

(8) 右届出に対しては、譲渡予定価額が高額であるということで、国土法

に基づく勧告を受けた。そこで，昭和63年11月21日付で，本件譲渡資産に関し，譲渡予定価額を，7億円に変更して再度提出しなおした(甲第11号証の1ないし13)。当初の届出書と同様，地上進が国土法上通りそうな価額を再度算出し，原告がこれを了承したものである。

　上記の通り変更された本件譲渡資産の譲渡予定価額については，昭和63年11月25日付で，不勧告の通知を受けた。このような国土法の届出の結果を受けて，地上進と原告は，その不勧告価額と同額で本件譲渡資産の売却価額を7億円とすることに最終的に合意したのである。

(9)　このようにして決定された本件譲渡資産の譲渡価額を前提とし，原告は顧問税理士とも相談の上，右譲渡にかかる譲渡所得税を試算した。その上で，原告は，本件取得土地の価額を3億1600万円，本件取得借地権付建物の価額を8400万円(合計4億円)とすることを，地上進に対し提案した。この提案を受けて，地上進がY社と相談した結果，原告の上記提案通りに本件取得資産の売買価額が確定したのである。

　なお，甲野弁護士が地上進に対し，代替地のほかに税金分の現金が欲しい旨の申出をしたり，本件譲渡資産及び本件取得資産の売買価額の申出をしたことは一切ない。原告が甲野弁護士に依頼したのは，契約書のチェックと契約調印への立ち会いだけであり，甲野弁護士が，売買価額の決定に関与することなどあり得ない。

　また，原告は地上進に対し，本件譲渡資産の譲渡は，原告が本件取得資産を取得できることを前提としているという意味で関連はしているが，本件譲渡資産の売却と本件取得資産の購入は，あくまでも独立した売買取引であるということを，常々強調していた。

(10)　原告は，Y社との間で，平成元年3月23日付で，以下の通り3つの売買契約書(甲第12ないし14号証)を締結した。

(a)　不動産売買契約書
　　　売主　　　原告
　　　買主　　　Y社
　　　売買物件　本件譲渡資産
　　　売買代金　7億円

(b)　土地売買契約書
　　　売主　　　Y社
　　　買主　　　原告
　　　売買物件　本件取得土地
　　　売買代金　3億1600万円

(c)　借地権付建物売買契約書
　　　　　売主　　　　Ｙ社
　　　　　買主　　　　原告
　　　　　売買物件　　本件取得借地権付建物
　　　　　売買代金　　8400万円
　　そして，右売買契約締結直後に，原告は，Ｙ社から，3億円(本件譲渡資産の売却価額から本件取得資産の購入価額を控除した金額)の小切手を受領した。このように，代金債務は，対当額において相殺され，相殺後の残額が，小切手により決済されたが，法律的には，右売買契約書記載の売買代金の支払が行われたものにほかならない。その証拠に，本件取得資産の売却に関し，原告は，Ｙ社に対し，売買代金7億円の領収証を発行した(甲第15号証)。同時に，本件取得資産の購入に関し，原告は，Ｙ社から，3億1600万円と8400万円の売買代金の受領を証する領収証2通(甲第16及び17号証)を受け取った。
　　以上の通り，3つの売買契約書及び領収証が作成されたことからも明らかなように，本件譲渡資産の売却と本件取得土地・本件取得借地権付建物の購入は，独立した売買取引(以下これらを併せて「本件取引」と総称する。)であり，全ての取引が同日で行われたために，売却代金債務と購入代金債務を対当額において相殺し，その残金の決済を小切手によって行ったものにほかならない。
　(11)　原告は，本件取得借地権の付されている土地の底地を，東京都から平成元年5月8日に，1800万円で取得した(甲第18及び19号証)。
　　平成元年5月20日，原告は，本件取得建物を取り壊した。
　(12)　本件譲渡資産の買収後も，Ｙ社は，本件譲渡資産を含む一団の土地の買収を継続し，平成2年8月2日付で，買収した土地を，株式会社●に対し，一括して売却した(地上げの経緯は末尾添付の別紙参照)。このようにＹ社による地上げは，成功裏に終わったのである。
2　本件課税処分について
　(1)　原告の所得税についてＺ税務署長が行った本件課税処分が適法であるという被告の主張は，要するに，本件譲渡資産の売却と本件取得資産の購入を一体とみて，いわゆる「補足金付交換取引」とみなすことを不可欠の前提としている。しかしながら，本件では，あくまでも3つの売買が同時に行われたにすぎず，これを交換とみなすのは，以下に述べる通り，明らかな誤りである。
　(2)　そもそも，交換が売買と異なる唯一の点は，交換の場合には，両当事

者の債務がともに金銭所有権以外の財産権の移転を目的とする点にある（新版注釈民法（14）458頁）。典型的な事例においては，売買と交換を区別するのは容易であるが，そうでない場合もある。

　例えば，売買か交換かを明示せずに，当事者の一方が建物の所有権を一定金額の代金で相手方に移転することを約し，相手方がこの金額に相当する木材を給付することを約した場合，それが2個の売買（2つの売買においてその代金債務が相殺されている。）なのか，それとも1個の交換であるのかが問題となる。同様に，例えば，売買か交換かを明示せずに，当事者の一方が建物の所有権を一定金額の代金で相手方に移転することを約し，相手方が給付する木材の価額を示した上で，右木材の所有権を移転するとともに，右建物の代金との差額を支払うことを約する契約の場合も，2個の売買（2つの売買においてその代金債務が，対当額において相殺され，残額の支払のみが行われる。）であるのか，1個の補足金付交換であるのかが，問題となる。

　右のような場合，売買か交換かを区別する決め手は，結局当事者の意思解釈によると一般的に考えられている（前掲書459頁）。

(3) 以上を前提として，本件について考えると，本件の場合，1個の補足金付交換取引が行われたものではなく，3つの売買契約が行われ，相殺後の代金残債務が決済されたものであることは，以下の理由により明白である。

　まず，本件取引の当事者であるY社及び原告は，先に述べた通り，3通の売買契約書を作成し調印しており，交換若しくは補足金付交換契約書を締結しているわけではない。

　さらに，原告は，「売買代金として」と明示した3億1600万円と8400万円との領収証2通を，Y社より受領している。他方，原告は，Y社に対し，「売買代金として」と明記された7億円の領収証を発行している。

　したがって，上記の通り書面に明示された当事者の意思内容は客観的に明らかであり，本件では，前述の通り，3つの売買契約の締結が同時に行われ，その代金債務が対当額において相殺された結果の残額である3億円が小切手により，Y社から原告に対し支払われたものにほかならない。

(4) 確かに，先に述べた通り，本件譲渡資産の売却と本件取得資産の購入が，関連していることは事実である。しかし，それは，同日に3つの売買契約を締結し，代金債務を対当額において相殺した後の残代金を決済するという本件取引を行うための動機にすぎない。このように，当事者

の意思内容が3つの売買ということで明確である以上，その意思内容通りの契約が行われたとみるほかない。

仮に，本件取引において全く契約書等が作成されなかったような場合には，果たしてそれが売買なのか交換なのか当事者の意思解釈の余地が生ずる。しかし，本件はそのようなケースではなく，当事者の意思内容は，書面により客観的に明白である。したがって，当事者の意思に反し，本件取引を交換取引とみなすことは，許されない。

(5) 以上の通り，本件取引を，補足金付交換取引とみる余地はない。したがって，原告の本件譲渡資産の譲渡にかかる譲渡所得を計算する際には，あくまでも，本件譲渡資産の実際の譲渡価額である7億円を基準にしなければならない。

しかるに，被告は，本件取引を，補足金付交換取引とみなし，右譲渡所得の計算をし，本件課税処分が適法である旨主張している。しかしながら，右に述べた通り，そもそも本件取引を，交換取引とみることに全く根拠がないのであるから，その誤った前提を基に，本件譲渡資産の譲渡収入金額を，10億円とすることも，完全な誤りである。以上の点だけから考えても，Z税務署長の行った本件課税処分は，違法であり，取消しを免れない。

(6) さらに，本件で注意すべきなのは，原告の所得税の申告の基礎となっている本件譲渡資産の売却価額（7億円）が，先に述べた国土法により不勧告の通知を受けた価額と同額だということである。そして，本件取引当時の国土法による土地売買等の契約に対する規制が強力な実効性を有しており，同法により不勧告の通知をされた価額を超える価額で売買契約等を締結することが，著しく困難だったことが看過されてはならない。この点に関し，例えば，東京地裁平成3年12月25日判決（租税判例年報（平成3年版）257頁，甲第20号証）は以下の通り明言している。

「国土法による土地売買等の契約に対する規制は強力な実効性を有しており，現実には，国土法23条2項1号所定の一定の面積以上の土地の売買契約等について同法24条に基づき契約締結の中止又は売買代金額の引下げを求める勧告がされた場合において，当該勧告に係る価格を超える価格で売買契約等を締結することが著しく困難となることは，当裁判所に顕著である。」

以上の通り，その当時，原告が本件譲渡資産を7億円を超える価額で売却することは，許されていなかったものである。しかも，国土法上の右規制は，売買契約のみならず，金銭以外のものを対価とする交換取引

にも，同様に適用があった(国土法14条1項)。したがって，その当時，原告が，本件譲渡資産を処分するとすれば，その対価として，7億円を超える金銭ないしはその他の経済的利益を収受することは，国土法により許されていなかったのであり，そうであるからこそ，原告と地上進は，本件譲渡資産の売却価額を最終的に7億円と決定したのである。

　以上より，原告の所得税の申告が，本件譲渡資産の売却価額を7億円であることを前提にしたことは，極めて正当であり，何ら非難されるいわれはない。

(7) これに対し，被告は，独自の理論に基づき，本件譲渡資産の譲渡対価が10億円であると主張するものである。しかし，かかる主張は，右のような対価の設定が，国土法の規制に照らし，本来許されないものであることを無視した暴論というほかない。先に述べた通り，本件譲渡資産については，8億円でも高額過ぎるということで，売買代金額の引き下げを求める勧告がなされている(この点は，被告も認めている。)のに，それをさらに2億円も上回る価額が国土法上許容されるはずがない。

　このように，国土法上の規制との関連から考えても，被告の主張は失当であり，本件課税処分は，いずれにせよ取消しを免れない。

以上

別紙（Y社の行った一団の土地の取得）（略）

3　争点の特定と立証

このように，原告・被告の双方が事実上の主張と法律上の主張を行うことにより，争点が徐々に絞り込まれていく。そして，当事者間に争いのある要件事実及び要件事実を推認させる間接事実に争いがある場合には，それを裏付ける立証活動をしていかなければならない。

なお，第一審段階で，当事者双方が行った主張は，それぞれの最終準備書面に集約されている（原告につき238頁以下，被告につき252頁以下参照）。

4　理由の差替え

本件においてXは，個人の所得税についてZ税務署長から青色申告の承認を受けており，本件譲渡資産に関する譲渡所得の申告は青色申告によって行われている。しかし，少なくとも法文上は，青色申告に対する更正の理由附記の制

度は，不動産所得，事業所得又は山林所得の金額以外の各種所得の計算等について誤りがあったことのみに基因する場合には及ばず（所法155条1項1号，2項），しかも本件のＸに対する更正は分離長期譲渡所得の金額の計算の誤りを問題にするものであるから，理由附記の制度の適用はないことになる[123]。

したがって，判例の立場に従う限り，本件においては総額主義の考え方がそのまま妥当し，被告国側は，処分時や異議決定及び裁決時の認定理由に拘束されることなく，処分理由を口頭弁論の終結に至るまで随時差し替えることができるのが原則である（第4章第8節Ⅰ5（165頁以下））。

この結果，Ｘ主張の通り，本件において本件譲渡資産の時価は7億円であり，譲渡所得の金額は7億円を基準として計算されなければならないという判断が下されたとしても，それで直ちに本件課税処分全部の違法性が確定するわけではない。被告国側には，処分理由を差し替えて，本件課税処分の全部又は一部の適法性を基礎付ける途が残されているからである。即ち，本件取引を一体としては考えない場合でも，仮に本件取得資産の時価が4億円ではなく，7億円であるとすると，ＸはＹ社から3億円相当の贈与を受けたことになる。このような法人から個人への贈与に係る所得は，Ｘの一時所得になると考えられる（所法34条，所基通34－1(5)）。そして，課税処分の取消訴訟の審判の対象が処分時に客観的に存在した税額が当該処分に係る税額を上回るか否かであり，審判の範囲はこれを判断するために必要な事項の全てに及ぶと考える[124]と，譲渡所得金額には誤りはないが，一時所得の金額に誤りがあったことになり，その限度で本件課税処分の適法性が基礎付けられることになる。

以上の通り，本件では，理由の差替えが考えられる事案であったが，被告国側は，本件の口頭弁論の終結に至るまで，このような処分理由を差し替える主張を行わなかった。

---

[123] 本件において理由附記が必要であるか否かについての原告の主張の概要については，原告第8準備書面（238〜239頁）参照。原告の主張に対する第一審判決の判断については279頁以下参照。
[124] この考え方は，本件の第一審判決（279頁）で明示されている。

第9節　証拠調べ

I　概　説

1　証拠調べの意義と対象

(1) 証拠調べの意義

民事訴訟では，大前提たる法規に小前提たる事実を当てはめて判決を下す。このように法規を当てはめるべき事実自体について当事者間に争いがあるときには，いずれの主張が正しいかを確定する作業が必要となる。この一連の作業が証拠調べと呼ばれる手続である。

(2) 証明の対象

第4章第8節 I 3（160頁以下）で述べた通り，取消訴訟においても弁論主義の適用があると考えられているため，当事者が自白した要件事実については，そのまま判決の基礎としなければならず，証明を要しない（民訴179条，159条）。また，その事実関係が明らかな「顕著な事実」については，わざわざ証明を要しない（民訴179条）[125]。

したがって，当事者間に争いのある要件事実で，かつ「顕著な事実」に当たらないものについては，証明を要する。また，要件事実の存否を推認する事実である間接事実は，要件事実の証明の手段として，証明の対象になる。

この証明は，いずれの当事者がしても差し支えない（証拠共通の原則）が，通常は，その事実の存在につき証明責任（立証責任）を負う当事者がその証明に努力することになる。

---

[125]　原告第1準備書面（194頁）で言及したように，東京地判平成3年12月25日（税資187号537頁）は，当時の国土利用計画法の規制が強力な実効性を有しており，勧告価額を超える価額で土地の取引をなすことが著しく困難となることは，裁判所に顕著な事実であると判示している。なお，第一審判決が国土利用計画法の規制について全く異なる捉え方をしていることについて275頁注(180)参照。

2 証拠調べの方法

(1) 証拠調べの種類

証拠調べの方法としては，以下の5つがある。このうち，(a)及び(b)（両者を併せて「人証」と呼ぶ。）と(d)の書証が実務上最も重要であるので，(2)及び(3)でさらに説明を加える。

(a) **証人尋問**

証人に過去において経験した事実を報告させる証拠調べが証人尋問である。

証人尋問は，通常，法廷において交互尋問の方式（主尋問，反対尋問，再主尋問，補充尋問等の順序による尋問）によって行われる（民訴規113条）。

(b) **当事者尋問**

当事者本人に過去において経験した事実を報告させる証拠調べが当事者尋問（本人尋問）である。当事者尋問の手続は，証人尋問に準じて行われる（民訴207条）。

(c) **鑑 定**

裁判官の判断能力を補充するために，特別の学識経験を持っている第三者としての鑑定人に，専門的な知識やその知識を基礎にした判断・意見を裁判所に報告させる証拠調べを鑑定という[126]。

鑑定に必要な知識経験は，証人のように代替不能のものではないから，鑑定の申出の際には，鑑定人を指定する必要はなく，鑑定人の人選は裁判所に任されている（民訴213条）。

鑑定人は，鑑定の結果を法廷において陳述する場合もあるし，また法廷外で作成した書面によって裁判所に報告する場合もある（民訴215条）。

(d) **書 証**

書証とは，裁判官が文書を読んで，これに記載された意味内容を証拠資料とする証拠調べをいう。

なお，証拠となる文書自体を書証と呼ぶこともある。

(e) **検 証**

検証とは，裁判官が物体の状態・性質・機能などを検査して証拠資料を得る

---

[126] 新堂・新民事訴訟法537頁以下。

証拠調べをいう。
(2) 人 証
(a) 申 出
　証人又は訴訟の当事者に対して，口頭で質問し，口頭の回答を得るという方法で行われる証拠調べを人証という。
　人証の申出には，証拠申出書を提出して行う（民訴180条，207条）。人証の申出の際には，尋問の対象となる証人等を指定し，尋問に要する見込みの時間を明らかにした上，尋問事項を記載した尋問事項書を提出しなければならない（民訴規106条，107条，127条）。
(b) 証拠決定
　申出がなされた証人等のうち誰を調べるか，順序をどうするかなどは，裁判所の訴訟指揮に任されている。
　但し，民事訴訟法は，証人及び当事者本人の尋問は，できる限り争点及び証拠の整理が終了した後に集中して行わなければならない（民訴182条）とし，いわゆる集中証拠調べの原則を採用している。
(c) 証人尋問の手順
　証人尋問は，次の順序で行われる[127]。
　(i) **人定尋問**　まず，裁判長が出頭した証人に質問し，人違いでないかどうかを確認する。
　(ii) **証人の宣誓**　次に，裁判長が証人に対し，宣誓の趣旨を説明し，偽証の罰（刑法169条）を警告した後に，証人に宣誓書（良心に従って真実を述べ，何事も隠さず，また何事も付け加えないことを誓う。）を朗読させ，これに署名押印させる（民訴201条，民訴規112条）。
　(iii) **尋問の順序**　尋問の順序は，通常以下の通りである（民訴規113条1項）。
① 尋問の申出をした当事者の尋問（主尋問）
② 相手方の尋問（反対尋問）
③ 尋問の申出をした当事者の再度の尋問（再主尋問）
　裁判所は，当事者による尋問の終了後，補充的に尋問するのが通常であるが，

---

[127] 中尾・入門54頁以下。

必要があれば，いつでも自ら介入して質問することができる（民訴規113条2項）。

(iv) 陳述書の活用　　最近の裁判実務では，証人が行う証言の内容をあらかじめ陳述書という書証の形で，立証者の方から裁判所に提出しておくという方式が定着している。このような陳述書は，尋問の効率化や反対尋問の準備促進のために有効であるとの認識から，積極的に活用されるようになってきている。

(3) 書　証
(a) 申　出

書証とは，文字その他の符号によって表現される文書に記載された特定人の思想内容を証拠資料とする証拠調べをいう。

書証は，文書を提出して申出をするのが原則である（民訴219条，民訴規137条）。

原告が提出する書証には「甲」，被告が提出する書証には「乙」という符号を冠し，提出順に第1号証，第2号証等とするのが実務の例である。

書証提出の際には，その書証によって証明しようとする事実（立証趣旨）を明らかにしなければならず（民訴規99条1項），その申出をする時までに，その写しを提出するとともに，文書の記載から明らかな場合を除き，文書の標目，作成者及び立証趣旨を明らかにした証拠説明書を提出しなければならない（民訴規137条1項）。

(b) 証拠決定

証拠の申出があれば，裁判所は証拠の採否について判断する（民訴181条1項）。実務では，証人調べ，鑑定の申出等については原則として採否の決定をしているが，書証については明示の採否の決定をしないのが通常である。

(c) 書証の成立

書証の成立の真否とは，当該文書が作成者とされる者の意思に基づいて作成されたものであるかどうかという書証の形式的証拠力の問題である。

私文書の成立について争いがあるときは，その文書が真正に成立したものであることが立証されなければならない（民訴228条1項）ので，裁判所としては書証の成立について相手方に認否を求めることになる。

但し，当事者は，特にその成立を争う特定の書証についてだけ，その理由を示して否認すれば足り（民訴規145条），特にその成立を争わない書証について

は，認否をする必要はない。

　(d)　証拠調べ

　書証の証拠調べは，裁判官が提出された書証の原本を法廷で閲読することによって行われる。形式的証拠力の認められた書証を裁判官が直接読んだ結果，書証の記載内容が立証事項の証明に役立っていると判断されるときには，当該書証は実質的証拠力を持つことになる。

　なお，実務では，書証の証拠調べが終了すると，裁判所は直ちにその原本を所持者に返還し，訴訟記録にはその写し（民訴規137条）をとじておくのが通常である。

3　証拠の評価と証明責任

(1)　自由心証主義

　裁判所は，当事者から提出された証拠に基づき，事実認定を行う。この際，裁判所は，口頭弁論の全趣旨及び証拠調べの結果を斟酌し，自由な心証により，事実についての主張を真実と認めるべきか否かを判断することができる（民訴247条）。

(2)　心証形成の程度

　裁判所がある事実を「証明された」として認定するためには，単に一方当事者の証拠が他方の証拠に優越しているという心証では足りず，主張された事実が真実である高度の蓋然性が存在する程度の心証を必要とすると一般に解されている。

(3)　証明責任の意義

　裁判所が事実認定を行う際には，証拠調べの結果及び弁論の全趣旨を自由に斟酌しても，なお要件事実の存否について真偽不明の状態が生じ得る。その場合でも，裁判所としては，裁判を拒絶することはできないから，あらかじめ要件事実が真偽不明の場合に生ずる不利益を一方の当事者に負わせることにより，裁判不能に陥ることを避けている。この場合に，一方当事者に負わされる不利益が証明責任（立証責任）である。

(4)　証明責任の分配

　どの事実について，いずれの当事者が証明責任を負担するかという問題については，多くの場合解釈に委ねられている。そこで，どこに証明責任の分配基

準を求めるかが問題となるが，現在の民事訴訟実務では，法規の構造に着目する法律要件分類説がとられている。

法律要件分類説によると，法規は，権利の発生又は取得を定めた「権利根拠規定」，権利の発生を阻止する「権利障害規定」，一旦発生した権利の消滅を定める「権利消滅規定」に分かれているので，ある権利を主張する者は権利根拠規定の要件となる事実につき証明責任を負う。これに対し，権利障害規定及び権利消滅規定については，その権利を否定する者が証明責任を負う。

(5) 課税処分の取消訴訟の証明責任の分配

(a) 一般原則

課税処分の取消訴訟の証明責任の分配については，従来から意見の対立があるが，民事訴訟と同様に考えようとする法律要件分類説が実務上支配的な見解とされている[128]。

この見解によると，課税処分の根拠規定の要件事実については，被告国側に，権利障害又は消滅規定については，原告納税者側に，それぞれ証明責任があることになる。

したがって，法律要件分類説によると，所得の存在及び金額については，国側が証明責任を負うことになる[129]。

上記の法律要件分類説に対しては，行政訴訟の特殊性（行政実体法の多くは第一次的には行政庁に向けられた行為規範であり，訴訟の場における証明責任のことを意識して立法されていないし，実際に法文の体裁からも証明責任の分配が容易ではないこと等）を考慮していないという批判がある[130]。なお，藤山判事は，私見として憲法秩序機能説（憲法が想定する権利状態に反する結果が生じているかどうかという観点から立証責任の所在を検討し，憲法にかかる指針がない場合には訴訟法上の条理により決する考え方）を支持されている[131]。

(b) 例外的な取扱い

先に述べたように，法律要件分類説が実務上支配的な見解とされているが，

---

[128] 中尾・入門157頁以下。
[129] 最判昭和38年3月3日（訟月9巻5号668頁）。
[130] 藤山論文297頁以下。
[131] 藤山論文307頁以下。

課税要件事実に関する証拠との距離を考慮に入れると，上記の法律要件分類説には，利益状況に応じた修正を加える必要性があり，判例上もこのような修正がなされていることに注意すべきである(132)。具体的に例を挙げて説明すると，以下の通りである。

所得税における事業所得の金額は，その年中の事業所得に係る総収入金額から必要経費を控除した金額である（所法27条2項参照）。このように，必要経費の存否は，課税の根拠となる課税標準である所得を算出するための一要素であるため，法律要件分類説の下では，収入のみならず，必要経費についても，国側が証明責任を負うと考えるのが原則である。

しかし，以上の原則に対して具体的事案に応じ，国側の立証の程度を軽減させ，あるいは納税者に証明責任を負わせる裁判例がみられることに留意する必要がある(133)。例えば，納税者が国の認定額を超える多額の必要経費の存在を主張しながら，その内容を具体的に指摘せず，国がその存否及び金額について検証の手段を有しないような場合には，国の主張額を超える必要経費について納税者に証明責任があるとされる(134)。また，確定申告書記載の課税要件事実を，その申告者が争う場合も，真実の所得が先の確定申告を下回ることの立証責任は，納税者側が負うと解されている(135)。

4 証拠の検討と収集の方法

(1) 租税訴訟における立証活動

判決が大前提たる法規に小前提なる事実を当てはめて下されるという説明（197頁）は，課税処分の取消訴訟にも当てはまる。そして，一般の民事裁判と同様に，租税訴訟においても，事実の存否について争いがあるときには，裁判所は，当該事実をどのようにして認定するかという問題に直面することになる。このような事実認定に役立つ理論的な枠組みに関する研究が近年行われ，その

---

(132) 中尾・入門157頁以下。
(133) 泉他・租税訴訟の審理172頁は，収入金額の存在及び必要経費の不存在の双方について被告が証明責任を負うものとしながら，必要経費の不存在については事実上の推定を適正に働かすことにより妥当な解決を図っていこうとするのが，近時の学説・判例の傾向であり，妥当と思われると総括している。
(134) 広島高岡山支判昭和43年4月26日（行集18巻4号614頁）。
(135) 京都地判昭49年4月19日（訟月20巻8号109頁），最判平成元年4月11日（税資170号1頁）参照。

成果が逐次発表されている(136)。

　租税訴訟においても法律問題だけでなく，重要な事実について争いがある場合が少なくないので，このような研究の成果を踏まえ，個々の事件における立証活動に活用していくことが重要である。そこで，以下では，民事裁判における事実認定論の中核となるところを指摘した上で，そこで示された考え方を租税訴訟における立証活動の中にいかにして反映させるべきかについて簡単に説明する(137)。

(2)　**事実認定論の概要**

(a)　**2つの基本的な考え方**

　裁判官がいかにして適正な事実認定をなすかという理論的な枠組みに関連する問題点は多種多様であるが，最も基本となる考え方としては，以下の2つが重要である(138)。

① 「経験則」という考え方：主張された事実が経験則（普通，物事はこのような経過で進んでいくものだとか，普通，人間はこのような行動をとるものであるとかいう法則）に照らして自然に存在するものかどうかという観点から判断するという考え方。

② 「動かし難い事実」という考え方：主張された事実が当該訴訟においてその存在が明らかな事実（公知の事実，客観的に信用力が確定している証拠によって確認し得る事実）に矛盾・抵触することがないかどうかという観点から判断する考え方。

　上記の2つの考え方が組み合わされることにより，経験則に反する主張事実は真実と認められないこと，経験則に合致していても「動かし難い事実」に反しているときは主張事実を真実とは認められないこと，が導かれる。

(b)　**間接事実による推認**

　訴訟においては要件事実が立証の対象になるが，このような事実を直接証明

---

(136) 伊藤滋夫『事実認定の基礎—裁判官による事実判断の構造』（有斐閣，平成8年）等が代表的である。
(137) 行政不服申立手続においても，租税訴訟と同様な形で，事実の認定と立証方法について問題となることがあるので，ここで述べる考え方は，行政不服申立手続における立証活動にも応用可能である。また，税務調査の段階でも，裁判の場におけるほど厳密な立証は必要でないにしても，ここでの考え方が応用できる（第2章第1節Ⅲ2(2)（22〜23頁）参照）。
(138) 伊藤滋夫『要件事実・事実認定入門—裁判官の判断の仕方を考える』（有斐閣，平成17年）120頁以下。

する証拠（直接証拠）が常にあるとは限らない。かかる直接証拠の存在が認められない場合には、要件事実を推認させる力を有している事実（間接事実）を立証することにより、要件事実を立証することが必要となる。

　何が要件事実であるかについては、訴訟の対象である訴訟物との関係から特定されるが、どのような事実が間接事実となり、その間接事実がいかなる理由で要件事実を推認させる力を有するのかは、一義的に定まるわけではない。このような間接事実の特定と推認力の評価は、経験則によって行われることになる。

(c) 証明度

　特定の事件において証明の対象となる事実（要件事実）の存在を肯定するために、最低限必要とされる証明の程度のことを証明度と呼んでいる。

　証明度についてはいくつかの考え方があるが、最判昭和50年10月24日（民集29巻9号1417頁）を基にして考えると、「裁判官として、証拠の状況から、通常人が疑いを差し挟まない程度に真実性の確信を持ち得るような証明の程度に達していることは間違いないと考えることができれば、それで、証明ありとするに必要な心理状態に達していると言ってよい」とまとめることができる。

(3) 手持証拠の検討の際の留意点

(a) 証拠価値の検討

　以上の説明から明らかなように、手持証拠の価値を検討する際にも、経験則を働かせ、「動かし難い事実」との矛盾・抵触の有無を検討することが重要である。

　また、争いのある要件事実を直接証明する証拠がない場合には、経験則に従い、有力な間接事実を特定した上で、手持証拠がその間接事実を立証する上でいかなる価値を有するかを評価する必要がある。かかる手持証拠の評価に基づき、実際に訴訟において提出される証拠が特定されていく。

　上記のような証拠価値の検証を行わずに、誤って自己に不利な証拠又は自己の主張と矛盾する証拠を提出した場合、相手方に有利な事実を認定するために利用されるリスクがある（証拠共通の原則）ことに十分注意すべきである。

　他方、国側が保有し、裁判に提出する証拠についても、上記と同様の観点からその証拠価値を検証すべきである。

　上記のような検討を通じて、争いがある要件事実について、両当事者が訴訟において提出した証拠の状況が証明の程度に達していると考えられるかどうか

を判断することになる。

(b) 被告の手持証拠の特定と評価

被告国側は、主として税務調査の段階で、納税者及び関係者から様々な証拠を収集しているのが通常であるから、自己の主張を裏付けるために、これらの証拠を訴訟の段階で提出してくることが想定される。被告の立証活動に対するある程度の予想を立て、対策を講ずるためにも、国側がどのような手持証拠を有するかを特定することは重要である。

このため、特に税務調査の段階で、いかなる資料等が租税行政庁に提出済みであるかを小まめに記録しておく必要がある。また、審査請求段階では、審査請求人は、原処分庁が提出した書類その他の物件の閲覧を求めることができる（通法96条2項）ので、かかる閲覧権を行使することにより、国側の手持証拠を確認することが可能である。

また、課税処分の取消訴訟等においては、改正行政事件訴訟法23条の2により創設された裁判所の釈明処分を通じて、行政庁の保有する資料を幅広く入手する途が開かれた[139]ので、その活用を十分検討すべきである。

(4) 新たな証拠収集の際の留意点

争いのある事実について手持証拠だけでは十分でないと考えられる場合には、新たな証拠の収集の可能性を考慮することになる。訴訟提起の段階で、関係者の陳述書、資産の時価の鑑定書等を用意するのがその例である。

なお、かかる証拠の収集活動の際の指針になるのは、先に述べた経験則である。即ち、経験則を働かせ、手持証拠を補う証拠として何が考えられるかを検討した上で、入手可能なものを準備し、それを裁判所に提出することになる。

II 本件の検討

1 当事者の立証活動

(1) 原告の立証

本件訴訟において、原告は、おおむね以下のような立証活動を行った。

---

[139] 改正行政事件訴訟法23条の2の釈明処分については、第4章第8節 I 3(5)（163頁）参照。

第一に，原告は，訴訟の進展に合わせ，随時書証を提出した。原告が第一審及び控訴審段階で行った甲号証の提出の経過は，既に111～113頁で説明した通りである。

第二に，原告は，書証を補足し，本件取引の事実経過について立証するために，第一審段階で，X本人の当事者尋問，証人地上進の証人尋問を申請し，裁判所に採用された。

なお，原告は，控訴審段階において本件譲渡資産と本件取得資産の本件取引時における時価の算定のために，鑑定の申出を行っている[140]。

(2) 被告の立証

他方，本件訴訟において，被告は，随時書証を提出する（第一審及び控訴審段階における乙号証の提出の経過については111～113頁参照）とともに，Y社のために本件取引の交渉をほとんど一手に引き受けた地上進の証人尋問を申請し，裁判所に採用された。このように，地上進は，原告と被告の双方が申請した証人である。

2 書証の提出

本件においては，原告・被告双方から様々な文書が書証として提出されている。このような書証の提出の際には立証趣旨等を明らかにするために，証拠説明書を提出しなければならない（民訴規137条1項）。原告が主として本件取引の経緯を立証するために提出した書証の証拠説明書のサンプルを示すと，以下の通りである。

書式例15：証拠説明書

```
平成7年（行ウ）第213号　所得税更正処分等取消請求事件
    原　告　X
    被　告　国

                証拠説明書

                                     平成8年2月14日
```

---

[140] 鑑定の申出書は287頁以下に掲載。なお，本申出が取り下げられたため，実際に控訴審において鑑定は行われていない。

東京地方裁判所民事第2部　御中

　　　　　　　　　　原告訴訟代理人弁護士　　弁護士郎　㊞
　　　　　　　　　　原告補佐人税理士　　　　税理士麻　㊞

号証	標　　目 （原本・写しの別）		作成年月日	作成者	立証趣旨
甲10	土地売買等届出書	写し	昭和63年11月4日	Y社，原告	本証により，原告所有の本件譲渡資産のうちの土地について行われた国土利用計画法上の土地売買等届出書の内容を明らかにする。
甲11	土地売買等届出の変更届	写し	昭和63年11月21日	Y社，原告	本証は甲10の変更届である。
甲12	不動産売買契約書	写し	平成元年3月23日	原告，Y社	本証により，原告がY社に対し，本件譲渡資産を総額7億円で売却したことを立証する。
甲13	土地売買契約書	写し	平成元年3月23日	Y社，原告	本証により，Y社が原告に対し，本件取得土地（甲土地）を3億1600万円で売却したことを立証する。
甲14	借地権付建物売買契約書	写し	平成元年3月23日	Y社，原告	本証により，Y社が原告に対し，本件取得借地権付建物を8400万円で売却したことを立証する。
甲15	領収証	写し	平成元年3月23日	原告	本証により，原告がY社に対し，本件譲渡資産の売買代金7億円の領収証を発行したことを立証する。
甲16	領収証	原本	平成元年3月23日	Y社	本証により，Y社が原告に対し，本件取得土地の売買代金3億1600万円の領収証を発行したことを立証する。

甲17	領収証	原本	平成元年3月23日	Y社	本証により，Y社が原告に対し，本件取得借地権付建物の売買代金8400万円の領収証を発行したことを立証する。
甲18	土地売買契約書	原本	平成元年5月8日	東京都，原告	本証により，原告が東京都から，本件取得借地権の対象土地（乙土地）の底地権を1800万円で取得したことを立証する。
甲19	納入通知書兼領収証	原本	平成元年5月8日	東京都	同上
甲20	「租税判例年報 平成3年度通巻第3号」抜粋	原本	平成5年3月15日	法務省訟務局租税訟務課職員 編	本証により，東京地判平成3年12月25日の判示事項（特に本件取引当時の国土利用計画法の規制が強力な実効性を有しており，同法により勧告された価額を超える価額で売買契約等を締結することが著しく困難であったこと）を立証する。

　また，本件取引が売買か交換かという事実認定の際に重要な意味を持つ書証の1つとして被告が提出した乙8号証[141]は，次頁のような内容の文書であった。

---

(141) 本件訴訟で，原告は，乙8号証がXの作成したものではないと主張し，文書の成立を正面から争った（X本人尋問速記録117項以下（232頁），原告第8準備書面（243頁以下））。この結果，第一審判決は，本件取引を補足金付交換取引であるとする被告の主張（第一審判決（269〜270頁）にある通り，被告は乙8号証がXの確認を得て作成されたと主張した。）にもかかわらず，少なくとも判決文上は，乙8号証を事実認定の基礎とする証拠とはしなかった（同判決（275〜276頁））。これに対し，控訴審判決は，乙8号証に特に言及し，XとY社間の交渉の過程において交換形式が予定されていたという認定の基礎としている（控訴審判決（304頁））。

書式例16：証拠（乙8号証　確約書）

乙8号証

　　　　　　　　　　　確　約　書

　甲と乙とは下記物件Aと物件Bとを，次の条件で金員無く交換することを確約する。
　後日物件Bが乙の所有であると甲が確認した時，かつ物件Bについて，甲に所有権移転登記をなすことに支障がなくなった時，甲乙双方協議の上，交換契約書を作成し契約を締結するものとする。
　　物件A（本件譲渡資産）
　　　《明細省略》
　　物件B（本件取得資産）
　　　《明細省略》
　　昭和　年　月　日
　　　　甲　　　　住所　［Xの住所（判子で住所を押印)］
　　　　　　　　　氏名　［Xの氏名（判子で氏名を押印)］㊞
　　　　乙　　　　住所　［地元の不動産業者の住所（判子で住所を押印)］
　　　　　　　　　氏名　［代表取締役の氏名（判子で氏名を押印)］㊞
　　　　立会人　　住所　［立会人地上進の住所（手書き)］
　　　　　　　　　氏名　［立会人地上進の氏名（手書き)］㊞
　　　　立会保証人　住所　［Y社の住所（判子で住所を押印)］
　　　　　　　　　氏名　［代表取締役元締太郎の氏名(判子で氏名を押印)］㊞

3　陳述書の活用

　Xの当事者尋問に先立ち，以下のようなXの陳述書が書証（甲21）として提出された(142)。この陳述書は，Xの側からみた本件取引の経緯全般について具体的に述べるとともに，被告国側が税務調査段階で作成し，本件訴訟で書証として提出したY社の地上進及び元締太郎の聴取書の内容に反論することによって，Xの尋問の内容を補完することを目的としたものである。

---

(142)　X本人の当事者尋問速記録の抜粋は223頁以下に掲載。なお，Xの陳述書に登場する人物の紹介については，第1章第2節2（8〜9頁）参照）。

書式例17：Xの陳述書

陳 述 書

平成8年6月11日

1　私，Xは，昭和●年●月●日生まれで，現在，東京都●に住所を有しています。私は，不動産の賃貸業を個人で行っています。

　　私は，平成元年3月23日に，下記の不動産（以下「本件譲渡資産」という。）の売買を行いました。

　　《本件譲渡資産の明細（略）》

2　上記売買に関し，私が記憶していることを，順に述べれば以下の通りです。

(1)　昭和62年頃，株式会社Y社（以下「Y社」という。）の地上進氏が，地元の不動産業者と共に，私の家を訪れました。地上氏らの来訪の趣旨は，Y社が，本件譲渡資産を含む●区●の画地一帯の買収を計画しており，その一環として，本件譲渡資産を是非とも購入したいということでした。本件譲渡資産は，Y社が買収を進めていた一帯の土地のうち，表通りに面する角地に当たり，その買収計画に欠くことができない物件だったのです。なお，地元の不動産業者は，地上氏を私に紹介するために同行したにとどまり，これ以降，Y社の担当として，本件譲渡資産の売買交渉を実際に行ったのは，ほとんど地上氏のみでした。

　　このような地上氏らの申出にどのように対処するかについては，いろいろ考えましたが，結局私自身が地上氏との交渉に当たることになりました。

　　地上氏との話し合いを通じて，Y社が，いわゆる地上げ屋であり，地上氏が中心となって，●区●一帯の地上げ交渉を行っていることが分かりました。

(2)　昭和62年当時，本件譲渡資産には，私が一人で居住していました。私は，本件譲渡資産に30年以上居住していましたし，強い愛着を抱いていたため，死ぬまでその場所から動きたくないと常々思っていました。このように，私には本件譲渡資産を売却し，他に引っ越す意思がそもそもなかったので，私は，地上氏に対し，本件譲渡資産の売却は無理であると何度も告げました。それでも，地上氏は，しつこく本件譲渡資産の売却を申し入れるので，一坪当たり5000万円，6000万円又はそれを超えるような法外な価額を吹っかけたこともあります。このように，私は，地上氏の度重なる申出に対し，正面から断ったり，あるいは法外な価額を持ち出したりすることによって，地上氏に本件譲渡資産の取得を諦めさせるよう努めました。それにもかか

わらず，地上氏は，その後もしつこく本件譲渡資産の売却の話を続けたのでした。これは，本件譲渡資産が地上げを成功させるために不可欠な物件であり，Y社としては，何としても手に入れたかったからにほかなりません。

(3) このような押し問答が続く中でも，Y社による本件譲渡資産一帯の地上げは，徐々に進行していきました。その結果，本件譲渡資産付近の建物等の大半が取り壊され，本件譲渡資産のみが孤立するという，いわば虫食い状態になっていきました。元々本件譲渡資産のあった一団の土地には，8軒程の建物がありましたが，地上げの進行に伴い，本件譲渡資産の裏手の4軒，隣の1軒が次々と取り壊されていったのです。近隣の建物の取り壊しの結果，衛生状態も悪化し，鼠まで発生しました。このようにY社による地上げが進行するに伴い，私が居住していた本件譲渡資産の環境が日増しに悪化していったのです。このため，私は，納得し得るような適当な代替地が取得できるのであれば，本件譲渡資産を売却し，引っ越す方がよいのではないかと考えるようになりました。

(4) このような私の心境の変化を踏まえて，昭和63年夏ないし秋頃，地上氏は，私に提供する代替地として，下記の土地（以下「本件取得土地」という。）を提案しました。

《本件取得土地の明細（略）》

この地上氏の提案に対し，私は，本件取得土地だけでは，表通りに面している間口が狭く，地型が悪いといいました。そして，本件取得土地の隣接地である土地も併せて取得できるのであれば，本件譲渡資産を手放し，そこに引っ越すことを了承してもよいかもしれないといったのです。その当時，本件取得土地の隣接地である●区●には，借家二郎氏が下記のような借地権付建物（以下「本件取得借地権付建物」といい，「本件取得土地」と併せて「本件取得資産」という。）を所有し，中華料理屋を営んでいました。

《本件取得借地権の明細（略）》

また，同土地の底地は，東京都が所有していました。

(5) 私の娘夫婦の住居と本件取得資産は，道を挟んで約30メートルしか離れていません。そのため，その当時環境の悪化しつつあった本件譲渡資産を売却し，本件取得資産を購入した上で，私の新しい住居を本件取得資産上に建設すれば，その住居と私の娘夫婦の住居は目と鼻の先です。私としては，このような点や環境悪化の続く本件譲渡資産に固執しても得策ではないことを考え，本件譲渡資産の売却に同意するのもやむを得ないと思い始めました。

(6) これ以降、本件譲渡資産の売却及び本件取得資産の購入をめぐって、私と地上氏との間の交渉が引き続き数カ月にわたり行われました。交渉にさらに数カ月かかったのは、地上氏が、本件取得資産の購入を確実にするためのお膳立てをするのに、時間がかかったからです。時期は詳しく覚えていませんが、地上氏が私に、「本件取得資産の取得は無理だから、諦めてくれ。」といったこともあります。しかし、Y社としては、何としても本件譲渡資産を取得したかったので、最終的には、地上氏は、本件取得資産の取得の目途をつけました。ただ、私は、実際に地上氏がどのような根回しをしていたのか、その詳細はよく分かりませんし、Y社が、本件取得資産をどのようにしていくらで取得したかについても、具体的な話は聞いておりません。

(7) 私は、昭和63年4月頃、甲野太郎弁護士に、私の代理人として本件取引に関与してもらうよう依頼しました。甲野弁護士は、私がロータリー・クラブを通じて知り合った弁護士です。

　私が甲野弁護士に依頼した事項は、本件譲渡資産の売却、本件取得資産の買受が確実に行われるように、売買契約書等を準備し、その契約調印に立ち会ってもらうことです。これ以上のことを、私は甲野弁護士に一切依頼しておりません。例えば、売買条件の決定は、もっぱら私と地上氏が行っていました。また、甲野弁護士が、本件取引に伴う税金面の問題に関与したこともありません。税金面の問題は、私が税理士麻税理士に自ら相談し、その助言を得ていたのです。

(8) 昭和63年11月4日付で、本件譲渡資産の売買に関し、国土利用計画法（以下「国土法」という。）に基づく届出書（甲10）が●区役所に提出されました。右届出書に記載された本件譲渡資産の譲渡予定価額は、8億円ですが、この譲渡予定価額は、国土法上通りそうな価額ということで、地上氏が決めたものを、私が了承したものです。甲野弁護士には、地上氏が作成した右届出書に、私の代理人として署名押印してもらいましたが、同区役所との折衝、届出書の作成及び提出は、もっぱら地上氏が行いました。また、譲渡予定価額も地上氏と私の間で決めたもので、その決定に、甲野弁護士は一切関与していません。

　上記の通り届け出た譲渡予定価額が高額だということで、国土法に基づく勧告を受けました。そこで、昭和63年11月21日付で、本件譲渡資産の譲渡予定価額を、7億円に変更して、再度提出し直しました（甲11）。この変更後の譲渡予定価額も、当初の届出書と同様、地上氏が、●区役所で感触をさぐった上で、今度こそは国土法上通りそうな価額を出すということで

再度算出したものを，私が了承したものです。この変更届出書にも，甲野弁護士に，私の代理人として署名押印してもらいましたが，甲野弁護士の関与は，それにとどまります。届出書の作成，●区役所への提出は，もっぱら地上氏が行っておりますし，譲渡予定価額の決定にも甲野弁護士は，関与していません。

　上記の通り変更された本件譲渡資産の予定価額については，昭和63年11月25日付で，不勧告の通知を受けました（乙7）。このような国土法の届出の結果を受けて，私と地上氏は，本件譲渡資産の最終的な売却価額を，右上限価額である7億円とすることに合意しました。

(9)　こうして本件譲渡資産の売却価額が決まったので，私は，私の顧問税理士である税理士麻税理士とも相談した上，右譲渡にかかる譲渡所得税を試算してもらいました。その上で，私は，本件取得土地の価額を3億1600万円，本件取得借地権付建物の価額を8400万円（合計4億円）とすることを，地上氏に対し提案しました。この提案に対しては，地上氏の方で，特に異論を差し挟むこともなく，すんなり承諾したという記憶です。

(10)　約2年に及ぶ交渉の結果，本件譲渡資産の売却価額と本件取得資産の取得価額が決まったので，私は，本件取引を実行することにしました。私の依頼により，甲野弁護士が，本件譲渡資産の売却に関する「不動産売買契約書」（甲12），本件取得土地の購入に関する「土地売買契約書」（甲13），本件取得借地権付建物の購入に関する「借地権付建物売買契約書」（甲14）（以下，3通の売買契約を併せて「本件売買契約」という。）を作成しました。

(11)　平成元年3月23日，●銀行●支店において，本件売買契約の調印が行われました。同支店を指定してきたのは，地上氏でした。契約の調印には，私，甲野弁護士，Y社の元締太郎氏，地上氏，その他司法書士らが集まりました。私は，地上氏とはもちろん面識がありましたが，元締氏らに会うのはこのときが初めてでした。

　甲野弁護士が予め用意した3種類の契約書（甲12ないし14）の内容を，当事者が確認した後，契約の調印が実際に行われました。具体的には，Xの署名押印は私が行いました。また，甲野弁護士は，立会人の立場で記名押印しています。他方，本件譲渡資産については，買主であるY社を代表して元締氏が記名押印しました。同様に，本件取得資産については，売主であるY社を代表して元締氏が記名押印しています。

　本件売買契約調印後直ちに，代金の決済を行いました。具体的には，甲野弁護士が予め用意した本件譲渡資産の売却価額7億円の領収証（甲15）を発行しました。他方，Y社の元締氏が，本件取得資産の売買代金を受領

した証拠として，3億1600万円と8400万円の2通の領収証（甲16及び17）を発行しました。このように，合計3通の領収証が双方から発行されたわけですが，実際には，領収証記載の現金の授受があったわけではありません。本件譲渡資産の売却価額から本件取得資産の購入価額を控除した残額（3億円）の決済が行われたのです。私は，その場で，Y社の元締氏より，3億円の小切手を受け取りました。

　このような契約の調印，領収証の発行，小切手の受取等は，短時間のうちに黙々と行われたというのが，私の記憶です。

　なお，時期は正確には記憶していませんが，本件売買契約締結の頃に，本件取得借地権付建物の建物を，Y社に取り壊してもらっています。

⑿　前にも述べた通り，本件取得借地権付建物の底地は，東京都が所有していました。そこで，所定の手続を踏み，私は，その底地を，平成元年5月8日付で，東京都から購入しました。その取得金額は，1800万円でした。東京都からの底地の購入のための根回しは，すべてY社の地上氏がやってくれました。甲野弁護士には，全ての段取りが整った段階で，代金支払と最終的な書類提出のために都庁に足を運んでもらっています。

⒀　こうして，本件取引に関する手続が終了したので，私は，甲野弁護士と相談の上，●円の弁護士報酬を支払いました。なお，私は，本件取引に関連して一切仲介手数料等を支払っていません。

⒁　平成元年末か2年始め頃に，本件取得資産上に，私の住居を含むビル（鉄筋コンクリート造り9階建て）を建築する工事が始まりました。このビルが完成したのは，平成2年12月頃でした。

⒂　他方，本件譲渡資産の買収後も，Y社は，付近の土地の買収を継続し，平成2年8月に，株式会社●に対し，一括して売却しております。同社は，そこに自社ビルを建設したようです。このように，Y社による本件譲渡資産一帯の地上げは成功裏に終わったのです。

⒃　本件取引に関連して，税務署側は，本件取引が実質的には交換である旨主張しているようですが，全く心外です。私としては，本件取引はあくまでも，3つの売買契約を同日に行い，その差額を小切手で決済したと考えておりますから，全体を捉えて，交換だといわれても納得がいきません。私は，地上氏に交渉の過程で何度も，「単純売買でなければ駄目だ。」と念を押しました。私は，甲野弁護士にも，本件は売買取引であるとしか説明していません。私も，Y社も，本件取引を3つの売買と捉えていたからこそ，3通の売買契約書に調印したのであり，もし全体を交換だと考えていたのなら，1つの交換契約を締結したはずです。

3 本件取引の経緯は、以上で述べた通りですが、この度、地上氏の平成2年10月23日付の聴取書（乙1）及び元締氏の平成2年10月18日付の聴取書を、初めて読む機会を得、その供述内容が、真実と大きく異なることを知りました。主な点を列挙すれば、以下の通りです。
 (1) 地上氏は、当初地元の不動産業者と私が、本件譲渡資産の売買金額の交渉をしたかのように述べています（同人の聴取書問6、7及び8に対する回答）が、これは事実に反します。地元の業者は、地上氏を私に紹介するために最初にやって来ただけです。私が、本件取引の交渉をしたのは、もっぱら地上氏であり、それ以外の人と売買金額や代替地の話をしたことはありません。
 (2) 地上氏は、昭和63年6月17日に、私がM不動産株式会社（以下「M不動産」という。）から本件取得土地を5億5300万円で購入することとなり、●銀行●支店に、私、甲野弁護士、地上氏、M不動産の担当者が集まった旨供述し、甲野弁護士が反対したためにこの契約が成立しなかったと説明しています（同人の聴取書問9に対する回答）。元締氏もそのような報告を地上氏から受けたと述べています（同人の聴取書問11に対する回答）。しかし、これは全く事実に反します[143]。
 (3) そもそも、私も甲野弁護士も、昭和63年6月17日に●銀行●支店に行っていません。また、昭和63年6月といえば、本件譲渡資産をいくらで売却するのかも決まっておりませんし、国土法の届出も済んでいません。それにもかかわらず、本件取得土地の購入の契約を、先行して進めるということは、本来あり得ない話です。本件譲渡資産一帯の土地の地上げをするために、本件譲渡資産の購入を強く望んでいたのは、Y社であり、私の方ではありません。したがって、私が、本件譲渡資産の売却の話も固まっていない段階で、本件取得土地を単独でM不動産から進んで買おうという立場

---

[143] 本件取引が行われた平成元年3月23日に先立つ昭和63年6月17日に、XがM不動産から本件取得土地を5億5,300万円（700万円/㎡）で購入する旨の合意が一旦成立したかどうかが原告・被告間で争われた重要な間接事実の1つである。被告は、地上進の聴取書及び元締太郎の聴取書を根拠にこのような事実があったものと主張し、この事実を本件取得資産の時価が5億5,300万円（700万円/㎡）であることの一根拠としていた（原告第8準備書面（245頁以下）で言及した被告の主張参照）。
　これに対し、原告は、上記間接事実の存在を強く争った（X本人尋問速記録54項以下（227頁以下）、原告第8準備書面（246頁以下））。
　第一審判決は、この間接事実自体の存在は否定した（273頁注(178)）が、本件取得土地の売買実例及び本件譲渡土地の時価の算定結果から、結局本件取得土地の時価が5億5,300万円（700万円/㎡）であると認定した（280頁）。

にはありません。さらに，私は，代替地を取得するにしても，その購入の原資としては本件譲渡資産の売却資金をあてにしていましたから，その話が具体化していないときに，5億5300万円もの多額の資金を先払いして本件取得土地を購入しようと考えるはずがありません。先に述べた通り，本件取得土地だけでは，地型も悪く，私の新居を建てるのに十分でないことから考えても，本件取得土地だけの取得が先行して行われるとは到底考えられません。

(4) また，私と甲野弁護士が●銀行●支店に行ったのは，本件売買契約の調印の行われた平成元年3月23日だけです。したがって，甲野弁護士が反対したために，昭和63年6月17日に予定されていた契約成立が妨げられたということは，本来ありえません。

(5) 地上氏の聴取書で言及され，その写しが添付されている不動産売買契約書には，おかしな点が多々あります。まず，Xの署名は，私の字でも，甲野弁護士の字でもありません。もし本当に，昭和63年6月17日に，私と甲野弁護士が，この契約に調印するために集まったならば，これらの署名は，私ないしは甲野弁護士がするのが自然で，第三者が署名するのはどう考えても変です。平成元年3月23日の本件売買契約の調印は，上記のような段取りで行われたのですから，これと比較しても，昭和63年6月17日付の契約書の調印の経過に関する地上氏の説明は，極めて不自然です。

(6) 以上要するに，本件譲渡資産の売却の条件も煮詰まっていない昭和63年6月の時点で，本件取得土地の購入の合意だけが単独に成立し，その契約の調印のために，私と甲野弁護士が出かけていくということは，到底考えられません。また，実際にも私も甲野弁護士も昭和63年6月17日に，●銀行●支店に行っておりません。さらに，地上氏が調印寸前までいったとする契約書の体裁だけから考えても，地上氏の説明はいかにもおかしく，全くのでたらめです。

(7) 上記(2)に関連することですが，昭和63年5月30日付の買付証明書（乙6）についても，私が覚えていることを述べたいと思います。この買付証明書の住所及び氏名欄に書いてある手書の文字は，私の自筆と思われます。また，私の署名の下にある印影も，私の印鑑によるものです。この買付証明書を，今改めて読み返してみますと，私がM不動産に対し，本件取得土地を，1坪当たり2500万円以下で買い付ける意思を明らかにしています。

しかしながら，昭和63年5月30日当時，私としては，本件譲渡資産の売却条件も煮詰まっていない段階で，本件取得土地だけを単独に，M不動産から購入する気は毛頭ありませんでした。このため，この時期に，私がM

不動産から本件取得土地だけを購入する確実な意思をもって、このような証明書に署名押印するはずがありません。記憶は確かではありませんが、本件取得資産の取得のお膳立てをするために、Ｍ不動産に見せるために是非とも必要な書類であるという地上氏の説明を受けて、私が軽い気持ちで、署名押印したものと思われます。

　いずれにせよ、本件譲渡資産の売却の話と切り離し、私がＭ不動産に対し、昭和63年5月30日の時点で、買付金額の上限を示して、本件取得土地を買い付けたいという意向を持っていたことを、本買付証明書が意味するものではありません。まして、この買付証明書を受けて、昭和63年6月17日の時点で、私が、Ｍ不動産から本件取得土地だけを単独で購入するという合意が一旦成立し、その売買契約を締結しようという話になったわけではありません。先に述べた通り、そもそもこの時点で、本件取得土地の購入の話だけが先行するはずがないのです。

(8)　地上氏は、本件譲渡資産の売却金額と本件取得資産の購入金額の決定に関し、私が税理士麻税理士だけでなく甲野弁護士にも相談した旨供述しています（同人の聴取書問11に対する回答）が、これも事実に反します。売買価額は、もっぱら私と地上氏が交渉の上決定したのであり、甲野弁護士が関与したことは、一切ありません。

　地上氏は、本件譲渡資産の国土法上の届出書及び変更届出書における譲渡予定価額の決定に関し、甲野弁護士が主導的な役割をつとめたかのような供述をしています（同人の聴取書問14に対する回答）。また、元締氏も、国土法届出関係の書類は、全て甲野弁護士が作成したかのように述べています（同人の聴取書問15に対する回答）。しかし、これも事実ではありません。●区役所との折衝、本件譲渡資産の売却予定価額の決定、届出書の作成、届出書の提出に、甲野弁護士は関与しておらず、もっぱら届出者の代理人として届出書に署名捺印したにとどまります。先に述べた通り、国土法上の譲渡予定価額は、●区役所等から情報収集した上、地上氏が国土法上通りそうな価額ということで算出したものを、私が確認して決まったものです。また、届出書の作成、提出、●区役所との折衝等は、全て地上氏が行っています。

(9)　地上氏は、昭和63年8月頃、私又は甲野弁護士が、地上氏に対し、本件譲渡資産と本件取得資産の売買を同日付で行いたいので、本件取得資産をＹ社が買い上げ安く転売して欲しい旨申し出たと述べています（同人の聴取書問15に対する回答）。また、元締氏は、私が代替物件をＹ社で買い上げて欲しい旨申し出たと述べています（同人の聴取書問12の回答）。しかし、

私には，このような申出をした記憶は一切ありません。私は，本件譲渡資産をやむを得ず手放す以上，本件取得資産を見合う価額で確実に取得できるように段取りをつけて欲しいと地上氏にいっただけです。このような条件が満たされる限り，別に，本件取得資産の売主がY社である必要はなかったのです。
　したがって，この件に関し，地上氏から「まずい取引」であるという忠告を受けたこともありません。甲野弁護士にも確認しましたが，甲野弁護士は，そもそも本件取引の売買価額等の条件の決定に全く関与していませんから，地上氏と上記のような会話をしたことはないと明言していました。また，当時地上氏は，地上げを成功させるために，本件譲渡資産の買収を何とか成功させようと必死でしたから，地上氏が取引の成立に水をさすようなことをいうはずがありません。

(10)　地上氏は，昭和63年12月頃，甲野弁護士が代替地のほかに税金分として現金が欲しいといい，さらに平成元年2月18日頃に甲野弁護士が本件譲渡資産及び本件取得資産の価額の割り振りをした旨説明しています（同人の聴取書問16に対する回答）。また，元締氏も，甲野弁護士が代替地のほかに要求した現金の計算に関与し，本件取得資産の価額の割り振りをしたかのような供述をしています（同人の聴取書問16及び21に対する回答）。しかし，私が甲野弁護士に確認したところ，このような事実は全くないということでした。甲野弁護士は，そもそも本件取引の売買価額の決定には，一切関与していないはずですから，現金を要求したり，売買金額の割り振りをすることは，およそ考えられません。
　なお，売買価額の決定がどのようにして行われたかについては，先に説明した通りです。

(11)　地上氏は，平成元年2月28日に，地上氏作成の契約書に調印するために，●銀行●支店に，私，甲野弁護士，Y社の元締氏と地上氏が集まったが，借家二郎氏の本件借地権付建物の明渡しが済んでいないことを甲野弁護士が責めたために，契約成立に至らなかった旨述べています（同人の聴取書問17に対する回答）。元締氏も同様の趣旨の供述をしています（同人の聴取書問17に対する回答）。しかし，これも以下の通り全く事実に反します。
　前述の通り，私が●銀行●支店に行ったのは，本件売買契約が締結された平成元年3月23日だけであり，平成元年2月28日に上記のような会議が●銀行●支店で行われたはずはありません。また，私が元締氏に会ったのも，本件売買契約の調印が行われた平成元年3月23日だけであり，それ以前に会ったことはありません。甲野弁護士に確認したところ，私と同様の

記憶です。

(12)　元締氏は、甲野弁護士に対し、本件売買契約が締結された平成元年3月23日にも、またそれ以前にも、Y社の本件取得資産の取得原価が、私がY社に対し本件譲渡資産を売却する価額（7億円）と比べずっと高額であるから、私の側に受贈益がかかる旨忠告したと述べ、これに対し、甲野弁護士がY社の譲渡損となるだけで、税法上は通るんだという話をした旨供述しています（同人の聴取書問24及び25に対する回答）。また、地上氏の供述によると、本件売買契約の調印の際に、元締氏が私と甲野弁護士に対し、私が指示した取引はどう考えてもおかしいという話をし、本件取引によりY社が被る損失についても話したことになっています（同人の聴取書問18に対する回答）。しかし、これも私自身の記憶及び私が甲野弁護士と確認したところとは全く食い違います。

　私は、本件売買契約が締結された平成元年3月23日に初めて元締氏と会いましたが、その際、元締氏を含めその場に立ち会った者から、本件売買契約の売買代金額に疑問を差し挟むような発言は全くありませんでしたし、その前後にも、このような話は一切聞いたことがありません。私の記憶では、平成元年3月23日には、本件売買契約の調印、領収証の発行、小切手の授受等を黙々と行っただけで、地上氏や元締氏のいうような会話は一切ありませんでした。また、もし、このような指摘が本件取引前にあったなら、私としては、そのまま取引を進めるようなことはしません。前にも述べた通り、Y社としては、地上げを成功させるために本件譲渡資産を是非とも手に入れたかったわけですから、元締氏や地上氏が、契約調印の席で、その妨げになるようなことをいうはずがありません。

(13)　地上氏は、私がY社が本件取得土地をいくらで買っているか当然知っていると供述し、その根拠として昭和63年6月17日に締結されるはずであった契約のことに言及しています（同人の聴取書問19に対する回答）。また、地上氏は、本件取得借地権付建物をY社が借家二郎氏からいくらで購入したか、私には当然わかっていた旨述べています（同上）。

　しかし、Y社が、本件取得資産をどのようにして取得し、そのためにいくらの費用を要したのかその当時私は知りませんでしたし、またそもそも私には関心もありませんでした。その当時は、いわゆるバブル経済の絶頂期であり、極端ないい方をすれば、国土法の規制が及ばない土地に関しては、欲しい者がいさえすればいくらでも値がつり上がるという異常な状況だったのです。私としては、Y社が本件取得資産をいくらで購入しようが、国土法の範囲内のできるだけ高い価額で本件譲渡資産が売れ、私の希望す

る値段で本件取得資産が購入できさえすれば，それで十分だったのです。また，先に述べた通り，昭和63年6月17日の契約の話は，そもそも事実ではありませんから，地上氏の上記供述には，いずれにしろ根拠がありません。

4　本件取引に関し，私に対し課税処分が行われ，その処分の取消しを求める手続をとっていますが，その中で税務署側は，Y社の本件取得資産の取得原価を基準に同資産の時価を評価すべきであると主張しているようです。しかし，このような主張は，本件取引に直接かかわった私としては，全く納得できません。先に説明した通り，その当時は，売買当事者の力関係によっては，極めて異常な高値で不動産取引が行われ得る状況にあったわけで，本件のY社は正にそのような立場にありました。つまり，本件譲渡資産を購入するために，本件取得資産の取得の段取りをつけなければならないY社としては，M不動産及び借家二郎氏から本件取得資産を言い値で買い受けなければならない立場にありました。このような異常な状況下で成立したY社の取得原価を基準に本件取得資産の時価を考えること自体が誤りです。

　また，税務署の主張を一般化すると，不動産の買主としては，売主が売却物件をいくらで取得したかを確かめない限りは，取得価額を否認される危険があるということになってしまいます。しかし，このような確認が不動産取引において一般的に行われているという話は聞いたことがありません。

　さらに，私がY社より本件取得資産を購入する価額が，どのような背景の下に決まったかにも注意する必要があります。私が提案した本件取得資産の購入価額を，地上氏及びY社がすんなり受け入れたのは，Y社側に本件譲渡資産の売買を是非とも成立させたいという強い意向があったからです。もし，Y社が本件譲渡資産の取得に失敗すれば，それまでの努力が全て水の泡になります。この意味で，本件取得資産の売買価額を決める際には，私の方が交渉を有利に進めうる立場にあったのです。そうだからといって，Y社から私が実質的な意味の贈与を受けた訳ではありません。そもそも，Y社は，私と全く何の関係もない純然たる第三者の立場にありますから，Y社から私に実質的な贈与が行われる理由はありません。

5　以上の通り，Y社は，M不動産や借家二郎氏から本件取得資産を購入する際も，また私に本件取得資産を売却する際も，ともに弱い立場にありました。このため，Y社がM不動産等から購入する際の価額は，極めて高くつり上げられ，逆に私に売り渡す価額は比較的低く押さえられたのです。しかし，いずれの価額も，独立した当事者間で自由な交渉の上で成立した価額という意味で，本件取得資産の正当な時価であり，税務署から文句をいわれる筋合い

はありません。まして，極めて高めに設定されているM不動産等からY社が取得した価額が「時価」であり，それを下回る価額で取引をすること自体がおかしいというのは，全く不当です。

以上

X　㊞

4　人　証

　本件では，X本人と地上進の証人尋問が行われている。そのうち，X本人の尋問のための証拠申出書と尋問の速記録の抜粋を掲げると，以下の通りである。
　当事者尋問の手続は，証人尋問に準じて行われるため，下記の証拠申出書及び尋問の要領は，証人尋問においてもそのまま当てはまる。
　なお，X本人尋問の際に，税理士麻が自らXに質問し，回答を得ることができるかどうかが，補佐人税理士の尋問権の有無の問題である（第4章第3節Ⅰ2(2)(c)（121頁以下）参照）。

書式例18：証拠申出書

平成7年(行ウ)第213号　所得税更正処分等取消請求事件
　　原　告　X
　　被　告　国

証拠申出書

平成8年8月2日

東京地方裁判所民事第2部　御中

原告訴訟代理人弁護士　弁護士郎　㊞
原告補佐人税理士　　　税理士麻　㊞

第1
　1　証人の表示
　　　　　　　　　〒●【住所】
原告本人　X
（同行，所要時間30分）

　2　立証の趣旨
　　　Xは，本件譲渡資産及び本件取得資産に係る取引の交渉を自らY社の地上進と行った者である。

　　　　　本証人により，本件取引の経緯等を明らかにする。
　　３　尋問事項
　　　　　別紙の通り

　　　　　　　　　　　尋　問　事　項

　　　原告本人　X
　　１　本件譲渡資産の売却に至る経緯
　　２　Ｙ社による本件譲渡資産付近の地上げの進行状況
　　３　本件取得資産の購入に至る経緯
　　４　Ｙ社による本件取得資産の取得の経緯
　　５　本件譲渡資産及び本件取得資産の売買価額決定の経緯
　　６　本件譲渡資産及び本件取得資産の売買契約の締結時の状況
　　７　本件取引において甲野太郎弁護士の果たした役割
　　８　その他上記に関連する事項

　　　　　　　　　　　　　　　　　　　　　　　　　　以上

書式例19：Ｘ本人尋問速記録

　　　　　　　　　　　速　記　録

　　　　　　　　　　　　　　　　　　　　　平成８年11月20日
　　　　　　　　　　　　　　　　　　　　　第８回口頭弁論

事件番号：平成７年（行ウ）第213号　証人氏名：Ｘ

原告代理人（弁護士郎）(144)
甲21号証を示す(145)
　１　これは，平成８年６月11日付の陳述書なんですが，この陳述書に見覚え
　　　がありますか。
　　　――はい，見覚えございます。
　２　この陳述書には，本件訴訟で問題になっていることについて，あなたが
　　　知っていることが書いてあると，そう理解してよろしいですか。
　　　――はい，その通りです。
　３　それではこれから，この訴訟で問題になっている事項について順番にお

---

(144) 尋問は，その申出をした側の主尋問から始まる。
(145) 最初に，Ｘの陳述書（211頁以下）を示して，本人が作成したものであることを確認することにより，陳述書が尋問調書を補完することを明らかにする。

伺いします。

甲第12号証を示す

4　これは不動産売買契約書なんですが，この契約書，見覚えありますか。

　　──はい，見覚えございます。

5　この契約書の中身について，ごく簡単に説明してくれませんか。

　　──これは私が，Y社と土地の売買契約をした契約書でございます。

6　それでは，あなたが所有の土地建物はY社に譲渡されていますので，これから譲渡資産とまとめて呼ぶことにします。この譲渡資産は，Y社に売却される前は，どういう状況だったんでしょうか。

　　──私が1人で，30年近く，鉄筋コンクリート建ての2階の家に住んでいました。

7　そうするとあなたは，その建物に愛着を持っていたと考えてよろしいですか。

　　──ええ，もちろん愛着を持っておりました。私には当初売る意思は全くありませんでした。

8　じゃあ，そういった譲渡資産をどうしてY社に売ることになったんでしょうか。

　　──譲渡資産が，Y社が地上げしているワンブロックの1部分を占めておりまして，また表通りに面している土地の中では，私の土地が1番広かった土地でございます。それが2軒，3軒と木造の家が地上げされました，そのあと解体されまして，環境的に，また衛生的にも，非常に状態が悪くなりまして，ネズミが発生したりごきぶりが発生したりと，そういう状態で仕方なしに売る状態になったのでございます。

9　そうすると譲渡資産があった一帯について，Y社が地上げをしたということですか。

　　──そういうことでございます。

10　地上げした一帯の中で，この譲渡資産はどういう位置関係にあったんでしょうか。

　　──先程も述べましたけど，地上げの土地の中で，表通りに面している部分が1番広くて，そのブロックの中では1番重要な土地ではなかったかと思います。

11　そうすると，譲渡資産の地上げができないと，その付近一帯の地上げができないという関係にあると考えていいですか。

　　──はい。うちの土地が地上げできない限りは，そのワンブロックを地上げする意味はないと私は思っております。

12　買主のＹ社について伺います。Ｙ社とはどういう会社だという理解ですか。
　　――Ｙ社はワンブロックを地上げしている，地上げの元締めさんじゃないかと思います。
13　それでは譲渡資産の売却のいきさつについて，もう少し細かく伺います。最初に話があったときのことを覚えていますか。
　　――覚えております。
14　それについて話してください。
　　――昭和62年の初めの頃だと思います。Ｙ社の地上さんと地元の不動産業者がお見えになりまして，土地を分けてくれないかということでございました。
（略）
甲第22号証の添付資料の①－1を示す
21　ここにＹ社の元締太郎さんの名前があるんですけれども，あなたはＹ社のこの元締さんに，会ったことがありますか。
　　――ええ，お会いしております。
22　元締さんと，あるいはほかのＹ社の方でもいいんですけれども，譲渡資産の売却の交渉をしたことがありますか。
　　――交渉はしたことございません。1度もございません。
（略）
29　そうすると譲渡資産の交渉は，あなたと地上さんがやったというふうに考えてよろしいですか。
　　――その通りでございます。
30　それでは交渉の経過についてお伺いします。交渉の当初の話なんですけれども，その際，地上さんとあなたとの間に，概ねどのような話があったか覚えていますか。
　　――当初は地上さんがお見えになりまして，土地を分けてくれないかということで，私の方で売る意思がございませんで，5000万とか6000万というふうな金額をいってたような記憶がありますが。
31　5000万，6000万というのは坪当たりの単価ですか。
　　――さようでございます。
32　あなたは最終的にＹ社に譲渡資産を売却しているわけですが，そうするとその後は何か状況の変化があったんですか。
　　――その後……はい。どうしても譲渡して欲しいということで，私の方としては適当な代替地があれば考えてもいいということで話を進めまし

33　譲渡資産の周りの状況は，その当時いかがでしたか。
　　――そのときはもう既に，2，3軒の家が地上げされて，木造建築であったものですが壊されて，環境的に非常に悪い状況でした。
34　環境が悪化していったことで，譲渡資産を売らないというあなたの気持ちに何か変化がありましたか。
　　――はい。ですから代替地が見付かれば，やむを得ないだろうということでございます。

甲第13号証を示す

35　土地売買契約書なんですが，その物件の表示欄を見てください。あなたが今いった代替地というのは，この甲13号証の物件の表示欄の土地のことですか。
　　――そうでございます。で，この物件を代替地にどうかという話がございまして，地型（ちがた）が非常に悪かったのでお断りしました。
36　地型が悪いというのは，どういうふうに悪かったんですか。
　　――表通りに面している部分が欠けてまして，何というんですか，よくいう，地型が悪いんでしょうね。
37　表通りに面している間口が狭かったという意味なんですか。
　　――はい，狭いということでございます。

（略）

41　後にあなたが買うこの土地のことを，これから便宜上，取得土地というふうに呼ぶことにします。その取得土地では地型が悪いから，代替地としては不適切だという話があったということですか。
　　――その通りでございます。
42　それで譲渡資産の売却の話というのは，もう立ち消えになったんでしょうか。
　　――その後，隣に借家二郎さんという方が持っている土地がありまして，その土地を合わせますと，ちょうど地形が四角形になりまして，また私の娘夫婦の住んでるところと近くだったもので，そういう地形になれば何とか納得できるんじゃないかというお話をしました。

甲第14号証を示す

43　それは借地権付建物売買契約書なんですけれども，あなたが今いった，借家さんが持ってた土地というのは，この甲14号証の物件の表示欄にある物件のことですか。
　　――はい，そうでございます。

（略）
48　この甲14号証はどういう趣旨の契約か分かりますか。
　　──Y社より私が購入した，借地権付建物の売買契約書です。
49　そうすると先程いった取得土地と，この甲14号証の借地権付建物売買契約書によって取得した借地権と建物を，これから便宜上，併せて取得資産というふうに呼ぶことにします。それではこの取得資産であれば，あなたは譲渡資産を売って引っ越すということに同意したんでしょうか。
　　──はい。最終的には，その土地ならば私の娘夫婦の住んでる家とちょうど対角線上の角地でございまして，目と鼻の先になりますので何とか納得できました。
50　取得借地権付建物，甲14号証の物件の話なんですが，これは当時借家さんが所有してたということで間違いないですか。
　　──間違いございません。
51　そうすると，甲13号証の取得土地は誰が所有していたか覚えていますか。
　　──これはM不動産です。
52　あなたが取得資産を購入するために，M不動産とか借家さんと交渉したことはありますか。
　　──いいえ，1度もございません。
53　そういう交渉は誰がしていたか，知っていますか。
　　──それはY社の地上さんがされていました。
54　地上さんは乙第1号証の聴取書の中で，昭和63年の6月にあなたがM不動産から取得土地の方だけを，5億5300万円で買うことが決まったと。それで関係者が●銀行に集まったといっています。しかもその中には，あなたと甲野弁護士と，地上さん，M不動産の担当者の方が入っていたということなんですが，昭和63年6月の時点で，そういうことが本当にあったんでしょうか(146)。
　　──これは一切ございません。
55　あなたがM不動産の人と会ったことはありますか。
　　──これも一切ございません。
56　昭和63年6月の時点で，譲渡資産の価額などの売却の条件などは決まっ

(ᆱ)　被告は，本件取引が行われた平成元年3月23日に先立つ昭和63年6月17日に，XがM不動産から本件取得土地を5億5,300万円（700万円/m²）で購入する旨の合意が一旦成立したと主張し，この事実を本件取得資産の時価が5億5,300万円（700万円/m²）であることの一根拠としていた（原告第8準備書面（245頁以下）で言及した被告の主張参照）。しかし，原告の反証の結果，第一審判決は，この間接事実自体の存在を否定した（273頁注(178)）。

　　　　ていたんでしょうか。
　　　　──決まっておりません。
　57　全く決まっていなかった。
　　　　──全く決まっておりません。
　58　そうすると譲渡資産の売却の話はさておいて，取得土地だけを買うという話が先行するということが，あり得るんでしょうか。
　　　　──そんなことは絶対ございません。譲渡資産を売却して得た金で取得資産を買わなければなりませんから，そんなことは考えられることじゃないです。
乙第1号証添付の取得土地の売買契約書を示す
　59　不動産の売買契約書なんですが，これによるとあなたが，M不動産から取得土地を，5億5300万円で買うという話になっているんですが，この契約書に見覚えありますか。
　　　　──見覚えございません。
　60　全くない。
　　　　──全くございません。
　61　この不動産売買契約書の買主の欄を見ていただきたいんですが，手書きで，Xとあなたの名前が書いてありますね。
　　　　──はい。
　62　これは誰の字か分かりますか。
　　　　──分かりません。
　63　あなたの字ではない。
　　　　──いや，私の字じゃございません。
乙第6号証を示す
　64　この取得土地の買付証明書という書面に見覚えがありますか。
　　　　──ええ，見覚えございます。
　65　この書面の住所，氏名欄は，誰の字ですか。
　　　　──私の字でございます。
　66　この書面を見ますと，昭和63年5月当時なんですけれど，あなたの方からM不動産に対して，1坪当たり2500万円以下で，取得土地を買い付ける意思があるということをうたってあるんですが，その当時，あなたはM不動産に対して，そういう意思を本当に持っていたんでしょうか。
　　　　──いえいえ，全然持っておりません。これはY社の地上さんの方のご依頼で，こういうものを書いてもらえないかということでこれは書きました。

67 そうすると，あなたが当時考えていたことと，この書面に書いてあることとは違うと，そういう趣旨ですか。
　　──その通りでございます。
68 最終的に取得資産を，あなたは，M不動産と借家さんではなくてY社から買っていますね。
　　──はい。
69 それに関して，地上さんと元締さんの聴取書によりますと，あなた又は甲野弁護士の要請で，取得資産をY社の方で買い上げて，安くこちらに転売して欲しいという要請をしたということになっているんですけど，そういう要請をしたことがありますか。
　　──甲野弁護士に確認しましたけど，そういうことはしてないそうです。もちろん私もしておりません。
70 あなたはY社が，M不動産や借家さんから取得資産をいくらで取得したか知っていますか。
　　──全然知りません。
71 その当時，その価額について関心がありましたか。
　　──いいえ，全然ございません。
72 その当時はバブル経済の絶頂期で，売り手の事情，買い手の事情によって，不動産の価額は幾らでも変わりうるという状況でしたか。
　　──ええ，その通りですね。

(略)

78 それでは，譲渡資産と取得資産の価額がどうやって決まったかについて伺います。

甲第12号証を示す

79 この譲渡資産の売買契約書を見ますと，譲渡資産は7億円で値付けがされているんですが，この価額はどうやって決まったか覚えていますか。
　　──覚えております。最初，これより高い金額で売買しようと思いましたが，国土法の関係で却下されまして，2回目で出した国土法の最上，1番高い金額で決まったかと記憶しております。
80 国土法の届出は，実際はどなたがやったんでしょうか。
　　──地上さんです。
81 そうすると1回目の国土法の届出は高過ぎるということでだめで，2回目の国土法の届出で決まった価額と同じ価額に決まったということですか。
　　──そういうことです。
82 取得資産の方の価額はどうやって決まったんでしょうか。

──取得資産の方は，譲渡資産の譲渡代金で，その枠の中で買い取る土地を取得するということで金額を決めました。
　83　譲渡資産の売却価額の範囲内でとは具体的にどういう意味ですか。
　　　──いろいろ税金の問題ですとか，次に建てる建物の問題ですとか，そういうことを考えまして決めました。それは税理士麻先生に相談しました。
　84　あなたが税理士麻先生と相談して決めた取得資産の価額を地上さんに提案したとき，地上さんはどういう反応をしましたか。
　　　──結構ですね，ということでした。
　85　交渉もなく，一発で決まったということですか。
　　　──はい，もう一発ですぐ決まりました。
（略）
甲第12号証を示す
　90　この譲渡資産の売員契約書の日付欄を示します。
　　　──平成元年3月23日に，●銀行の●支店で契約調印が行われました。そのとき，私と甲野弁護士と，Y社の元締さん，地上さん，それから司法書士の先生ですか。
　91　そういった人たちが集まったと。
　　　──はい，そういった人たちが，あと2，3人集まっておりました。
　92　あなたは甲野弁護士とか地上さんには当然面識がありましたね。
　　　──はい。
　93　Y社の元締さんはどうですか。
　　　──ええ，そのとき初めてお会いました。
　94　そのときが初めて。
　　　──はい，初めてでございます。
　95　それ以前に会ったことありませんか。
　　　──1度もございません。
　96　地上さんと元締さんは，違うことを供述書の中でいってます。2人によると，平成元年2月28日，契約調印の約1か月前なんですけれども，そのときに地上さんが作成した契約書に調印するために，同じ●銀行●支店に関係者が集まったという話をしてるんです。その中には当然あなたも含まれますし，甲野弁護士やY社の元締さんも入っております。本当にそういう事実があったんでしょうか。
　　　──そんな事実は一切ございません。そんな話もございません。
　97　本件取引のための契約を調印した平成元年3月23日の前に，●銀行●支店に行ったことがありますか。

──ございません。
　98　それじゃ平成元年3月23日の調印のときのことを伺います。甲12号証の，この署名捺印は誰がしたか覚えていますか。
　　　──売主の欄は，私自身がサインして判子を押しました。
　99　Y社の元締さんの，記名捺印のほうはどうですか。
　　　──ご本人だと思いますけれども。
（略）
　104　売買契約が調印された当日でもいいんですが，それ以前でもいいんですが，売買契約で決められた価額がおかしいとか，税務上この価額では通らないという話が，Y社とか地上さんからありましたか。
　　　──一切ございません。
　105　もしそんな話があったとしたらどうしますか。
　　　──そんな話があったら取引しません。
　106　取引を流してしまう。
　　　──流してしまいます。
　107　取引が流れてしまうと，一番損するのは誰ですか。
　　　──一番損するのは，Y社じゃないかと思います。
　108　どうしてですか。
　　　──地上げが成功しないからですね。
　109　地上げに，それまでにY社は多大な時間と労力とお金をかけてたという意味ですか。
　　　──はい。それと，3軒くらいもう地上げして，木造建築を解体しておりましたんで。
　110　そうすると，それが全然回収できずに終わってしまうということですか。
　　　──そういうことでございます。
　111　ところで，この訴訟で税務署側は，一連の取引が実質的には交換だというふうに主張してるんですが，そのことについてどう思いますか。
　　　──いえ，もう個々の取引だと思っております。
　112　交換の実態を隠すために，売買契約書を用意したということはありますか。
　　　──ございません。
（略）
乙8号証(147)を示す

---

(147)　乙8号証は210頁に掲載。

117　これは確約書という題で，譲渡資産と取得資産を，金銭のやり取りなく交換することを確約する，という内容なんですけれど，この書類に見覚えございますか。
　　――見覚えございません。
118　甲の，記名捺印欄にＸの名前が押捺され，さらにＸの判子が押されているのが分かりますか。
　　――Ｘの名前は，サインではなく判子ですね。
119　ええ，あなたの名前の判子と印鑑が押してあるんですが。
　　――こんな印鑑持っておりません。

被告指定代理人（訟務検事）(148)
120　あなたは昭和60年初め頃から，譲渡資産について地上さんと交渉するようになったといわれましたが，代替地の話を持ち出したのはいつ頃か覚えていますか。
　　――昭和60年以降ですね。
121　もちろん，ですから昭和62年の何月頃か分かればお伺いしたいということなんですが。
　　――昭和62年頃じゃないんですかね。
122　で，代替地は，あなたの転居先のために必要だったということでいいんですね。
　　――だから，何度も申し上げておりますけれども，最初，売る意思がなかったんですね。
123　あなたの方から代替地を要求したところ，地上さんの方から，本件取得土地ではどうかという話があったわけですね。
　　――はい。
124　その取得土地は，先程の話だと，間口が狭くて地型が悪いから，あなたとしては納得できなかったということですね。
　　――はい。
125　それであなたの方から，隣の借家二郎さんが借りていた土地を，取得借地権付建物を要求したということでよろしいですか。
　　――まあ，どちらが先だか分かりませんけど，その土地があればよろしいんじゃないかということを私は申し上げました。
126　そうすると，取得土地と取得借地権付建物の2つを併せれば，あなたが

(148)　主尋問が終わると，相手方が反対尋問を行う。

持っていた譲渡資産をY社に売ってもいいという考えでいたわけですね。
　　──はい。
127　当時は、平成元年3月23日の本件取引の時点と違って、差額に当たる3億円も要求してませんよね。あなたの譲渡資産を譲ってもいいよという前提として、取得土地と取得借地権付建物を併せたものであればいいよという話を、この当時地上さんに対してしてますよね。
　　──はい。
128　そのときには、それプラス幾らのお金が欲しいということは要求してませんよね。
　　──金額は要求しておりません。
129　ということは、あなたとしてはその当時、譲渡資産と、取得土地及び取得借地権付建物とは、ほぼ等価だと考えていたんではないんですか。
　　──そんなこと考えておりません。
130　もし譲渡資産と、取得土地及び取得借地権付建物が等価でないなら、初めから、それに加えて幾ら欲しいという話をしてるはずじゃないですか。
　　──ですから、何度も申し上げてますが、売りたくて売った土地じゃございませんから。

裁判長(149)

131　要するに、あなたも長年住み、愛着のある土地を手放すんだから、どんな財産を取得することになるのか、あなたなりの見積りがあったでしょうということです。そのときに取得資産と、持っていた譲渡資産とは見合いだというふうに思っていたのではないですか。要するに、資産同士が大体同じくらいと考えたんじゃないんですか。
　　──はい、考えました。
132　同じくらいに考えたということでいいんですね。
　　──よろしいです(150)。

被告指定代理人（訟務検事）

(149)　裁判長は、当事者による尋問の終了後補充的に質問するのが通常であるが、必要があればいつでも自ら介入して質問することができる（民訴規113条）。
(150)　Xは、裁判長の「本件譲渡資産と本件取得資産は見合いか」という質問に対し、肯定的に回答しているが、これはXの誤解に基づくものであった。この点を明らかにするため、原告代理人は、後に補足的な質問を行い、逆の回答を得ている（X本人尋問速記録158～160項（236～237頁）参照）。なお、この点に関し、第一審判決は、Xの主観的価値としては本件取得資産に比べ本件譲渡資産の方が高かったが、客観的な交換価値としては両資産の価値は見合っているという認定をしている（273～274頁参照）。

第9節　証拠調べ　　233

乙第8号証(151)を示す

133　先程，原告代理人からの質問によりますと，交換に関する確約書，あなたは見たことがないということですか。
　　　——はい。
134　これだけ関係者の記名押印がそろっているにもかかわらず，あなたは全然この確約書を見たこともないということですか。
　　　——はい。
135　この確約書の署名欄にある「X」という記名印と判子ですね，これもあなたは全然知らないということですか。
　　　——はい，記憶にないですね。
136　あなたのものではないわけですね。
　　　——はい。
137　ただ，先程の証言ですと，この確約書にまさに書いてある通り，譲渡資産と取得資産が金銭の交換なく——ここには交換と書いてあるんですが——交換することについては，あなたとしては当時納得済みだったんではないんですか。
　　　——交換じゃなくて，個々のことですから，はっきりいって，売って買うものに対していろんな問題が出ますので，税金の問題もありますし，建物もなくなりますから建物も建てなきゃなりませんから，それなりの利益がなければ毛頭売る気はないわけです。だから当然，交換なんかする意図はないし，交換したんでは，何のメリットもございません。
138　次に譲渡土地に関する国土法の届出のことについてお尋ねします。この国土法の届出は合計2回していますね。
　　　——はい。
139　最初は売買予定価額8億円で届け出たところ，それではだめだというふうにいわれたということですね。
　　　——はい。
140　あなたの陳述書には，この8億円という価額自体が，国土法上，通りそうな価額ということで地上さんが決めたということが書いてあるんですが，その通り間違いないですか。
　　　——そうです。
141　ということは，この8億円という価額は本当の価額とは違うけれども，とにかく国土法ではこの程度じゃないと通らないからということで，この

---

(151)　乙8号証は210頁に掲載。

価額でとりあえず届け出たということですか。
　　　——さようです。
142　そうするとあなたとしては当時，あなたの譲渡資産はどの程度の価値が
　　　あると考えていたんですか。
　　　——どの程度価値があったかなかったかということはよく分かりませんけ
　　　　れど，少しでも高く売りたいというのは本音でございました。
143　この8億円という当初の届出価額は，あなたとしては，安いとは考えて
　　　いたんですか。
　　　——安い高いというよりか結局，国土法というものがございましたんで，
　　　　それは幾ら高い値段を付けても通りませんし，大体そのくらいじゃな
　　　　いのかな，ということで私どもは付けました。
144　その1回目の届出価額がだめだということになったから，次に7億円で，
　　　再度届出をし直したということですね。
　　　——さようでございます。
145　この7億円という金額には，当時，あなたとしては納得されていたんで
　　　すか。このくらいの売買金額でいいということは。
　　　——あくまでも，代替地が見つからなければ売る意思がございませんでし
　　　　たから，最終的に値段が出て，その枠の中で買える土地を求めて買っ
　　　　たということでございます。
146　ただ，代替地，代替地と強調されていますけれども，あなたの話ですと，
　　　あなたの譲渡資産の譲渡は，代替地とは全然別個に契約されているという
　　　ことでしょう。
　　　——いえいえ，そんなことございません。
147　代替地の話と切り離して，純然と，この譲渡資産は7億円で売るという
　　　ことで納得するんですか。
　　　——しません。
148　そんな安い値段では嫌だということですか。
　　　——いや，そういうことじゃなくて，売りたくございませんから。代替地
　　　　があって初めて納得できることですから。
149　それから先程，取得資産の売買金額については，譲渡資産の売却代金を
　　　基に決めた，という証言をなさったと思うんですが，その通り間違いあり
　　　ませんか。
　　　——はい，その通りです。
150　それはどうしてですか。
　　　——どうしてって，それは，譲渡して，税金や何かが一応どれだけかかる

か分かりませんし，計算は私の方じゃできませんから，税理士の先生に相談して，その枠の中で建物も建てなきゃなりませんし，いろんな費用がかかるわけですね．で，その枠の中で買い得る土地を見つけて買うということで，もしその土地がその金額で買えなければ，売る意思は毛頭ございませんから，売るということはございませんでした．
151 でも，あなたのお話だと，譲渡資産と取得資産は全く別個の契約ということですから，あくまでも取得資産の金額は幾らだ，という計算をして，その代金額を決めるべきじゃないんですか．
　——ですから今いったように決めました．

（略）

乙第6号証を示す
155 これも先程，原告代理人から質問があった部分なんですが，この取得土地買付証明書は，先程の証言によりますと，地上さんの依頼で書いただけで，内容はよく分からないということなんですが，それで間違いありませんか．
　——いや，内容は分からないということではありません．買付証明書ということを後で判子押すときに聞きまして，弁護士の方にも相談しました．で，地上さんの方がこういうことをして証明しないと，M不動産との話が流れるから，何とか判子を押してくれないかということで，押させて頂きました．
156 先程は，「考えていたこととは違うが署名をした」という証言をされたと思いますが，その通り間違いありませんか．
　——ですから，安易な気持ちで押したということですね．これが問題になるのであればね．押したことは，今説明した通りのことで，私は間違いなく押しております．
157 でもこの買付証明書は，あなたがM不動産から取得土地をこうやって買いますという約束をしたみたいなものですね．それがどういう意味を持つかということは分かるわけでしょう．
　——買付証明書の意味合いというのは，そんな強いものじゃございません．

原告代理人（弁護士郎）(152)
158 あなたは代替地の話が地上さんからあったときに，取得資産と譲渡資産はほぼ見合いだと．一切金銭をもらわなくても売買ができるんだと，そう

---

(152) 主尋問を補足するために，再主尋問が行われている．

いうふうに本当に考えたんですか。見合い，価値的に同じだと。
　——いや，価値的にというのは……。

裁判長
159　両資産が同じくらいの値段だと考えたんですか。あなたが両資産の値段についてどういう見込をもっていたかということを，先程私が質問したことに答えていましたが，その答えでいいんですよね。

原告代理人（弁護士郎）
160　価値として，あなたは譲渡資産と取得資産とどっちが高いと思ったのか，それともイコールだと思っていたのか，どちらですか。
　——イコールとは思っていません。売った方が高いですよ。

裁判長
161　先程，取得資産の値段をどう決めたんですかという質問に対し，あなたは，自分のところの土地を売る値段の範囲内で買えるものということで，金額の出し方は，その売値から，必要な金額を除いたものを値段にした，と答えたと思いますが，そのように聞いていいですか。
　——売った土地の金額でお金が入りますね。そのお金で土地を買って，税金を払って，なおかつ，建物を建てなきゃならない，その上にプラスアルファを頂きますという考えでした。
162　そういう計算で，いわば現金以外のものの部分を，取得資産の代価を決めたということですか。
　——はい，そうですね。それだけの迷惑料を含めてですね。

東京地方裁判所民事第2部
裁判所速記官　●

第10節　弁論の終結

Ⅰ　概　説

　裁判所は，事件についての審理を終えて，判決をすることができる状態になると，弁論を終結する（民訴243条）。
　弁論の終結前に，当事者双方にそれまでの主張をまとめ，弁論に提出された証拠の評価について言及した最終準備書面を提出させるのが通常である。

Ⅱ　本件の検討

　本件では，弁論の終結前に，当事者双方から従前の主張をまとめ，証拠の評価の問題についても併せて検討した最終準備書面が，それぞれ以下の通り提出された。

書式例20：原告第8準備書面

平成7年（行ウ）第213号　所得税更正処分等取消請求事件
　　原　告　Ｘ
　　被　告　国

原告準備書面(8)

平成10年2月6日

東京地方裁判所民事第2部　御中

原告訴訟代理人弁護士　　弁護士郎　㊞
原告補佐人税理士　　　　税理士麻　㊞

　上記当事者間の標記事件について，原告は以下の通り弁論を準備する。なお，略称については，特に断りのない限り，従前の通りとする。
　第1　手続的違法
　　1　本件課税処分の理由附記の不備の違法
　　　原告準備書面(5)2頁以下及び原告準備書面(7)1頁以下で述べた通り，原

告の所得税にかかる本件課税処分は，理由附記が不十分であり，そのことだけを理由としても，当該処分は違法で取消しを免れない。

なお，本件のような事案において理由附記が一切不要であるとする被告の主張の拠り所である最高裁昭和42年9月12日判決が，旧所得税法下の青色申告制度を前提とした判断であり，現青色申告制度の下での更正処分に対して無条件に当てはまるものでないことは，原告準備書面(7)3頁で指摘した通りである。

2　理由の差替えの違法

原告準備書面(5)5頁以下及び原告準備書面(7)3頁以下で述べた通り，最高裁昭和56年7月14日判決の趣旨に照らし，処分理由の差替えは常に許されるわけではなく，その可否は，かかる理由の差替えが被処分者に格別の不利益を与えるかどうかによって判断されなければならないことは明らかである。

被告は，本件課税処分時，不服申立手続及び本件訴訟の段階，それぞれで本件譲渡資産の譲渡対価について異なる金額と根拠を主張している(153)。そして，かかる理由の差替えの結果，争点が定まらず，原告の防御に格別の不利益を与え，徒に訴訟の長期化を招いていることは，明白である。したがって，本件課税処分後に被告が理由の差替えをなすことは許されず，この理由だけからも，本件課税処分は違法であり，取消しを免れない。

第2　実体的違法

1　被告の主張の要約

既に，原告準備書面(2)3頁以下で述べた通り，本件課税処分の適法性を基礎付けようとする被告の主張は，結局以下の通り要約することができる。

①　第一に，被告の主張は，本件取引が対価的バランスのとれた補足金付交換取引であることを大前提とする。

②　第二に，被告は，本件譲渡資産の売買価額と本件取得資産の売買価額が時価を圧縮して決められた形式的な価額であるから，本件譲渡資産の収入金額は，原告にどの程度の経済的価値が移転したかによって把握すべきであると主張する。

③　第三に，被告は，右経済的価値とは，具体的には，本件取得資産の時価と本件差金の合計額であると主張する。そして，被告の主張によれば，本件取得資産の時価が7億円（本件取得土地5億5300万円（＝700万円/

---

(153)　原告が問題としているのは，本件譲渡資産の譲渡対価に関する租税行政庁側の主張が，本件課税処分時（9億8,000万円）（39頁），不服申立手続段階（10億4,200万円）（59頁，98～99頁），本件訴訟段階（10億円）（183頁）で変遷している点である。

㎡×79㎡）と本件取得借地権付建物1億4700万円（＝700万円/㎡×30㎡×70％）の合計額）となるから、本件差金3億円を加えると、本件取引の結果、原告に移転した経済的価値は、結局合計10億円になる。

　ここで注意しなければならないことは、上記の①ないし③の3つの主張が全て認められて初めて、本件課税処分の適法性が基礎付けられるということである。ところが、本件においては、被告は、上記3つの主張のうちの何れも立証することができない。このことを、具体的に論証すれば、以下の2ないし4の通りである。

2　本件取引の法的性格

　まず、上記①の主張（本件取引が補足金付交換取引であること）についていえば、私法上はもちろんのこと、税法上も、本件取引を補足金付交換取引と捉えることが明白な誤りであることは、以下の通り明らかである。

(1)　既に原告準備書面(2)3～6頁で述べた通り、本件取引は、3つの売買が同時期に行われたものであり、私法的にも、また税法上も、補足金付交換取引とみる余地はない。この点に関する原告の主張を、関連する証拠にも言及しながら簡単にまとめると、以下の通りである。

　(a)　第一に、本件取引が行われた動機ないしは背景をなす事情は別として、当事者の客観的意思として、本件取引において、3つの売買契約が締結され、相殺後の代金決済が行われたことは、3通の売買契約書（甲第12ないし14号証）及び3通の領収証（甲第15ないし17号証）からも疑問を挟む余地はない。

　(b)　第二に、本件取引に実際に関与した者の認識としても、本件取引を交換とみる余地はない。即ち、本件取引が3つの売買であることは、本件取引の交渉及び実行に深くかかわった原告及び本件取引に法律専門家の立場から関与し、売買契約書を起案した甲野太郎弁護士が明言するところでもある（原告陳述書及び甲野太郎陳述書参照）。また、Y社側の担当者として本件取引の交渉を進めた地上進の聴取書（乙第1及び第9号証）及び証言並びに本件取引の契約の締結の際に立ち会ったY社代表取締役の元締太郎の聴取書（乙第2及び第10号証）の中でも、両名は、本件取引を交換であるとは一言もいっていない。したがって、当然のことながら、交換の実体を隠すために、売買契約書等を用意したわけではない（原告本人尋問速記録第112項）。

　(c)　第三に、本件取引が補足金付交換取引であるということを根拠付けるために被告が挙げる以下の(A)ないし(C)の3点は、主張自体失当であるか、あるいは事実に反する（この点については、既に原告準備書面

(2) 2頁で述べた通りであるから、以下では特に重要な点のみを重ねて指摘する。)。
(A) 原告が代替地を提供してもらうことを条件として本件譲渡資産の譲渡を了承し、代替地に関して少なからぬ要求をしたこと。
(B) Ｙ社にとって本件譲渡資産の取得が必須であったために、原告の要求のままに本件取得資産を第三者から購入したこと。
(C) 原告の要求に基づき、Ｙ社は、原告に対し、仕入価額を著しく下回る価額で本件取得資産の譲渡及び本件差金の交付を行ったこと。
 (i) 上記(A)の主張（代替地の提供に関する原告の要求）の事実が本件において認められることは、被告が指摘する通りである。しかしながら、上記事実は、本件譲渡資産の売却と本件取得資産の購入が関連して行われていることを示す事情にすぎない。当事者の客観的意思は、先に述べた通り、あくまでも３つの売買契約を同時に行うことにあったことは疑う余地がない。既に、原告準備書面(1)13頁で述べた通り、売買か交換かの区別の基準は、右のような取引の動機ないしは背景をなす事情にあるのではなく、最終的には当事者の意思解釈によって決めるほかない。

 以上の通りであるから、上記(A)の事実が認められることをもって、本件取引を補足金付交換取引とみなそうとする被告の主張は、全く失当である。
 (ii) 被告の上記(B)の主張（Ｙ社による本件取得資産の購入の経緯）は、重要な点において事実に反する。確かに、Ｙ社にとって本件譲渡資産の取得が、その地上げを成功させ既に投下している莫大な資金を無駄にしないためにも是非とも必要であったことは疑う余地がない。しかしながら、このようにＹ社にとって本件譲渡資産の取得が必須であったことは、必ずしも原告がＹ社に対し、本件取得資産を購入し、原告に転売して欲しいと要求することとは結びつかない。なぜなら、まず、甲野弁護士は、そもそも本件取引の中身には一切関与していないのであるから、右のような要求をするはずがない（甲野陳述書●）。また、原告は、本件取引の交渉に際しては、自己の住居用に良い代替地が確保でき、本件譲渡資産に妥当な値がつくのであれば、売ってもよいという姿勢を常にとっていたのである（原告本人尋問速記録●、地上進陳述書（甲第27号証）●頁）。したがって、原告が、本件譲渡資産の売却に関し、終始受け身であったことは明らかである。これに対し、

地上げを成功させるために本件譲渡資産の確保が絶対条件であったY社の方は，当初から一貫して積極的な働きかけを行っていたものにほかならない。そうであるからこそ，Y社は，原告から本件譲渡資産の取得の目途が全く立っていない段階で，代替地を確保するために，M不動産の所有していた本件取得土地の確保を急いだのである（地上進陳述書（甲第27号証）●頁）。以上より，原告がY社に要求して，第三者から本件取得資産を購入させたという被告の主張は，全くの誤りである。

　　仮に百歩譲って，上記(B)のような事実が認められるとしても，右事実は，本件取引を成立させるために行われた前段階の取引の成立の事情であり，せいぜい本件取引の背景的な事情の1つを構成するにすぎない。先に述べた通り，本件取引が交換に当たるのか，売買に当たるのかが最終的には当事者の客観的な意思によって定まることからすれば，上記(B)のような事実を重視することは誤りといわねばならない。

　　以上，いずれの観点からしても，上記(B)の事実を根拠に本件取引が補足金付交換取引であるとする被告の主張は，失当である。

(iii) 被告の上記(C)の「原告の要求に基づく，Y社による仕入原価割れ譲渡」の主張も以下の通り全く事実に反する。

　(ｱ) 確かに，Y社は，本件取得資産の仕入価額を相当下回る価額で本件取引を行ったようであるが，このような行為は当時の不動産取引の状況とY社の思惑から考え，経済的に見ても十分合理的なものであった。即ち，既に原告準備書面(3)16頁で述べた通り，本件取引が行われた当時は，いわゆるバブル経済の絶頂期の1つに当たり，短期間のうちに不動産の価額が大きく変動しかねない状況にあった（甲第25号証）。まして，本件の場合のように，いわゆる地上げ絡みで不動産取引が行われた場合には，価額設定の不安定さはますます大きくなる。このような状況下では，国土法の規制の及ばない土地の取引に関しては，当事者の力関係で価額がいくらにでもなり得るという事態が決して稀ではなく，土地自体が一種の相場商品であったといっても決して過言ではない（地上進陳述書（甲第27号証）●頁）。

　　　このような当時の状況からすれば，仕入価額を著しく上回る価額で土地を売却できることもあれば，逆に仕入価額を著しく下回る価額で土地を売却せざるを得ないこともあり得た。また，

地上げについていえば，地上げの対象となる一団の土地のうちの一部の土地の仕入価額と売却価額が重要なのではなく，地上げの対象となる一団の土地全体の仕入価額と売却価額こそが重要な意味を持つことに留意する必要がある。現に，Y社は，この地上げの結果，8億円位の利益を上げているのである（地上進証人尋問速記録第●項）。

　右の説明からも明らかな通り，バブル経済の絶頂期において地上げの一環として行われた本件取引のようなケースでは，仕入価額を下回る価額で土地の譲渡を行うことが合理性を持つという事態が，十分起こり得たのである。したがって，本件取引において，仕入価額割れによる土地の譲渡が行われたことは，バブル経済下における土地価額設定の不安定さと同取引が地上げの一環として行われたことによるのであって，本件取引の法的性格が売買であるのか交換であるのかということとは一切無関係である。

(ｲ)　また，Y社の仕入原価割れによる本件取得資産の譲渡が，原告の要求に基づくものであるという点も事実に反する。そもそも，甲野弁護士は本件取引の内容について一切関与していない（甲野陳述書●）から，甲野弁護士がかかる要求をするはずがない。また，原告は，Y社が本件取得資産をいかなる経緯でいかなる価額で取得してきたかについて一切知らなかったし，関心すらも持っていなかった（原告陳述書●，原告本人尋問速記録第●項）。即ち，原告としては，本件譲渡資産が国土法の規制の下で許される価額で売れ，本件取得資産が原告の納得し得る「程々の価額」で買えるなら，本件取引を行ってもよいという考えを一貫して持っていたにすぎない（原告第2陳述書●）。

　以上の通りであるから，上記(C)を根拠に本件取引が補足金付交換取引であるとする被告の主張には理由がない。

(d)　第四に，被告は，乙第8号証(154)を根拠に，本件取引が交換取引であるということを裏付けることはできない。その理由を簡単に説明すれば，以下の通りである。

(ｱ)　そもそも乙第8号証の甲欄の原告の記名捺印は，原告自身の関与しないところで行われた（原告本人尋問速記録第●項）ものである

---

(154)　乙8号証は210頁に掲載。

第10節　弁論の終結　　243

から，原告が同書面の内容に同意したことはない。また，同書面には，立会保証人欄に地上進の署名捺印があるが，地上進も後でY社からいわれて署名捺印しただけであり，原告が右記名捺印をしている場に立ち会ったとか，原告の意思を確認しているわけでもない（地上進証人尋問速記録第●項，地上進陳述書（甲第27号証）●頁）。

(ｲ) さらに，乙第8号証は文書の体裁からしても，信用性に乏しい。まず，同文書には，日付の記載がない。また，かかる重要な内容の文書により，原告の意思を確認しようとするならば，原告の自署を求めるはずであるが，それをゴム印と三文判で済ませるのは，いかにも不自然である。現に，他の書類の作成は，全て原告の自署と実印の押捺によって行われている（甲第12，13，14，15号証，乙第6号証）。

(ｳ) また，乙第8号証の内容から考えても，同文書に原告が同意していたとは到底考えられない。なぜなら，同文書の乙欄に地元の不動産業者の記載があることからすると，同文書は地上進が本格的に交渉に乗り出す前の段階で作成されたものと考えられる（地上進陳述書（甲第27号証）●頁）が，そのような初期の段階で，本件譲渡資産と本件取得資産の単純交換に原告が同意するはずがないからである。その当時は，そもそも原告は，本件譲渡資産を処分すること自体を考えていなかったのである。

以上の通りであるから，乙第8号証は，原告の関知しないところで，同人に無断で作成された文書であることは，明らかである。したがって，被告は，同文書を根拠に自らの主張を基礎付けることはできない。

(e) 第五に，このように当事者の客観的意思が売買であることが明らかな本件取引においては，税法の適用上も売買であることをそのまま承認した上で，その課税関係を決定する必要がある。それ以外の認定を被告に許すことは，被告の恣意的解釈の下に，原告への不意打ちを認めるに等しく，租税法律主義に反する（原告準備書面(2) 2～6頁）。

(2) 以上の通りであるから，本件取引を私法上も税法上も補足金付交換取引とみることが許されないことは，明らかである。そして，この点が被告の主張の不可欠の大前提の1つをなすことは，先に述べた通りである。したがって，この点だけから考えても，本件課税処分は違法であり，取消しを免れない。

3 売買価額と時価の関係

(1) 問題の所在

　　被告の上記②の主張（本件譲渡資産と本件取得資産の売買価額がともに形式的な価額であるから，本件譲渡資産の収入金額は原告への経済的価値の移転によって決めるべきであるという主張）は，本件譲渡資産の売買価額と本件取得資産の売買価額が時価を圧縮して決められた形式的な価額であるということを，不可欠の前提としている。他方，本件取引の対価的バランスがとれており，本件差金の額が3億円であることについては，当事者間に争いがないことは繰り返し述べた通りである。

　　したがって，本件譲渡資産の売買価額である7億円が，本件譲渡資産の本件取引時における時価であったことが示されれば，被告の上記②の主張は自動的に排斥されることになる。同様に，本件取得資産の売買価額である合計4億円が本件取引時における本件取得資産の時価であることが示されれば，被告の上記②の主張は同じく退けられることになる。

　　以上の点については，原告準備書面(2) 6頁以下及び原告準備書面(3) 2頁以下で詳細に述べた通りであるが，特に重要な点を改めてまとめると，以下(2)及び(3)の通りである。

(2) 本件譲渡資産の時価

　　これまで繰り返し述べた通り，本件譲渡資産の時価が，国土法の不勧告価額を基準として設定された売買価額である7億円に等しいという点については，当事者間に争いがない（原告準備書面(2) 9頁参照）。したがって，本件譲渡資産の右売買価額が時価を圧縮して決められた形式的な価額であるはずがなく，この点だけからしても，被告の上記②の主張が成立する余地はない。

(3) 本件取得資産の時価

　(a) さらに，以下に説明する通り，本件取得資産の売買価額である4億円が，本件取得資産の時価であることも，当事者間に争いがない事実から当然に導かれる帰結である。

　　(i) 既に原告準備書面(6) 11～12頁で指摘した通り，結局のところ，「M不動産とM商事との間の売買取引が本件取得土地の時価を最も適正に反映している」という被告の主張が成立するかどうかは，(A)本件譲渡資産と本件取得土地の1平方メートル当たりの適正な時価はほぼ等しいという主張，並びに(B)原告が本件取得土地を直接M不動産から購入することを一旦承諾した際の売買価額が5億5300万円（700万円/㎡）であり，M不動産とM商事との売買価額に等しいという2つの主張の成否にかかっている。以下に述べる通り，本件において，

上記(A)と(B)の２つの主張が認められる余地はない。

まず、上記(B)についていえば、原告が本件取得土地を直接M不動産から５億5300万円（700万円/㎡）で買い受けることを一旦承諾したという事実は、以下の通り全く認められない(155)。

(ｱ) 第一に、被告は、右主張の根拠を、地上進の第１聴取書（乙第１号証）添付の昭和63年６月17日付のM不動産と買主代理人地上進との間の不動産売買契約書及びこれに関する同人の供述に求めることはできない。地上進が証人尋問（同速記録第●項）及び同人の陳述書（甲第27号証）●頁で明言している通り、原告は、M不動産から本件取得土地を、５億5300万円で直接購入することを一旦承諾したことは一切ないからである（原告本人尋問速記録第●項、原告陳述書（甲第21号証）●）。

地上進の証言（同速記録第●項）並びに本件取得土地に関する乙第１号証添付の昭和63年６月17日付のM不動産と買主代理人地上進との間の不動産売買契約書（甲第28号証と同内容）、甲第29号証（上記売買契約書の昭和63年８月１日付の解除契約書）、甲第30号証（地上進のM不動産に対する昭和63年８月１日付の手付金5000万円の領収書）及び乙第３号証（M不動産とM商事との間の昭和63年８月１日付の不動産売買契約書）を併せ考えれば明らかな通り、以下のような一連の行為が行われたというのが本件の真相である（なお、平成９年12月２日付の証拠説明書で述べた通り、甲第28、29、30号証は、原告代理人がその写しをM不動産から入手したものである。）。

まず、昭和63年６月17日付の不動産売買契約書（甲第28号証）は、原告の了解もない状況で、地上進とM不動産との間で一旦締結され、同契約に基づき5000万円の手付金が支払われた。ところが、右売買契約は実行に至ることなく、昭和63年８月１日付のM不動産とM商事との間の不動産売買契約（乙第３号証）に置き換えられたのである。即ち、昭和63年６月17日付の右不動産売買契約は、昭和63年８月１日付の解除契約書（甲第29号証）によって一旦解除され、解除された契約に基づき支払済みの手付金5000万

---

(155) 被告は、本件取引が行われた平成元年３月23日に先立つ昭和63年６月17日に、XがM不動産から本件取得土地を５億5,300万円（700万円/㎡）で購入する旨の合意が一旦成立したと主張し、この事実を本件取得資産の時価が５億5,300万円（700万円/㎡）であることの一根拠としていた。原告の反証の結果、第一審判決は、この間接事実自体の存在を否定した（273頁注(178)）。

円は，実際に地上進に返還されたのではなく（甲第30号証参照），右解除契約書及び領収書と同一日付であるM不動産とM商事との間の不動産売買契約書（乙第3号証）第2条に規定する手付金にそのまま充当された。

　ここで注意すべきは，昭和63年6月17日付の不動産売買契約を締結し手付金5000万円を支払ったこと，同契約を解除したこと，同契約に基づき支払済みの手付金5000万円をM不動産とM商事との間の不動産売買契約書の手付金に充当したことのいずれの取引行為についても，原告が一切関与していないという点である（原告本人尋問速記録第●項）。即ち，右一連の行為は，原告の全く関知しないところで地上進らが勝手に行ったものに他ならない。したがって，当然のことながら，本件取得土地を原告が5億5300万円で購入することを一旦承諾したことになるはずがない。右一連の行為は，要するに地上げを成功させるために，本件譲渡資産の取得を至上命題と考えていたY社が代替地を確保しようとして，原告の了解を得ないままに，地上進に指示して，M不動産の所有する本件取得土地を押さえさせたことを意味するにとどまるのである（地上進陳述書（甲第27号証）●頁）。

(ｲ)　第二に，地上進がY社の指示の下に行った一連の行為を，右のように理解して初めて，乙第1号証添付の昭和63年6月17日付のM不動産と買主代理人地上進との間の不動産売買契約書の締結時期並びにその体裁に関する不自然な点が矛盾なく説明し得るのである。この点については，既に原告準備書面(2)7～8頁で述べたが，その後の証拠調べの結果も踏まえた上で，補足すれば以下の通りである。

(Ⅰ)　まず，原告がM不動産から本件取得土地の買取を承諾したとされる昭和63年6月17日の時点では，本件譲渡資産の売却の話も何ら具体化していない段階であったから，原告が本件取得土地だけを単独でM不動産から買うことはあり得ない（原告陳述書（甲第21号証）●）。原告が代替地を取得する場合には，その購入の原資として，本件譲渡資産の売却によって得られる資金を当てにしていたのであるから，5億5300万円もの多額の資金を先払いして，M不動産から本件取得土地を購入しようとするはずがない。さらに，本件取得土地だけでは，原告の住居を建設するには不適当であったから，原告が本件取得借地権付建物

を取得できるかどうかが不確かな段階で、多額の資金を投入して本件取得土地の買取だけを先行させることは、到底考えられない。

(II) 次に、原告とＭ不動産との間の本件取得土地の売買契約が締結寸前までいったとする地上進の供述は、以下の通り大きく変遷しており、到底信用するに値しない。即ち、地上進は、その第1聴取書（乙第1号証）では、昭和63年6月17日に、原告、甲野弁護士、地上進及びＭ不動産の担当者らが●銀行●支店に集まり、契約締結する予定であったところ、署名捺印の際に、甲野弁護士の反対で契約が不成立になったと述べている（同聴取書問9に対する答）。ところが、同人は、その第2聴取書（乙第9号証）においては、甲野弁護士が右契約の席に立ち会ったというのが記憶違いであり、原告の反対によって、契約が不成立になった旨供述を変えている（同聴取書問20及び21に対する答）。さらに、同人の最新の記憶によれば、原告は、右のような取引を行うことを承諾しておらず、Ｍ不動産から本件取得土地を先行して確保するという話についても、「Ｙ社がやりたいならどうぞ」というのが、原告の一貫した態度であり、それ以上の細かな事情は記憶にないと述べているのである（地上進陳述書（甲第27号証）●頁、同人の証人尋問速記録第●項）。

したがって、被告は、地上進の供述に依拠して、「原告が一旦Ｍ不動産からの買取を承諾した」という事実を基礎付けることは到底できない。

(III) また、乙第1号証添付の不動産売買契約書にも不自然な点が多々ある。もし地上進の第2聴取書で述べられているように、昭和63年6月17日に、原告が右契約の調印のために同席していたのであれば、買主の署名は、原告自身が行うはずである。現に、本件取引にかかる3通の売買契約書（甲第12〜14号証）の原告の署名は、契約調印に立ち会った原告自身が行っている。

ところが、昭和63年6月17日付の右不動産売買契約書上、買主代理人として署名しているのは、地上進である（地上進陳述書（甲第27号証）6頁、地上進証人尋問速記録第●項）。原告がその場に同席しており、かつその売買契約の内容を承諾しているのであれば、なぜわざわざ地上進が買主代理人として右契約に署名しなければならないのか、不可解というほかない。

(ウ) 第三に，昭和63年5月30日付の買付証明書（乙第6号証）を根拠として，原告がM不動産から本件取得土地を5億5300万円で購入することを一旦承諾したと考えることも，全くの誤りである。なぜなら，右買付証明書は，地上進の申出により，原告が深く考えることもなく，便宜的に署名押印したにすぎないものだからである（原告陳述書（甲第21号証）●，原告本人尋問速記録第●項参照）。

さらにいえば，不動産取引の実務において，特に極めて活発に不動産取引が行われていたバブル期の不動産取引の場合に，買付証明書がどのような具体的意味を持っていたかを考慮することなく，その文言のみを重視することがいかに誤解を生むものであるかが強調されなければならない。即ち，不動産取引の実際において買付証明書が持つ意味合いは，誰が出すかによって全く変わってくるのである（地上進陳述書（甲第27号証）●頁）。確かに一流の不動産会社が買付証明書を出すのであれば，買付の意思が確実なものであると想定することができよう。しかし，本件は，そのようなケースではない。要するに，本件の場合の買付証明書は，代替地としてM不動産の所有する本件取得土地を是非とも確保したかったY社が「売るのは少し待ってくれ」という程度の意味をM不動産に伝える趣旨で，地上進が原告から取得し，M不動産に交付したものにほかならないのである（地上進証人尋問速記録第●項）。

以上の通りであるから，原告がM不動産から本件取得土地を5億5300万円で購入することを一旦承諾したという被告の主張は，全く事実に反する。したがって，被告は，上記(B)の主張を根拠として，本件取得土地の当時の時価が5億5300万円であるという主張を根拠付けることは全くできない。

(ii) さらに，被告がM不動産とM商事との間の売買取引が本件取得土地の時価を最も適正に反映しているという主張を裏付けるために挙げている上記(A)の主張（本件譲渡資産と本件取得土地の1平方メートル当たりの適正な時価はほぼ等しい。）も全く理由がない。

即ち，土地の時価を考える上での指標の中で極めて客観性が高いと考えられる公示価格を基準として時価を推定する方法を用いた場合，本件取得資産の価額が，4億4516万4203円となることは，既に原告準備書面(3)7〜10頁で詳細に論証した通りである（しかも，こ

れらの点について，被告は特に争っていない。）(156)。この価額は，原告らが本件取得資産の時価であるという4億円とかなり近似しているのに対し，被告が本件訴訟において本件取得資産の時価であると主張する7億円とは約3億円もの開きがある。

　このように，公示価格を基準として時価を推定する方法を適用した結果から考えても，M商事がM不動産から買い受けた際の本件取得土地の売買価額をもって，その客観的な時価と考えることは，明らかな誤りである。したがって，本件譲渡資産と本件取得土地の1平方メートル当たりの適正な時価が等しいとは到底考えられない。

　(d) 以上の通りであるから，本件取得資産の時価は，その売買価額である4億円に等しいと考えるほかなく，それゆえ，本件譲渡資産の売買価額と本件取得資産の売買価額が時価を圧縮して決められた形式的な価額であることを根拠に，本件譲渡資産の収入金額の把握が，原告にどの程度の経済的価値が移転したかによって行うべきであるという被告の上記②の主張は自動的に排斥されなければならない。

4　本件取得資産の時価に関する被告の主張を前提とした場合の帰結

(1) 上記の通り，本件取引における実際の売買価額は，本件譲渡資産及び本件取得資産の適正な時価を反映したものである。しかしながら，仮に何らかの理由により，本件取得資産の時価が被告主張の通り合計7億円であるという認定がなされる（但し，かかる認定は，本件取引が対価的バランスがとれたものであるという当事者間に争いのない事実に反することになる。）と仮定しても，被告は，依然として本件課税処分の適法性を基礎付けることができない。この点については，原告準備書面(2) 9頁以下で詳細に述べた通りであるが，その要点を改めて示すと，以下の通りである。

(2) その当時の国土法の規制の趣旨からすれば，売買にせよ交換にせよ，およそ本件譲渡資産を処分するとしたら，不勧告価額である7億円を超えることが許されていなかった（この点について，被告は特に争っていない。）。また，そうであるからこそ，本件譲渡資産の実際の売買価額である7億円が，適正な時価と認められるのである（この点については当事者間に争いがない。）。

　したがって，仮に被告が主張する通り，本件取得資産の時価が7億円

---

(156)　公示価格を基準として本件取得資産の時価を算定するという原告の主張は，審査請求段階で行った主張（75頁以下）と基本的に同じである。なお，第一審判決は，この原告の主張を退けた（277〜278頁）。

であると仮定した場合，本件取引の結果，Y社は，原告に対し，本来時価が7億円である本件取得資産を，4億円で譲渡したことになる。即ち，本件取引により，Y社は，原告に対し，右差額相当分である3億円（＝7億円－4億円）の経済的利益を与えたことになり，法人税法上寄附金として取り扱われる余地が出てくる。他方，原告としては，本件取得資産の右時価を知り得る立場にない。なぜなら，不動産売買取引において買主が売主に対し，売主の取得原価を尋ねる権利も義務もないし，またそのような情報を開示する慣習もない以上，Y社とM商事間の本件取得土地の売買に先行して行われたM商事とM不動産との売買価額を基準に算出された右時価を，原告が知り得る立場にはないからである。なお，原告が，M不動産から本件取得土地を購入することに一旦合意したという被告の主張が根拠のない憶測にすぎないことは，既に論証した通りである。

したがって，原告の立場に立って，敢えて，Y社から得た経済的利益の額を計算するならば，比較的客観性の高いと考えられる指標である公示価格と実際の売買価額との差と捉える他ない。そして，このような公示価格ベースで考えた本件取得資産の価額が4億4516万4203円となることは，これまで繰り返し述べてきた通りである。この前提に立って，原告の得た経済的利益を敢えて計算すれば，4516万4203円（＝4億4516万4203円－4億円）ということになる。かかる金額が本件取得資産の公示価格ベースで計算した金額の10％程度（＝4516万4203円÷4億4516万4203円）にとどまることから考えれば，むしろこの程度の乖離は，ある程度幅をもった概念である「時価」の範囲内というべきである。

以上より，原告の立場からみる限り，本件取得資産の取得によりY社から得た経済的利益はないと考えるべきである。

仮に，何らかの理由により，原告が本件取得資産の取得により，経済的利益を得たとみなされるとしても，法人（Y社）から個人（原告）が受け取る右のような経済的利益は，一時所得に該当し（所得税基本通達31－1(6)参照），原告の譲渡所得とは全く無関係である（この一般論について被告は特に争っていない。）(157)。しかも，かかる経済的利益が認められるとしても，それはせいぜい4516万4203円であることは，右に述べた通りである。

(3) 以上の通りであるから，仮に本件取得資産の時価が被告の主張の通り

---

(157) このような理由の差替えを行うと，本件課税処分の適法性の一部が肯定され得ることに関し，第4章第3節Ⅱ2(4)（135頁以下）参照。

７億円であると仮定しても、それは、Ｙ社が原告に対し、本件取得資産を低額で譲渡したことを意味するものと解するほかない。そして、仮にかかる取引により原告が経済的利益を得たものとされるとしても、原告の一時所得の増額要因となるだけである。したがって、右価額を基礎に本件譲渡資産の譲渡収入金額を計算することとは決して結びつかない。
この点を完全に誤解し、本件課税処分の適法性を裏付けようとする被告の主張は、全く失当である。

5　まとめ

以上何れの観点からしても、本件課税処分の適法性に関する被告の主張は誤りであるから、本件処分は取消しを免れない。

以上

書式例21：被告最終準備書面

平成７年(行ウ)第213号　所得税更正処分等取消請求事件
　　原　告　Ｘ
　　被　告　国

被告最終準備書面

平成10年２月13日

東京地方裁判所民事第２部　御中

被告指定代理人
訟務検事　㊞
他４名

　被告は、従前の主張を補充して以下の通り主張するとともに、原告準備書面（第６回及び第７回）に対し、必要な範囲で反論する。
　なお、略称については、従前の準備書面の例による。

第１　本件取引の実態について
　被告準備書面(5)●で述べた通り、本件譲渡資産の譲渡及び本件取得資産の取得に関する取引は、不可分一体のひとつの取引であり、補足金付交換契約と認められる。
　この点につき、原告は、売買契約書の存在を根拠に、各売買契約が別個独立に成立したものである旨主張するが、本件取引の経緯は被告準備書面(1)●及び被告準備書面(2)●で述べた通りであり、①原告が本件取得資産を代替地として要求したことから、Ｙ社においても、本件取得資産を原告に交付する

こととしてこれを購入するなどし，さらに原告から本件差金の要求があって，原告とY社との間で，原告が本件譲渡資産を譲渡する対価として本件取得資産及び本件差金を取得する旨の合意が成立したこと，②原告から代替地の要求があった後，右合意に至るまでの間に，原告が本件譲渡資産及び本件取得資産の各価額につきY社と交渉した事実は全くなかったこと（原告本人調書●項，地上進証人調書（以下「地上進調書」という。）●項），③本件譲渡資産と本件取得資産を等価で支換する旨の確約書（乙第8号証）(158)が存在するところ，右確約書は，原告が本件譲渡資産と本件取得資産とを交換することを確認する目的で作成されたものであり，原告の了承を得ることなく作成しても意味のないものであったことから，その内容につき地上進が原告に確認の上作成したものであること（地上進調書●項），④本件譲渡資産の売買契約書上の価額は，単に国土法の届出上不勧告となりそうな価額ということで決められたにすぎず，本件取得資産の価額も本件譲渡資産の右届出価額から本件差金の額を差し引いて決めたにすぎないことが認められる。

即ち，右の取引経緯及びその内容に照らせば，本件取引においては，原告が本件譲渡資産をY社に譲渡し，その対価として，Y社が本件取得資産及び本件差金を原告に譲渡することを，原告とY社との間で互いに約したことが明らかであり，本件取引は，補足金付交換契約というひとつの契約であったと認められる。

原告の主張は，単に売買契約書が形式的に作成されていることのみをもって，右一連の取引を分断し，本件譲渡資産と本件取得土地及び本件取得借地権付建物につき，それぞれ別個独立の売買契約が成立したとするもので，取引の経緯及びその内容を無視したものであり，失当である。

第2 原告の主張に対する反論
1 原告の主張の誤りについて

原告の主張には，被告の主張を正解していない誤りが存するので，まずその点を指摘すれば次の通りである。

原告は，「本件譲渡資産の時価は7億円であり，この点については当事者間に争いはない。」旨主張する（原告準備書面（第6回）●）が，被告は，本件譲渡資産の時価につき7億円であると主張するものではない。即ち，被告は，被告準備書面(2)●において，「本件譲渡土地と本件取得土地の立地条件は同等であり（括弧内略），したがって，両土地の地価形成要因は同じであると認められるところ，国土法に基づく土地売買届出の変更届出書（同）及

---

(158) 乙8号証は210頁に掲載。

び不勧告通知書（同）によれば，（中略）本件譲渡土地の1平方メートル当たりの価額778万円は，適正な価額と認められている」旨主張したものであるが，右主張の趣旨は，本件取引から離れたところの地価形成要因からみれば，本件取得土地と本件譲渡土地とで異なるところはなく，国土法上も1平方メートル当たりの価額が適正な価額と認められて不勧告通知がなされたということであり，後述する通り，国土法上の不勧告価額は時価に等しいものではないのであって，右の主張から，被告が本件譲渡資産の時価を7億円であると主張したとするのは，被告の主張を正解していないものである。

2　原告の主張に対する反論

　原告は，前記の通り，本件取引においては本件譲渡資産の価値と「本件取得資産の価値プラス差金」とが対価的なバランスが取れていたことを自認し，「本件譲渡資産の時価は，本件取得資産の時価プラス本件差金の額（3億円）に等しい。」としており，結局，取得資産の価額（時価）を何によって算定するかが問題であるところ，原告は，さらに，「仮に，本件取引が被告主張の通り補足金付交換契約であり，交換契約にも本件特例の適用があるとした場合，交換取得資産の取得価額（即ち「時価」）は，本件譲渡資産の時価7億円から本件差金の額3億円を差し引いた，4億円である旨主張するようである（原告準備書面（第6回）●）。

　原告の主張によれば，右4億円が本件取得資産の時価に等しいというのであるが，原告がその主張の根拠とするところは，①本件譲渡資産の国土法上の不勧告価額は7億円であったこと，②公示価格を基準として本件取得資産の価値を算定した場合，右4億円に近似した，4億4516万4203円となること，③本件譲渡資産及び本件取得資産については，それぞれ右価額の売買契約書が存在することであると解される（原告準備書面（第6回）●）。

　しかしながら，まず上記②についていえば，土地の公示価格は，時価を反映して決められるものではあるものの，決して時価に等しいものではなく，特に地価が高騰していた本件取引当時において，公示価格と時価との間に相当程度の乖離が生じていたことは周知の事実である。したがって，公示価格を基準にして算定した本件取得資産の価額が最も時価に等しい旨の原告の主張には理由がない。

　原告は，「M商事がM不動産から買い受けた際の本件取得土地の売買価額は，バブル経済の絶頂期に地上げの一環として行われたという極めて特異な状況下でつけられた異常な価額であった。」旨主張するが（原告準備書面（第6回）●），本件取引当時は，原告が「バブル経済の絶頂期」と表現して

いる通り，広く地上げが行われ，地価が高騰していたのであるから，その時点における当該土地の評価が，いわゆるバブル経済崩壊後数年を経た現在と比較すれば異常に高い評価であったとしても，当時の評価としてはそれが時価だったといえるのであり，原告の右主張は主張自体失当といわざるを得ない。本件取得土地をＭ商事がＭ不動産から購入した売買取引に，投機的若しくは思惑的な要因がなかったことは既に述べた通りであり，Ｍ商事とＭ不動産との売買契約における代金額が本件取得土地の時価を表すものであることは明らかである(159)。

　次に，上記①についてであるが，国土法上の届出価額である7億円は，単に国土法上不勧告となる価額として便宜的に定められたものにすぎない上，そもそも国土法上の不勧告価額は必ずしも時価に等しいものではなく，本件取引当時，国土法23条1項の規定に基づく届出を要する取引につき，不勧告価額を超えた取引が市場においてなされていたことは，乙第13号証及び14号証並びに地上進の証言(地上進調書●項)により明らかである。

　また，上記③についても，本件譲渡資産にかかる売買契約書上の代金額が国土法上の届出との関係で便宜的に決められたにすぎないことは右の通りであり，本件取得資産にかかる売買契約書上の代金額についても，単に本件譲渡資産の国土法上の届出価額から本件差金の額を差し引いた価額にすぎないのであって，これらの売買契約書上の価額が本件取引当時の当該資産の時価であるとは到底認められないものである。

第4　結語

　以上から，原告の請求は理由がなく速やかに棄却されるべきである。

以上

---

(159) 第一審の最終段階において，被告は，当時の国土利用計画法の規制が必ずしも実効性を持っていなかった旨の主張をし，それを裏付ける証拠として新聞記事の抜粋等を書証として提出した。第一審判決は，この被告の主張を容れ，「国土法の適用がある土地についても，勧告額による代価の外に，裏リベートといった形で経済的対価の供与が行われる事態も生じていた」という事実認定をしている（275頁注(180)）。

第11節　租税訴訟と和解

I　概　説

1　行政訴訟と和解

　行政事件訴訟法は，行政訴訟における和解について特に触れておらず，同法7条は「行政事件訴訟に関し，この法律に定めがない事項については，民事訴訟の例による。」と定めている。民事訴訟においては，当事者が互いに譲歩し，紛争を解決する裁判上の和解が紛争解決方法として重要なウェイトを持つことは周知の事実であるため，行政訴訟においても，民事訴訟と同様に和解という解決方法をとることの可否が問題となる。以下，抗告訴訟を念頭に置きながら，学説の状況と裁判例を概観する。

2　学説の状況

(1)　否定説

　否定説は，抗告訴訟の対象である行政処分が法律によって権限を与えられた行政庁により，その責任の下に一方的判断によりなされた処分であるという前提に立つとともに，訴訟上の和解は，訴訟係属中に両当事者がそれぞれの主張を譲歩し訴訟物に関してなす実体法上の合意と訴訟終了についての訴訟上の合意をするものと捉える。そうすると，抗告訴訟において考えられる和解は行政庁が行政処分を取り消し若しくは変更することを原告に約して訴訟を終結するというのが典型的パターンになるが，かかる処理は行政処分の本質上不可能であるというのが否定説の考え方である。否定説によると，法律による行政の原理に照らし，行政庁としては自らの処分が適法であると考える限り，最後まで争うのが筋であるということになる[160]。

---

[160]　塩野宏『行政法II』（有斐閣，第4版，平成17年）（以下「塩野・行政法II」と引用）

特に，課税処分の取消訴訟においては，租税債権が租税法の定めにより，画一的に成立，消滅するものであって，租税行政庁がその裁量で，租税債権自体の減免，猶予等をすることができないと考えられているため，理論的に和解はできないという考え方が根強い[161]。

(2) 肯定説

これに対し，一定の条件を付けながらも，行政訴訟における和解を肯定する見解がある。

例えば，南博方教授は，行政事件訴訟法7条を根拠に，行政訴訟において和解を認めることは必ずしも行政訴訟の特質に反するものでないとし，①当事者たる行政庁が訴えの対象に関して事物管轄を有しないとき，②行政行為の発給又は取消しを直接の和解の内容とするとき，③和解により相手方たる私人に公共の安全と秩序が脅かされるべき法的地位を約し，又は放置することを約することになる場合，④和解の履行としてなされる行政庁の行政行為が無効である場合，⑤実体的確定力を生ずる行為に関する場合，を除いて和解を妨げる事由は存在しないとしている[162]。

また，抗告訴訟における和解を原則的には否定しながら，行政処分を行う行政庁に裁量権が認められている場合には，例外的に，その限りで和解の余地を肯定する考え方も主張されている[163]。

3 裁判例の検討

以上の通り，行政訴訟における和解を肯定する説は散見されるものの，租税に関する抗告訴訟を念頭に置いた上で，和解の許容性とその条件について明言するものは見当たらない。しかし，裁判例の中には，以下の通り，この問題を考える上で，参照に値するものがある。

161頁。
[161] 中尾・入門294頁以下。
[162] 南博方『行政訴訟の制度と理論』（有斐閣，昭和43年）191～200頁。
[163] 田中二郎ほか『行政事件訴訟特例法逐条研究』（有斐閣，昭和32年）110～111頁，田中二郎発言。但し，税金訴訟に関しては和解の余地を否定されている。また，長崎地判昭和36年2月3日（行集12巻12号2505頁）は，「行政訴訟においても，当事者が訴訟物およびこれに関連する公法上の法律関係を処分し得る権能を有する限り，裁判上の和解を可能であると解するを相当とすべく，特に行政庁の右処分権能については，少なくとも自由裁量が認められる範囲内の事項に属する限り，これを肯定すべきである。」と判示している。

(1) 京都市古都保存協力税条例事件
 (a) 事件の経緯

本件(164)では，京都市文化保護特別税（実際の徴収期間は昭和39年9月1日～昭和44年8月31日であり，判決文では「旧税」と表現されている。）の実施による紛争を解決するため，京都市長と社寺側とで締結した，社寺側が全面的に5年間税の特別徴収その他税の適正・円滑な施行に協力し，京都市は税についての期限を5年とし，期限後は，この種の税をいかなる名目でも新設又は延長しないことを内容とする昭和39年7月26日付合意（判決文では「本件契約」と表現されている。）の効力が問題となっている。

裁判所は，地方自治体の固有かつ本質的権能（市議会の固有の議案提出権，市の課税権の行使，市長の議案提出権）についてこれを制限する内容の和解的解決を不可とする見解を明らかにしている。特に，同判決は，市が私人との合意により課税権の一部を放棄することが許されない実質的な理由として以下の通り述べている。

「市町村法定外普通税と特別の利害関係のある私人と当該地方公共団体との間で，右税を設けないこととすると取り決めても，これに法的拘束力があるとすることはできない。もし，このような合意に法的拘束力があるとすると，当該地方公共団体に右税収入を確保できる財源があり，しかも右税収入を必要とする財政需要がある場合，当該地方公共団体の財政ひいては住民全体の利益が害されるし，さらに，偏頗，恣意的な税務行政になりかねない結果を招来する。そして，このようなことが，地方自治法223条，地方税法2条の法意に反することは，言うまでもない。」

 (b) 検　討

上記判決は，地方自治法の解釈を通じて，地方自治体の固有かつ本質的権能の内容を明らかにし，これらの権能を制限する和解的解決の限界を検討するに最適のものの1つといえよう。

---

(164) 京都地判昭和59年3月30日（行集35巻3号353頁，判時1115号51頁，判タ521号71頁）。なお，本件は控訴され，大阪高判昭和60年11月29日（行集36巻11・12号1910頁，判時1178号48頁，判タ578号33頁）により，原告側の請求が全て退けられることにより，確定している。但し，上記控訴審判決は，京都市長と社寺間の京都市文化保護特別税に関する合意の効力については直接判断していない。

(2) 東京都銀行税事件

(a) 事件の経緯

本件は[165]、東京都が平成12年に「東京都における銀行業務に対する事業税の課税標準等の特例に関する条例」(以下「本件条例」と略称する。) を制定公布し、資金量総額5兆円以上の銀行等の法人事業税については、5年間、「業務粗利益」を課税標準として、税率3％で課税することとしたことの是非が争われたものである。

これに対し大手銀行等は、本件条例の制定は憲法及び地方税法に違反するとして、東京都及び東京都知事に対し、①本件条例の無効確認、②本件条例に基づいて計算・納付された事業税の誤納金としての還付、及び③本件条例の制定に係る一連の違法行為に対する国家賠償等を求め、東京地裁に訴訟を提起した。

平成14年3月26日、東京地裁は、本件条例の無効確認請求を却下したが、本件条例が違法・無効であるとして、法人事業税の還付を命じ、また国家賠償請求を認める等、原告請求の主要部分を認めた。

東京都は、同判決を不服として、控訴したところ、翌平成15年1月30日、東京高裁は、一審が違法とした主な論点については、被告東京都の控訴を容れて適法としたが、本件条例による事業税の税負担は、所得を課税標準とした場合の税負担と比較して、著しく均衡を失しているとし、したがって「本件条例は、地方税法72条の19には違反しないが、(税負担の均衡要件を定めている) 同法72条の22第9項に違反し無効である[166]」として、納付済みの事業税額の返還

---

[165] 第一審判決は東京地判平成14年3月26日 (判時1787号42頁、判タ1099号103頁)、第二審判決は東京高判平成15年1月30日 (判時1814号44頁、判タ1124号103頁)。

[166] 東京高裁判決は、地方税法72条の22第9項の定めるいわゆる「均衡要件」は、外形標準課税の税率決定の際に、その外形標準課税による税負担が所得を課税標準とする場合の税負担に比して著しく均衡を失することのないように定めるべきことを要求しているという一般論を前提とした上で、「『所得』を課税標準とした場合の税負担がゼロとなってしまう銀行がほとんどとなっているのに、本件条例による納税額が相当額に上るのは、貸倒損失等を一切考慮しない『業務粗利益』を課税標準としたことに起因することは明らかであって、均衡要件との関係でも、課税標準における貸倒損失等の扱いについてはなお検討が必要であったということになる。そして、地方税法72条の19に基づき導入した外形標準課税が…均衡要件を満たすことについては、外形標準課税を導入する条例を制定した地方公共団体側において、客観的な資料に基づき積極的に証明すべき責任があるところ、以上を総合勘案すると、本件条例による税負担が、『所得』を課税標準とした場合の税負担と、『著しく均衡を失することのないよう』なものであることを認めるに足る証拠はないことになる。」と判示している。

を命じた。

　これに対し，東京都側が上告したところ，平成15年10月8日，最高裁において，一審被告東京都及び東京都知事並びに一審原告各銀行の間で，下記和解条項（要旨）の通り，訴訟上の和解が成立した。

---

① 一審原告各銀行と一審被告東京都及び東京都知事は，改正条例が公布，施行され，一審被告東京都から各一審原告に還付金（還付加算金を含む。）が支払われたことにより，本件が解決されたことを確認する。
② 一審原告らは本件各訴えを取り下げ，一審被告らはこれに同意する。
③ 訴訟の総費用は各自の負担とする。

(b) 検　討

　この和解は，課税処分の違法性について和解条項の文言上直接触れていない。しかし，上記①をみると，改正条例の公布，施行を前提として，還付金の支払によって本件が解決されたことが確認されており，実質的には東京都側が課税処分を取り消す内容を有するものと捉えることもできる。このように捉えると，京都市古都保存協力税条例事件の京都地裁判決の立場からは，この和解が東京都の固有かつ本質的な権能を制限するものとなっていないかどうかが吟味されなければならない。

　これに対し，行政訴訟における和解を否定する立場からは，「いわゆる，東京都の銀行外形訴訟の和解条項は，改正条例の公布・施行および還付金の支払の確認にかかるものと，原告側の訴の取下げ，被告の同意，訴訟費用の各自負担からなりたっている。したがって，当該和解自体も和解の許容性の問題に直接関係するものではない。」という説明がなされている[167]。

4　私　見

　そもそも，租税訴訟を含む行政訴訟において，一般的に和解ができないという考え方は誤りであると思われる。例えば，裁判外で，行政庁側が違法な行政処分を取り消したことを和解調書の中で確認することは問題ないと考えられる。また，行政庁が相手方の同意を得て自由意思により処分できる経済的利益につ

---

[167]　塩野・行政法Ⅱ161頁。

いても、訴訟上の和解が可能であると思われる。行政契約が広く許容されていることからすると、行政契約が可能な領域では、広く訴訟上の和解が認められるべきである。

民事訴訟においても、訴訟上の和解は、裁判所が当事者の主張と証拠を検討し、法令の解釈・適用を前提とし、ありうべき判決を予想し、当事者に働きかけた上で成立するのが通常であろうから、このようなプロセスが行政訴訟に適用されたとしても、何ら問題とならない。確かに、行政訴訟においては、民事訴訟と異なり、第三者の利益や公益を考慮することが必要であるが、和解をなす過程で、これらの点に十分な配慮をすれば足りると考えることが十分可能である[168]。

特に、租税訴訟事件においては、その紛争の対象は、最終的に租税債権の有無と額であり、第三者が直接の利害関係を持つことが少ないため、むしろ和解になじむことが多いと考えてよいのではなかろうか。既に第2章第1節Ⅲ1(1)(20頁)でも述べたように、税務調査の段階では、租税行政庁と納税者の間で折衝が行われ、その結果、課税関係をめぐる紛争が解決される事例が非常に多いことからすると、一旦訴訟に至れば突然和解ができないというのは一貫しない。訴訟の過程で、課税処分の違法性が明らかとなった場合はもとより、それ以外の場合（例えば、評価の難しい資産の時価が争点となっている事案において、裁判所の監督の下に、租税行政庁と納税者が互いに譲歩し、その評価に関し合意するようなケース）においても、訴訟上の和解を通じた柔軟かつ迅速な解決が図られるべきである。

Ⅱ 本件の検討

本件訴訟の第一審段階においては、「課税処分の取消訴訟においては、理論的に和解はできない」という伝統的な考え方[169]に基づき、和解の試みは一切

---

[168] 山下清兵衛「租税訴訟学会 租税判例研究 東京都銀行税条例事件判決と和解」税務事例38巻5号38頁以下、43頁は、山下弁護士が関与した道路位置指定取消処分無効確認訴訟事件、国家賠償請求訴訟事件、租税訴訟事件で、訴訟上の和解をなした例や、あるいは裁判外で新たな行政処分がなされることにより訴訟の必要性がなくなるという意味で事実上の和解がなされた例を紹介している。
[169] 中尾・入門294頁以下。

なされていない。

　これに対し，控訴審の段階においては，裁判所が本件課税処分の違法性を肯定するという心証を固めた際に，被告に対し，本件処分の職権による取消しをなすかどうかの打診をした。この申出を被告側は受け容れなかった[170]が，仮に受け容れていたとしたら，正式な和解調書が作成されるわけではないけれど，終局判決を見越した一種の和解的な解決が図られたものと評価することができよう。

---

[170] 弁論準備手続におけるやりとりにつき第4章第13節Ⅱ6(2)(289～290頁)頁参照。

第12節　判決とその効力

I　概　説

1　判決の種類

　課税処分の取消訴訟の判決は，その内容によって，以下の通り，訴えの却下，請求棄却，請求認容の3種に分かれる。

(1)　**却下の判決**

　却下の判決とは，不服申立てを経ていない訴えや，出訴期間経過後の訴えのように訴えが訴訟要件(171)を欠く場合に，本案の審理を拒絶する判決である。

(2)　**請求棄却の判決**

　請求棄却の判決とは，本案について審理した結果，取消しの求められている処分が，違法でないことが判明した場合に，原告の請求を理由なしとして排斥する判決である。

(3)　**請求認容の判決**

　請求認容の判決とは，本案について審理が行われた結果，取消しの求められている処分が違法であることが判明した場合に，その全部又は一部を取り消す判決である。

2　確定判決の効力

　課税処分の取消訴訟の判決が確定した場合は，その確定判決には，判決内容に応じて，以下のような効力が認められる(172)。

(1)　**形成力**

　課税処分の取消訴訟において請求認容判決が確定すると，訴訟の対象たる課税処分は，遡って効力を失い，これをした租税行政庁の職権による取消しを待

---

(171)　課税処分の取消訴訟の訴訟要件については，第4章第4節 I（137頁以下）参照。
(172)　中尾・入門59頁以下。

たずに，はじめから処分がなかったものと同じ状態になる。このような取消判決の一般的形成力は，当事者に対してのみでなく，第三者に対しても効力を有する（行訴32条1項）。

(2) 既判力

既判力とは，確定判決の判断内容に当事者及び裁判所が拘束され，後訴において，同一事項について，確定判決の内容と矛盾する主張や判断ができないという効力である。

課税処分の取消訴訟の訴訟物は，当該課税処分の違法性一般をいうと解されているので，既判力もその範囲で生じることになる。したがって，当該取消訴訟において請求を棄却された原告が，他の違法事由を主張して，再び当該課税処分の取消しを求めることは，既判力に触れて許されない。

他方，取消判決は，当該処分が違法であることを確定するものであるから，同じ原告による国家賠償請求にも既判力が及ぶものと考える立場が学説においては有力である[173]。

しかし，最判平成5年3月11日（民集47巻4号2863頁，判時1478号124頁，判タ883号113頁）は，取消訴訟の「違法性」と国家賠償法1条1項の「違法性」を峻別した上，更正処分が所得金額を過大に認定している違法があったとしても，そのことから直ちに国家賠償法1条1項にいう「違法性」があったことにはならないとの判断を示した。そして，同判決は，職務上通常尽くすべき注意義務を尽くすことなく漫然と更正をしたと認められるような事情がある場合に限り，国家賠償法1条1項の「違法性」があると解するのが相当であると判示した[174]。

(3) 拘束力

取消判決は，拘束力を持ち，その事件について，当事者たる国及び国のために課税処分を行った租税行政庁その他の関係行政庁に対し，取消判決の内容を尊重しその判決の趣旨（主文と一体となっている理由中の判断を含む。）に従っ

---

[173] 塩野・行政法Ⅱ287頁以下，藤田宙靖『行政法Ⅰ（総論）』（青林書院，第3版（改訂版），平成17年）473頁以下。
[174] 同判決は，税務署長の行った更正処分が，新たに発見された収入に見合う経費増を考慮しなかった点で，違法性と過失があるとして，慰謝料・弁護士費用等の損害賠償を認容した。なお，同判決の評釈として，山田二郎・ジュリスト1050号190頁参照。

て，行動すべきことを義務付けている（行訴33条1項）。

このように，取消判決に拘束力が認められる結果，租税行政庁は，裁判所が違法と判断したのと同一事情の下で，同一の理由で，同一人に対し，同一の内容の処分をなすことが禁じられる（同一過誤の反復禁止）。

さらに，同一過誤の反復禁止以外の局面においても，判決の拘束力が問題とされるケースがある。例えば，贈与税の決定が取り消されれば，税務署長は，上記判決の拘束力により，上記決定を前提とする差押処分を取り消す義務を負い滞納処分を続行できなくなる[175]。

II 本件の検討

本件の第一審においては，東京地裁は，以下の通り，原告の請求を棄却した。第一審判決に不服である原告は，直ちに控訴を提起した。

これに対し，第二審において，東京高裁は，原判決を破棄し，第一審原告の請求を全面的に認容し，本件課税処分を全部取り消す判決を下した。

そこで，国側は，控訴審判決に不服であるとして，上告受理の申立てを行った。この上告受理申立てに対し，最高裁が不受理決定をしたことにより，上記控訴審判決が最終的に確定した。この確定判決には，上記のような形成力，既判力，拘束力が認められる。

---

[175] 大阪地判昭和38年10月31日（行集14巻10号1793頁）参照。

書式例22：第一審判決

平成7年（行ウ）第213号　所得税更正処分等取消請求事件
平成10年5月13日　民事第2部判決
　　　原　告　X
　　　原告訴訟代理人弁護士　弁護士郎
　　　原告補佐人税理士　税理士麻
　　　被　告　国
　　　同代表者法務大臣　法務相子
　　　被告指定代理人　訟務検事

　　　　　　　　　　　主　　　　文
1　原告の請求をいずれも棄却する。
2　訴訟費用は，原告の負担とする。
　　　　　　　　　　事実及び理由
第1　請求
　　Z税務署長が，原告の平成元年分の所得税について平成5年3月3日付でした，原告に対する更正のうち，長期譲渡所得金額●円及び納付すべき税額●円を超える部分及び過少申告加算税の賦課決定を取り消す。
第2　事案の概要
　　本件は，原告が所有していた土地等の譲渡所得の計算における譲渡収入金額の計算の違法が税額に係る争点である。
　　なお，以下においては，国土利用計画法を「国土法」と，平成2年法律第12号による改正前の所得税法を「所得税法」と，国税通則法を「通則法」と，租税特別措置法を「措置法」と，租税特別措置法施行令を「令」と略称し，平成3年法律第16号による改正前の措置法31条，31条の4，31条の5，平成5年法律第10号による改正前の措置法35条，平成2年法律第13号による改正前の措置法37条は，それぞれ「措置法」の下に，平成3年政令第88号による改正前の令25条4項は，「令」の下に，各該当条文を記して表示することとする。
第3　争いのない事実等
　1　本件に至る経過
　(1)　原告は別紙物件目録1記載の土地及び同土地上に所在する同目録記載の建物を所有していた（以下，同土地を「本件譲渡土地」と同建物を「本件譲渡建物」という。）。
　(2)　原告は，平成元年3月23日，訴外株式会社Y社（以下「Y社」とい

う。）に対して，本件譲渡土地及び本件譲渡建物（以下「本件譲渡資産」という。）を総額7億円（なお，本件譲渡建物は無価値と評価した。）で売買する旨の契約を締結した。

　　Y社は，同日，原告に対して，(1)別紙物件目録2記載甲の土地（以下「本件取得土地」又は「甲土地」という。）を，代金を3億1600万円にて，同目録記載乙の土地（以下「乙土地」という。）に対する賃借権（以下「本件取得借地権」という。）及び同目録記載丙の建物（以下「本件取得建物」という。）を，代金8400万円にて，それぞれ売買する旨の契約を締結した（以下においては，本件取得土地，本件取得借地権及び本件取得建物を「本件取得資産」という。）。

　　原告及びY社は，同日，右各売買契約の履行を行い，右各契約代金の相殺差金として，Y社から3億円の小切手が原告に交付された（以下においては，この小切手に係る金銭を「本件差金」といい，本件譲渡資産及び本件取得資産の各売買契約及び本件差金の授受からなる行為を「本件取引」と総称する。）。

(3)　本件取引に先立つ昭和63年11月4日，本件譲渡資産の売買に関して，譲渡予定額を8億円とする国土法23条1項所定の届出書が東京都●区長に提出されたが，国土法24条に基づく勧告を受けたため，同月21日，譲渡予定額7億円（1平方メートル当たり778万円）として再度の届出の変更書が提出され，これに対しては不勧告の通知がされた。

(4)　原告は，平成元年5月8日，東京都から乙土地に対する所有権（底地権）を1800万円で取得した。

(5)　本件取得建物は，平成元年12月20日，取り壊された。

2　課税経過

(1)　原告は，平成2年3月14日，平成元年分の所得税として，本件譲渡資産の譲渡価額を7億円，分離長期譲渡所得金額を●円，申告納税額を●円とする確定申告書を提出した。右確定申告書には，措置法31条の4，35条及び37条を適用した旨の記載があり，譲渡所得計算明細書，譲渡内容についてのお尋ね，買換承認申請書等が添付されていた。

(2)　Z税務署長は，平成5年3月3日付で，原告の平成元年所得税の総所得金額，分離長期譲渡所得金額及び納付すべき税額を別表1の1の「更正・賦課決定」の区分の項の通りとし更正及び過少申告加算税賦課決定をした。

(3)　右(2)記載の更正及び過少申告加算税賦課決定に対する不服の経過は，別表1の1の各該当欄記載の通りであり，原告は，平成7年7月21日，

本件訴えを提起した。
3　被告の主張する課税根拠（分離長期譲渡所得に関する更正の根拠）
　　原告に対する所得税の課税標準及び税額の計算は，別表3及び4記載の通りであり，分離長期譲渡所得の金額及びこれに対する税額以外は争いがない。
(1) 本件取引の性質及び本件取得資産の価額
　　本件譲渡資産の譲渡及び本件取得資金の取得に関する本件取引は不可分一体の取引であり，原告は，本件譲渡資産の対価として，本件取得資産及び本件差金を取得したものであり，5億5300万円（1平方メートル当たり700万円）をもって，本件取得土地の本件取引当時の適正な時価と解し，本件取得土地の単価に地積を乗じ，借地権割合0.7を乗じた1億4700万円をもって本件取得借地権価額とし（本件取得建物は評価外とした。），以上から，本件取得資産及び本件差金の合計額は10億円（以下「被告主張譲渡収入金額」という。）と認めた。
(2) 分離長期譲渡所得に関する更正の根拠
　　(a) 本件取引の当時，原告の本件譲渡土地はその所有期間が10年を超えるものであった。また，本件譲渡土地には居住用部分と事業用部分が存した。なお，本件譲渡建物は無価値として評価する。
　　　そこで，(i)本件譲渡土地のうち居住用部分の譲渡については措置法31条の4第1項に該当する譲渡として，(ii)本件譲渡土地のうち事業用部分の譲渡については措置法37条に該当する譲渡として，区分して譲渡所得の金額を計算すると，次の通りである。
　　　《略》
　　(b) 分離課税の長期譲渡所得の金額に対する税額は，通則法118条1項に規定する端数処理を前提として，●円である。
　　(c) 右によれば，原告は，平成元年分の所得税に係る課税標準及び納付すべき税額を過少に申告していたもので，通則法65条4項の正当な理由もないから，同条1項，同法118条3項の規定に基づき計算すると，過少申告加算税は●円となる。
第4　争点及び当事者の主張
1　原告の所得税に関する更正の理由附記の要否及び原告に対する更正の理由変更の可否
(1) 原告の主張
　　(a) 原告は，個人の所得税についてZ税務署長から青色申告の承認を受けており，原告の本件譲渡資産に関する譲渡所得の申告は青色申告に

よって行われた。そして，青色申告は各種所得ごとにされるものではなく納税者についてされるのであり，理由附記の対象には譲渡所得を含む総所得金額の更正も含まれ，ただ，これが「不動産所得の金額，事業所得の金額及び山林所得の金額以外の各種所得の金額の計算」（所法155条1項）についての誤りがあったことのみに基因する場合が除外されるにすぎないから，理由附記の趣旨に照らして，その例外となるのは，理由附記なしで理由附記の制度目的を達成することができる場合に限定するべきである。

しかし，原告の譲渡資産の所得に関する更正は右例外に該当するものではなく，右更正には，「調査しましたところ」として更正の結論が示されているのみで，本件譲渡資産の譲渡価額の算定理由は明らかでないから，右更正は理由の附記を欠く違法なものである。
(2) 本件譲渡資産の時価に関する被告の主張は，本件取得資産の価額と本件差金との合計額であるとしながら，更正時では9億8000万円，異議決定及び裁決時では10億4200万円，本件訴訟の主張では10億円としているが，かかる理由の変遷は理由附記の趣旨に沿わないばかりか，原告の訴訟上の防御を困難ならしめ，訴訟の長期化という不利益を与えていることを考慮すれば，このような理由の変更は許されない。
2 被告の主張
(1) 青色申告以外の申告について更正をする場合には，理由附記は法律上の要件とされていない。そして，個人の所得で青色申告が承認されるのは，不動産所得，事業所得及び山林所得を生ずべき業務に係る場合に限られており（所法143条），本件で原告の所得税についての更正の基因となった所得は分離課税の長期譲渡所得であるから，これに対して青色申告が承認されることはあり得ない。
(2) 課税処分の審理の対象は，処分時に客観的に存在した税額を処分に係る税額が上回るか否かを判断するために必要な事項の全てに及ぶのであり，税額を算出する根拠となる事実は攻撃防御の方法にすぎないから，当該処分に係る税額の適法性を維持するために訴訟の段階で課税の根拠に係る新たな主張をすることも当然許される。
3 本件譲渡資産の譲渡の対価
(1) 被告の主張
(a) 本件においては，(i)本件取得資産の取得及び本件差金の交付は，本件譲渡資産の譲渡の交渉過程において原告が要求したものであり，原告とY社との間で，本件取得資産及び本件差金を本件譲渡資産の対価

として，各契約が締結されたこと，(ii)原告が代替地の要求をした後，本件取引に至るまで，原告は本件譲渡資産及び本件取得資産の各価額についてY社と交渉したことはなかったこと，(iii)本件譲渡資産と本件取得資産を等価で交換する旨の確約書（乙8 [176]）は，原告の確認を得て作成されたものであること，(iv)本件譲渡資産の売買代金額は，国土法との関係で不勧告となりそうな届出価額として決定されたもので，本件取得資産の価額も右届出価額から本件差金の額を控除して決められたものにすぎないことが認められるのであって，これらの事情に照らせば，本件譲渡資産の譲渡と本件取得資産の取得に関する取引は，不可分一体の補足金付交換契約というべきである。

(b) したがって，本件譲渡資産の譲渡による所得（所法33条1項）は，その対価である本件取得資産及び本件差金の合算額である。そして，本件取得資産の価額は合計7億円，即ち，本件取得土地については，これをY社に売却したM商事株式会社（以下「M商事」という。）の購入金額5億5300万円，本件取得借地権については，右価額に借地権割合0.7を乗じて算定した単位面積当たりの価額に地積を乗じた1億4700万円と解すべきである。

(2) 原告の主張

(a) 次の事実経過に照らして，本件譲渡資産に係る売買契約及び本件取得資産に係る売買契約が関連しており，取引として対価的にバランスのとれたものであるということはできるが，これは各契約の動機ないし背景にすぎず，各契約は，その形式においても関係当事者の認識においても，それぞれ別個に締結された独立の契約である。そして，当事者の客観的意思において個別の売買であるものを税法上別異と認定することは，不意打ちを容認することとなり，租税法律主義に反する。

(i) 本件取引については，Y社の担当者であった地上進が，昭和62年頃より，原告と交渉するようになったが，交渉の当初においては，原告が本件譲渡資産に強い愛着を有しており，原告の側に売却の意思はなかったところ，その後の周辺の地上げの進行による環境の悪化から，原告としても適当な代替地の取得ができるのであれば，本

---

[176] 乙8号証は210頁に掲載。被告は，乙8号証がXの確認を得作成されたと主張したが，原告は，乙8号証がXの作成したものではないと主張し，文書の成立を正面から争った（X本人尋問速記録117項以下（232頁），原告第8準備書面（243頁以下））。この結果，第一審判決は，本件取引を補足金付交換取引であるという認定をしたにもかかわらず，少なくとも判決文上は，乙8号証をこの認定の基礎とする証拠とはしなかった（275～276頁以下）。

件譲渡資産の売却もやむなしと考えるに至った。
(ii) 昭和63年初秋頃, 地上進は本件取得土地を代替地として提示したが, 原告は地型が悪いことを指摘し, 本件取得借地権と併せて取得できるのであれば, 本件譲渡資産の売買交渉に応ずる可能性があることを示した。
(iii) その後, 地上進は, 本件取得資産を確実に取得するための準備に時間を要したが, 本件取得資産の代価を5億5300万円とする原告とM不動産との売買契約書が原告の了解の下に作成されたことはなく, Y社が本件取得資産の取得のためにいかなる価額でどのような方法を取るかについて原告が関与したことはない[177]。
(iv) 本件譲渡資産の代金は, 国土法の届出に基づいて7億円と合意され, この金額を前提に譲渡所得税を試算し, 原告において, 本件取得土地の価額を3億1600万円, 本件取得借地権付建物の価額を8400万円とすることを地上進に提案し, これにY社が同意して, 本件取得資産の価額が確定したものである。この間, 原告の代理人であった甲野太郎弁護士（以下「甲野弁護士」という。）が本件差金取得の申出をしたり, 本件取引における代金額を申し出たこともない。
(v) Y社にとって, 本件譲渡土地の取得が是非とも必要であったこと, そのためにY社において積極的に取引条件を提示したこと, バブル経済の絶頂期にあった本件取引当時には, 地上げの一環として仕入価額を下回る価額で土地の譲渡を行うということが合理性を持つという事態が十分に起こり得たのであって, 本件取得資産の代金額がY社の購入価額を下回ったとしても, それ故に, 本件取引の性質を一体的なものと解する理由にはならない。
(vi) 以上の経過を経て, 平成元年3月23日, 原告からY社へ本件譲渡資産を譲渡する旨の売買契約書, Y社から原告に対して本件取得土地を売却する旨の売買契約書, Y社から原告に対して本件取得借地権付建物を売却する旨の売買契約書を各別に作成し, 各契約締結直後に, 原告は, 本件譲渡資産の代金から本件取得資産の代金を控除した差額3億円に相当する小切手の交付を受け, 各売買代金は相殺され, 各売買契約に対応した領収証が授受された。
(b) 右の通り, 本件取引は, 本件譲渡資産及び本件取得資産に関する各別の売買契約からなるものであって, 一体不可分の補足金付交換契約

---

[177] 控訴審判決においては, この第4, 3(2)(a)(iii)の事実が削除されている（301頁）。

と解することはできないから，本件譲渡資産の対価は契約金額そのものと解すべきであり，本件取得資産の価額及び本件差金の額の合算額と解すべきではない。

　また，国土法の定めにより，本件譲渡資産を不勧告価額以上で売却することは許されないのであるから，不勧告価額に適合するように定められた本件譲渡資産の売買契約書記載の価額をもって譲渡価額とすべきものである。

　そして，本件取引が対価的にバランスのとれたものであること及び本件譲渡資産の代価は右不勧告価額に従うべきことからすれば，本件取得資産の価値は不勧告価額に従った本件譲渡資産の譲渡代金額7億円から本件差金の額3億円を控除した4億円となるのであって，本件取引は本件取得資産の時価を圧縮した取引ではなく，本件譲渡資産の対価は本件取得資産の代価と本件差金の額との合計額である契約金額となるのである。

　なお，被告は，本件取引に先行する本件取得土地の取引価額をもって本件取得資産の価額を算定するが，当時の経済情勢の下において，M商事の購入価額等は時価を示すものではなく，本件取得資産の公示価格を基準として本件取引当時の時価を算定すれば，本件取得資産の価額は4億4516万4203円となるのであり，本件譲渡土地と本件取得土地とがほぼ同等であるとすることもできないのである。

　なお，仮に，本件取得資産の価額が被告の主張する通り7億円であるとしても，本件取得資産の時価を知り得ない原告の立場からは，本件取得資産の近隣土地の平成元年1月1日の公示価格の各相続税路線価に対する割合を本件取得資産の路線価に乗じ，本件取引時までの時点修正を加えて算定した本件取得資産の価額4億4516万4203円と売買価額との差額の利益を得たというべきであり，右各価額の乖離は本件取得資産の公示価格ベースによる評価額の10パーセント程度であって，かかる利益は，取引上，無視すべきものである。

(c) また，本件取引により，原告が本件譲渡資産の時価を上回る経済的利益を得たとしても，これは法人からの贈与により取得する金品として一時所得になるべきものであり（所得税基本通達34—1(5)），譲渡所得を増加させるものではない。

第5　証拠《略》

第6　争点に関する判断

1　本件取引の経過

《証拠略》によれば，次の事実が認められる。
(1) 本件取引は，昭和62年初め頃，本件譲渡土地の周辺の土地の地上げをしていたＹ社の担当者であった地上進及び地元不動産業者が本件譲渡資産の購入方の交渉に訪れたことに始まり，原告と地上進との間で交渉が進められた。

　当時，原告は本件譲渡建物に居住しており，愛着もあったことから，売却の意思はなく，坪当たり5000万円あるいは6000万円という金額を示して売却意思がないことを表明した。
(2) しかし，周辺土地の地上げが進行し，本件譲渡資産周辺の居住環境が悪化し，本件譲渡資産が地上げ対象範囲の重要な部分を占めており，Ｙ社の購入意思も強かったことから，原告は，適切な代替資産があり，譲渡価額をもって代替土地及び代替建物の建築費用及び税金を支払ってなお利益のある価額で譲渡できるならば譲渡に応ずる旨の意向を，地上進に対して表明した。
(3) 昭和63年に入ってから，地上進は，原告の意向を受けて，本件譲渡土地の代替地として本件譲渡土地と同一の路線に面し，相互の距離が120メートル程度であった本件取得土地を提示したが，原告は表通りに面する間口が狭いことから難色を示し，本件取得借地権対象地と共に一体的に取得し，利用することができれば，代替地となり得る旨の意向を示した。
(4) 昭和63年5月頃，原告は，地上進の求めにより，Ｍ不動産が本件取得資産を他に売却しないよう，代金を5億5300万円とするＭ不動産に対する本件取得土地の買付証明書を作成した。なお，原告の捺印はないが原告がＭ不動産から本件取得土地を購入する旨の昭和63年6月17日付の不動産売買契約書（乙第1号証添付資料）が存在するが，これは交渉の過程で地上進が作成したものであり，原告が右契約書の作成に関与したことはなかった[178]。
(5) この頃，原告は，地上進に対して，本件取得建物の明渡しができる状態になれば，本件譲渡資産の譲渡に応ずる可能性がある旨を告げた。

　地上進は，本件取得土地及び本件取得借地権の取得に努めた。原告としては，本件取得資産と本件譲渡資産とはほぼ見合った価値であると認

---

[178] 被告は，ＸがＭ不動産から本件取得土地を一旦5億5,300万円で購入する旨の合意が成立したという事実上の主張をし，その点を本件取得土地の時価評価の根拠の1つとして挙げていた（原告第8準備書面（246頁以下）で言及した被告の主張参照）。これに対し，原告は，上記間接事実の存在を強く争った（Ｘの陳述書（216頁），Ｘ本人尋問速記録54項以下（227頁以下），原告第8準備書面（245頁以下））。この結果，第一審判決は，そのような間接事実自体は認定しなかった。

識していた。また，交渉に当たった地上進の認識においても，土地としての利用価値は本件譲渡土地よりも代替地（甲土地及び乙土地）の方が高かった。

　なお，この点につき，原告は，その本人尋問において，原告代理人の質問により譲渡資産の方の価値が高かったと証言を変更し，同趣旨の陳述書を提出しているが，その趣旨は，本件譲渡資産の代価をもって代替土地及び代替建物の建築費用及び税金を支払ってなお利益のある価額とならなければ売却する意思がなかったという主観的な価値をいうものであって，客観的な交換価値において，甲土地及び乙土地が本件譲渡土地を下回るものであったとするものではなく，右認定を覆すに足るものではない[179]。

(6)　本件取得土地は，昭和63年8月1日，M不動産からM商事へ代金5億5300万円（1平方メートル当たり700万円）で売却され，平成元年3月23日，M商事からY社が代金6億3200万円（1平方メートル当たり800万円）で取得した。また，Y社は，平成元年2月28日，借家二郎から本件取得借地権付の本件取得建物を代金1億8900万円（建物価格を無視し，借地権割合を0.7とするときは，1平方メートル当たり900万円）で購入取得した。

(7)　前記の通り，本件取引に先立つ，昭和63年11月21日，本件譲渡土地については，更地1平方メートル当たり778万円として国土法の届出がされ，不勧告の通知がされた。

(8)　本件譲渡資産の価額については，国土法の制約があったことから，国土法によって許容される上限額と解される総額7億円をもって，譲渡価額を決めることとなったが，原告としては，右譲渡価額を取得することのみを目的として本件譲渡資産を売却するという意思はなく，代替地である甲土地の所有権及び乙土地の借地権の取得があったが故に本件各契約を締結したものであり，地上げを急ぐY社に対して原告が本件取引の進行に関するイニシヤティヴを持っていたことから，契約の形式については，原告において本件譲渡資産，本件取得土地及び本件取得建物（本件取得借地権付き）に関する各個別の売買契約とし，本件取得資産の価額については，譲渡価額をもって代替土地及び代替建物の建築費用及び税金を支払ってなお利益のある価額となるよう，原告において計算し，その結果，本件取得土地の価額を3億1600万円，本件取得借地権付の本

---

[179]　X本人尋問速記録132項（233頁）及び158～160項（236～237頁）参照。

件取得建物の価額を8400万円とすることを地上進に提案し，これにY社が合意して，本件取得資産の売買価額が確定した。
(9) かくて，平成元年3月23日，本件取引に係る各契約書を作成して，取引は終了した。
(10) 本件譲渡資産と本件取得土地との位置関係についてみると，本件譲渡土地と本件取得土地とは同一路線に面し，相互の距離は120メートル程度であり，都市計画法上の規制については同一の地域にあることは当事者間に争いがなく，本件譲渡土地は東京都●区《番地略》に所在する90平方メートルの土地であり，本件取得土地（甲土地）及び本件取得借地権の底地（乙土地）は同区《番地略》に所在する全体で109平方メートルをなす一団の土地であるから，それぞれの近隣環境，接道条件，画地要件はほぼ同等と認められ，ビル建築用地としては，一般的には本件取得資産が面積，地型において優ると認められる。
(11) 本件取引当時は，いわゆるバブル経済の進行中であり，土地価額の上昇傾向は持続していた。そして，国土法の適用のない土地については当該土地が適用土地であった場合に予想される勧告額を超える取引が横行し，国土法の適用のある土地についても，勧告額による代価の外に，裏リベートといった形で経済的対価の供与が行われる事態も生じていた[180]。

2 以上の事実によれば，次の通り認めることができる。
(1) 契約の内容は契約当事者の自由に決し得るところであるが，契約の真実の内容は，当該契約における当事者の合理的意思，経過，前提事情等を総合して解釈すべきものである。

ところで，既に認定した本件取引の経過に照らせば，原告にとって，本件譲渡資産を合計7億円で譲渡する売買契約はそれ自体で原告の経済目的を達成させるものではなく，代替土地の取得と建物の建築費用等を賄える経済的利益を得て初めて，契約の目的を達成するものであったこと，他方，Y社にとっても，本件取得資産の売買契約はそれ自体で意味があるものではなく，右売買契約によって原告に代替土地を提供し，本件譲渡資産を取得することにこそ経済目的があったのであり，本件取得

---

[180] このように，第一審判決は，最終準備書面において，被告が行った主張（被告最終準備書面（255頁））とそれを裏付ける書証（新聞記事の抜粋）に基づき，当時の国土利用計画法の規制が厳格に適用されていなかったという事実認定をしている。この認定は，当時の国土利用計画法の規制が強力な実効性を有しており，勧告価額を超える価額で土地の取引をなすことが著しく困難となることは，裁判所に顕著な事実であると判示した東京地判平成3年12月25日（税資187号537頁）（原告第1準備書面（194～195頁参照））とは相反するものである。なお，当時の国土利用計画法の規制内容については，184～185頁参照。

資産の代価は本件譲渡資産の譲渡代金額から原告が希望した経済的利益を考慮して逆算されたものであることからすれば、本件取引は本件取得資産及び本件差金と本件譲渡資産とを相互の対価とする不可分の権利移転合意、即ち、Ｙ社において本件取得資産及び本件差金を、原告において本件譲渡資産を相互に相手方に移転することを内容とする交換（民法586条）であったというべきである。

　もっとも、本件では本件取引によって契約の履行も完了しているから、合意の不可分一体性を論ずることは当事者間では無意味であるが、本件取引の性質を検討するために本件各契約の履行が時を異にした場合を想定すれば、原告にとって、本件譲渡資産の売買契約の履行として不勧告通知に係る価額の金銭を給付され、別途、自らの責任と判断において代替土地を取得するというのでは、本件譲渡資産の売買目的を達成することはできず、他方、Ｙ社としても、本件取得資産を４億円で売却するというだけでは、その売買契約の目的を達成することはできないのであって、本件取引は、相互の権利移転を同時に履行するという関係を当然に前提とし（履行の同時性が確保されないときは、意思解釈の問題として同時履行の要否が問題となり得るものであり）、一方の履行不能は他方の履行を無意味ならしめるという関係にあったというべきである。

　なお、原告は、原告が本件譲渡資産の売却に積極的ではなかった事実、本件取得資産の取得経過に関与していない事実、当時の経済情勢の下では取得価額以下で本件取得資産を譲渡することもＹ社にとって経済的合理性を有した事実等を主張するが、これらの事実も、右認定を左右するものではない。

(2)　本件譲渡土地及び本件取得土地の価額について

　本件譲渡土地は、取引の事情によっては、国土法による不勧告通知に係る金額以上での価額で評価されるという事態も生じ得る土地であったといえるが、国土法の勧告は権利移転の予定対価の額が近傍類地の取引価額等を考慮して政令で定められるところにより算定した相当な対価に照らして著しく適正を欠く場合等にされるものであり（国土法24条１項）、勧告の不遵守に対しては公表という不利益が予定されている（国土法26条）のであるから、正常な取引においては、勧告額を無視した取引は期待し得ないものというべきである。そうすると、本件においては、不勧告通知に係る金額をもって適正な価額と推認することができるというべきであり、本件譲渡土地の更地価額は不勧告通知に係る更地金額（１平方メートル当たり778万円）とすることが相当である。

また，本件取得土地も本件譲渡土地とほぼ同様の価額要素を有したことは前記認定の通りであり，本件譲渡土地の価額を1平方メートル当たり778万円と解すべきことは右にみた通りであり，本件取得土地をM商事がM不動産から昭和63年8月に取得した際の単価は1平方メートル当たり700万円であり，Y社がM商事から平成元年3月にこれを取得した際の単価は1平方メートル当たり800万円であったことからすると，本件取得土地の価額は，本件取引当時において少なくともM商事の購入価額を超えるものであったと推認することができる。また，本件取得借地権についても，乙土地が甲土地と一体利用すべき土地であること及びY社が本件取得借地権を取得した代価の額に照らして，乙土地の単位面積当たりの価額は少なくとも本件取得土地のそれと同様であると解することに合理性があるというべきであるから，右M商事の購入価額に係る単価を前提として，借地権割合を0.7として計算すれば，本件取得借地権の価額は少なくとも1億4700万円（＝700万円×30平方メートル×0.7）と評価することができる。

　この点につき，原告は，本件取引が対価的バランスのとれたものであることを理由に，本件取得資産の価額は本件譲渡資産の代金額から本件差金の額を控除した金額，即ち，本件取得資産の代金額と一致すると主張するが，これは当事者間で主観的な対価的バランスがとれていたことをもって直ちに客観的な価額の等価性と代置するものであって，本件において，かかる前提を採用することができないことは，次に説示する通りである。また，原告は，公示価格との対比において本件取得資産の時価は4億4516万円余となると主張し，これに沿う甲第24号証を提出する(181)が，参照すべき地価公示地の存する範囲内には本件譲渡土地も存するところ，原告の公示価格からの試算額は原告が適切であるとする本件譲渡土地の不勧告通知に係る額とも乖離すること，公示価格は評価基準時前の資料によらざるを得ないために実勢価額の変動に遅れる傾向は否めず，原告も指摘する通り，本件取引当時はいわゆるバブル経済の中で地価の騰貴が進行していたというのであって，公示価格は取引価額の時価よりも低額となっていたことが推認できることからすると，本件取得土地の近隣公示価格から算定した金額をもって直ちにその時価であったと認めるには足りない。また，本件取引における本件取得資産の売買契

---

(181) 甲第24号証は，税理士麻の作成に係る計算書である。この計算書は，審査請求段階で行った主張（裁決書の請求人の主張2(1)イ(ロ)A(A)（75頁以下）参照）と同様に，公示価格をベースに本件取得資産の時価を算出したものである。

約代金は，それ自体の価額要素から決定したものではなく，国土法の制約の下にあった本件譲渡資産の代価から本件差金の額を考慮して算定されたものであることは既に認定した通りであり，かかる契約代金をもって，その時価と認定する根拠とすることはできないというべきである。
(3) 本件取引は，地上げの目的達成のため本件譲渡資産の取得が必須であるという事情下にあるＹ社と本件譲渡資産の譲渡を希望する事情が存しないという原告との間で，換言すれば，地上げの目的達成による経済的利益との関係で市場価値を超えた価額で本件譲渡資産を取得することに経済的合理性を有するＹ社側と，単なる等価交換では本件取引に係る有形，無形の様々な負担の見合いがとれないとし，これらの諸負担に相当する対価を取得して始めて譲渡の意味が生ずる原告との間で，市場価値としてはほぼ等価と解される本件譲渡資産と本件取得資産の相互的な権利移転に加えて本件差金の授受が行われたものである。即ち，周辺土地の地上げという経済目的の下に本件譲渡土地を評価するＹ社にとっては，本件取引が本件譲渡資産をその時価以上で取得することも経済的な合理性を有すると認識したものであり，他方，原告にとっても，本件譲渡資産とほぼ等価といえる本件取得資産の取得に加えて本件差金をもって譲渡の対価とすることは，本件取引の経過に照らして経済的な合理性を有すると認識し得たものということができる。

　　したがって，本件取得資産及び本件差金と本件譲渡資産とは本件取引当事者間において対価性を有し，かつ対価的なバランスを有していたということができる。しかし，右の意味での対価的バランスとは，譲渡資産についての売手市場価額という本件取引の個別事情の下での経済的合理性を意味するものであって，客観的時価としての等価性を意味するものではないことはいうまでもない。この点につき，原告及び被告はそれぞれの立場から本件取引が対価的なバランスを有していたこと，あるいは独立当事者間の取引においては一般に対価的なバランスが推認されるべきことを前提とする立論を展開する。しかし，本件譲渡資産又は本件取得資産の時価そのものについて争いがあることは，本件当事者の主張に照らして明らかであり，対価的なバランスなる観念も各当事者の時価算定を基礎付ける事情にすぎず，かつ，対価的なバランスといった評価的概念について裁判所の認定を拘束する自白が成立するものではないのであって，各当事者がそれぞれの立場から対価的バランスなる用語を用いているとしても，本件取得資産と本件譲渡土地とに客観的等価性があることについて自白が成立したり，これが裁判所の認定を拘束したりす

るものではない(182)。
3 理由附記の違法及び理由変更の違法の有無について
(1) 不動産所得，事業所得又は山林所得を生ずべき業務を行う居住者は，青色申告の承認を得ることにより，右業務につき所定の帳簿書類を備え付け，記録，保存し，申告書に明細書の添付をしなければならない（所法143条，144条，148条，149条）。しかし，その反面，税務署長は，その帳簿書類の実額調査によらないで更正することができず，その更正に当たっては，それが帳簿書類に基づいていること，あるいは帳簿書類の記載を否定することができるほどの信憑性のある資料によったことを具体的に明確にして更正の理由を附記すべきものとされている（所法155条）。もっとも，右青色申告の制度が不動産所得，事業所得又は山林所得を生ずべき業務を行う居住者に対するものであることに対応して，その更正が不動産所得，事業所得又は山林所得の金額以外の各種所得の計算等について誤りがあったことのみに基因するときは，右帳簿書類の調査及び理由附記の義務は除外されている（同条１項１号，２項）。

　これを本件についてみると，原告は所得税について青色申告の承認を受けていたことは当事者間に争いがないが，原告の所得税に関する更正は原告が分離長期譲渡所得の金額の計算を誤りこれを過少に申告していたことのみに基因するから，右理由附記を欠いたことをもって更正の違法事由とすることはできない。この点につき，原告は青色申告の承認を受けた居住者については，譲渡所得に関する更正であっても，理由附記の制度趣旨に照らして，理由附記なしでその処分者の恣意の抑制，納税者への理由の開示という目的を達成することができる場合にのみ，理由附記が不要となるにすぎない旨の主張をするが，法の文理に照らしてかかる解釈を採用する理由は見出せない。
(2) 原告は，本件譲渡資産の時価に関する被告の主張の変遷をとらえて，原告の所得税に関する更正を違法ならしめるとするが，課税処分取消訴訟の審判の対象は処分時に客観的に存在した税額が右処分に係る税額を上回るか否かであり，審理の範囲はこれを判断するために必要な事項のすべてに及ぶのであり，税額算定の根拠となる攻撃防御方法が処分庁又は不服審査庁における判断と異なったとしても，それによって処分が違法となるものではない。
4 本件譲渡資産の譲渡の対価

---

(182) 弁論主義の下で，当事者の自白が裁判所を拘束するのは，要件事実についてである（第４章第８節Ⅰ３(1)(b)（161頁））。

(1) 譲渡所得における資産の譲渡とは有償無償を問わず資産を移転させる一切の行為をいうものであり，譲渡所得に対する課税は，資産の値上がりによるその資産の所有者に帰属する増加益を所得として，その資産が所有者の支配を離れて他に移転するのを機会に，これを清算して課税することをその趣旨とするものである。いわば，資産の取得時から譲渡の時までの期間内に経済的事情の変化等によって，その取得資産の価値が増加した場合，その増加価値部分を譲渡価額と取得価額の差額によって認識し，その資産を譲渡したときに課税するものであって，資産の所有期間内の価値の増加に対する清算課税ということができる。

　そして，所得税法36条1項は，金銭以外の物又は権利その他経済的な利益をもって収入とする場合の収入金額は，その金銭以外の物又は権利その他経済的な利益の価額とする旨を規定し，同条2項は，金銭以外の物又は権利その他経済的な利益の価額は，当該物若しくは権利を取得し又は当該利益を享受する時における価額によるものと規定している。右価額とは一般に適正と承認され得る時価ということができるから，不動産については，正常な取引において形成されるべき客観的交換価額によるべきである。

(2) 前記説示の通り，原告は，本件取引を介して，本件譲渡資産の対価として，本件取得資産に相当する経済的利益及び本件差金を取得したことになるところ，甲土地及び乙土地の更地としての時価は1平方メートル当たり少なくとも700万円をもって相当とするから，右金額に基づいて本件取得資産の価額を7億円（＝5億5300万円＋1億4700万円）と算定し，これに本件差金の額を合算した10億円をもって本件譲渡資産の譲渡収入金額とした被告主張を是認することができる。

　これによって，被告の主張する課税根拠（前記第3，3，(2)）に記載された法令の規定に従えば，原告の分離長期譲渡所得の金額及びこれに対する算出税額は別表3及び別表4の通りとなるので，更正に違法はなく，また，右更正により納付すべき税額に照らして，右更正に係る過少申告加算税の賦課決定にも違法はないというべきである。

　なお，原告は，本件取引により，原告が本件譲渡資産の時価を上回る経済的利益を得たとすれば，国土法の規制に反する事実を前提とし，また，法人からの贈与として一時所得に該当し，譲渡所得を構成するものではないと主張する。しかし，原告が本件譲渡資産の対価としてその時価以上の利益を取得したことが国土法の趣旨に反するとしても，そのことの故に本件取得資産の時価が変更されるべきものではなく，また，本

件においては，原告は本件譲渡資産の譲渡の対価として，これと同様の利用が可能な取得土地と地上建物の建築費等をも考慮した本件差金を取得したものであって，贈与を受けたとの認識はなく，また，Ｙ社も，本件譲渡資産を取得する対価としてこれとほぼ等価の本件取得資産及び本件差金を提供したものであって，当事者間において贈与が行われたものではない。また，本件においては，みなし贈与（相法7条）[183]の規定の適用が主張されているものでもない。
5 以上によれば，原告の本訴請求はいずれも理由がないから棄却し，訴訟費用の負担について，行政事件訴訟法7条，民事訴訟法61条を適用して，主文の通り判決する。

（裁判長裁判官　甲　裁判官　乙　裁判官　丙）
別紙　物件目録《略》
別表　1～6《略》

[183] 相続税法7条は，著しく低い価額の対価で財産の譲渡を受けた場合は，その財産の譲渡があったときに，その譲渡を受けた者が，その対価と当該財産の時価との差額に相当する金額を，その財産の譲渡人から贈与によって取得したものとみなし，贈与税の対象とすることを明らかにしている。贈与税は，個人間の贈与に限って課されるものである（相法21条の3第1項1号）から，相続税法7条は，当然のことながら，個人から個人への財産の低額譲渡のケースを対象とした規定である。これに対し，本件訴訟で問題となっているのは，法人であるＹ社から個人であるＸに対し，本件取得資産の低額譲渡が行われ，Ｘが時価と現実の売買価額との差額相当額の経済的利益を得たかどうかであるから，そもそも相続税法7条が適用される余地はない。
　なお，相続税法7条にいう「著しく低い価額の対価」が何を意味するかについては，所得税法59条1項における所得税法施行令169条（時価の2分の1未満の対価で個人が法人に資産を譲渡した場合に限り時価譲渡を擬制する。）のような規定がない。このため，相続税法7条にいう「著しく低い価額の対価」とは，時価の2分の1を下回る必要はないと解されている（東京高判昭和58年4月19日・税資130号62頁（原審横浜地判昭和57年7月28日・訟月29巻2号321頁））。

第13節　控訴審の手続

I　概　説

　第一審（例えば東京地方裁判所）の終局判決に対して不服ある当事者は，その取消変更を求めて第二の事実審（例えば東京高等裁判所）に控訴を提起することができる（民訴281条）。

　控訴の提起は，判決の送達を受けてから2週間の控訴期間内に第一審裁判所に控訴状を提出して行う。控訴のための期間は，このように極めて限定されているため，控訴状には最小限の必要的記載事項（民訴286条2項）のみを記載するのが通例である。そして，控訴状に控訴の理由（第一審判決の取消し又は変更を求める具体的な理由）を記載しなかった場合には，控訴提起後50日以内に控訴理由書を控訴裁判所に提出しなければならない（民訴規182条）。

　この控訴により，第一審判決の確定が遮断されることになる（民訴116条）。

　控訴審では，いわゆる続審制がとられており，第一審で集められた資料を基礎にして審理を続行し，控訴審での新たな資料を加え，原判決が控訴審の口頭弁論終結時においてもなお維持できるかどうかが検討されることになる（民訴296条，297条，298条）。

II　本件の検討

1　控訴審の経緯

　本件の控訴審の手続を時系列に従いまとめると，以下の通りである。

審級	日付	当事者	
		原告（控訴人）	被告（被控訴人）
第一審	平成7年7月21日	訴状提出[184]	
	平成7年10月5日 （第1回口頭弁論）	訴状陳述 甲1～9提出	答弁書陳述[185]
	平成10年2月13日 （第15回口頭弁論）	原告第8準備書面陳述[186] 原告第9準備書面陳述	被告最終準備書面陳述[187] 乙13，14提出
	平成10年5月13日 （第16回口頭弁論）	第一審判決言い渡し[188] （原告敗訴）	
控訴審	平成10年5月22日	控訴状提出[189]	
	平成10年7月10日	控訴理由提出	
	平成10年10月12日 （第1回口頭弁論）	控訴状，控訴理由書陳述 甲33，34提出 鑑定の申出[190]	被控訴人第1準備書面陳述 乙15提出
	平成10年11月30日 （第2回口頭弁論）	控訴人第1準備書面陳述	被控訴人第2準備書面陳述
	平成11年1月25日 （第3回口頭弁論）		被控訴人第3準備書面陳述 乙16，17提出
	平成11年3月1日 （第4回口頭弁論）	控訴人第2準備書面陳述	
	平成11年4月27日 （弁論準備手続）		被控訴人第4準備書面提出
	平成11年5月26日 （第5回口頭弁論）	控訴人第3準備書面陳述[191] 甲35，36提出	被控訴人第4準備書面，第5準備書面陳述[192] 乙18提出
	平成11年6月21日 （第6回口頭弁論）	控訴審判決言い渡し[193] （控訴人全部勝訴）	
	平成11年7月2日		上告受理申立て[194]
	平成11年9月1日		上告受理申立理由書提出
上告審	平成15年6月13日	最高裁上告不受理決定[195] （第一審原告全部勝訴確定）	

[184] 訴状は151頁以下に掲載。
[185] 答弁書は155頁以下に掲載。
[186] 原告第8準備書面は238頁以下に掲載。
[187] 被告最終準備書面は252頁以下に掲載。
[188] 第一審判決は266頁以下に掲載。
[189] 控訴状は284頁以下に掲載。
[190] 鑑定の申出書は287頁以下に掲載。
[191] 控訴人第3準備書面は297頁以下に掲載。
[192] 被控訴人第5準備書面は291頁以下に掲載。
[193] 控訴審判決は301頁以下に掲載。
[194] 上告受理申立書は307頁以下に掲載。
[195] 上告不受理決定は308頁以下に掲載。

2 控訴状の提出

第一審判決に不服なXが提出した控訴状には、以下の通り、最小限の必要的記載事項が記載されているのみである。

書式例23：控訴状

控 訴 状

平成10年5月22日

東京高等裁判所　御中

　〒●【住所】
　　控訴人（第一審原告）　　X
　〒●【住所・事務所名】（送達場所）
　　（電　話●）
　　（ファクシミリ　●）
　　控訴人訴訟代理人弁護士　弁護士郎　㊞
　〒●【住所・事務所名】
　　（電　話●）
　　（ファクシミリ　●）
　　控訴人補佐人税理士　税理士麻　㊞

　〒100－8977　東京都千代田区霞ヶ関1丁目1番1号
　　被控訴人（第一審被告）　　国
　　代表者法務大臣　法務相子

所得税更正処分等取消請求控訴事件
　　訴訟物の価額　　　　　　　　　●円
　　貼用印紙額　　　　　　　　　　●円

　上記当事者間の東京地方裁判所平成7年（行ウ）第213号所得税更正処分等取消請求事件について、平成10年5月13日に言い渡された下記判決には、不服であるから、控訴を提起する。

原判決の表示
主　　文

> 1　原告の請求をいずれも棄却する。
> 2　訴訟費用は，原告の負担とする。
> 　　　　　　　　　　控訴の趣旨
> 1　原判決を取り消す。
> 2　Z税務署長が，控訴人の平成元年分の所得税について平成5年3月3日付でした，控訴人に対する更正のうち，長期譲渡所得金額●円及び納付すべき税額●円を超える部分及び過少申告加算税の賦課決定を取り消す。
> 3　訴訟費用は，第一，二審とも被控訴人の負担とする。
> との判決を求める。
> 　　　　　　　　　　控訴の理由
> 追って提出する準備書面をもって主張する。
> 　　　　　　　　　　附属書類
> 1　訴訟委任状　　　　1通
> 2　補佐人選任届　　　1通
> 　　　　　　　　　　　　　　　　　　　　　　　　　　以上

3　控訴理由書の要点

　控訴人は，控訴提起後に提出した控訴理由書で，主として以下の理由により，原判決が取り消されるべきである旨主張した。本件取引が売買と捉えるべきであるという主張は維持したものの，この主張が第一審判決で明確に排斥された以上，やはり本件取得資産の時価の問題に踏み込んだ主張立証をしなければならないというのが控訴人側の方針であった。

(1)　売買か交換か

　売買契約が締結されたことにつき当事者間に争いがないという事実をあえて無視し，本件取引の背景ないしは動機をなす事情をことさら過大評価し，強引に交換という性質決定に結び付けようとする原判決の恣意的な判断は失当であり，かつ過去の裁判例とも矛盾する。

(2)　本件取得資産の時価

　仮に何らかの理由により本件取引が補足金付交換取引であるという認定が許されるとしても，原判決は，以下の理由により失当である。

(a)　原判決は，本件取得土地の時価を導く大前提として，本件譲渡土地の更地ベースでの時価が国土法上の不勧告通知に係る金額と等しいという認定をし

ている。しかし，国土法の下での不勧告価額とは，いわば当該土地取引における価額の上限を定めたものであり，不勧告価額が当該土地の適正な時価であると推認する根拠は何もない。現に，時価を示す指標としては客観性の高い公示価格ベースで考えた場合の本件譲渡土地の時価は，国土法の不勧告価額を3億円近く下回っている。

(b) バブル経済期に行われた不動産取引の価額の変動性を考慮すると，本件取得土地の過去の取引事例を過度に重視するのは誤りである。特にY社の意向を受けて本件取得土地をM不動産から購入したM商事がつけた本件取得土地の購入価額は，時価より相当高めに設定された売り手本位の価額とみるべきである。

(c) 公示価格をベースに考える限り，本件取引において当事者が本件譲渡資産に付した価額も，第三者間の正当な取引において成立し得る時価の範囲内の価額といえる。

(3) 高額譲渡の課税関係

仮に本件取引を補足金付交換取引と捉えることが許され，しかも，原判決の時価の認定通り，本件譲渡資産が7億円，本件取得資産も7億円であると仮定しても，本件取引は，本件譲渡資産の高額譲渡（時価7億円の資産を10億円で譲渡する取引）が行われたものと捉えて，その課税関係を解明する必要がある。ところが，原判決は，このことを全く理解せず，所得税法の適用を誤っている。即ち，XからY社に対し本件譲渡資産の高額譲渡が行われた場合の課税関係は，以下のようになると考えるべきであるから，本件は譲渡所得課税の問題ではない。

(a) 高額譲渡の譲渡人側であるXの課税関係

高額譲渡の場合，Xについては，時価で譲渡したものとして，譲渡所得課税がなされる[196]。さらに，本件譲渡資産の時価（7億円）と反対給付（本件取

---

[196] 名古屋地判平成2年4月27日（判タ737号100頁）は，個人間で競走馬の高額譲渡を行った場合の課税関係について判断したものである。同判決は，譲渡人側には，実際の売買価額ではなく，譲渡資産の時価を基準に譲渡所得課税がなされ，さらに実際の売買価額と時価との差額に相当する経済的利益は個人間で贈与により取得したものとみなされるから，受贈者に贈与税が課される（相法2条の2，7条，21条）旨判示している。

なお，贈与税は，個人間の贈与に限って課されるものである（相法21条の3第1項1号）から，法人から個人に供与された経済的利益について，贈与税が課されることはなく，所得税が課される。

得資産と本件差金）の時価合計額（10億円）との差額（3億円）相当の経済的利益は，法人であるＹ社から個人であるＸに対し贈与されたものあり，一時所得に該当する（所基通31－1(6)参照）から，Ｘの譲渡所得課税とは無関係である。

(b) **高額譲渡の譲受人側であるＹ社の課税関係**

　Ｙ社による本件譲渡資産の取得価額は，実際の反対給付（本件取得資産と本件差金）の時価合計額（10億円）ではなく，本件譲渡資産の取得時の時価である7億円となる（法基通7－3－1）。さらに，Ｙ社は，本件譲渡資産の時価（7億円）と同資産の取得のために要した反対給付（10億円）との差額（3億円）相当額の寄附をしたものとして取り扱われる（法法37条）。このような寄附金は，損金算入が原則として否定される[197]。

4　鑑定の申出

　控訴人は，本件において，本件取引当時の本件譲渡資産及び本件取得資産の時価が主要な争点の1つとなっていることから，この点について，以下の通り，鑑定の申出を行った。鑑定とは，先に説明した通り（第4章第9節Ⅰ2(1)(c)(198頁)），裁判官の判断能力を補充するために，特別の学識経験を持っている第三者としての鑑定人に，専門的な知識やその知識を基礎にした判断・意見を裁判所に報告させる証拠調べである。

書式例24：鑑定の申出書

```
平成10年（行コ）第108号　所得税更正処分等取消請求控訴事件
　　　控訴人　　Ｘ
　　　被控訴人　国

　　　　　　　　　　鑑定の申出書

　　　　　　　　　　　　　　　　　　　　　　　平成10年9月29日

東京高等裁判所第15民事部　御中
```

---

[197] このようにＹ社からＸに対し，贈与が行われたとすると，その贈与に係る支出は寄附金となり，原則として損金に算入されないので，Ｙ社にとって不利である。このため，Ｙ社は，Ｚ税務署及び東京国税局による調査の際に，担当調査官に迎合する供述をしたのではないかと推測される。

控訴人訴訟代理人弁護士　弁護士郎　㊞
控訴人補佐人税理士　　税理士麻　㊞

控訴人は，次の通り鑑定の申出をする。
1　証すべき事実
　(1)　平成元年3月23日の時点における本件譲渡資産(別紙物件目録参照)の時価
　(2)　平成元年3月23日の時点における本件取得資産(別紙物件目録参照)の時価
2　鑑定事項
　(1)　平成元年3月23日の時点における本件譲渡資産の時価はいくらか(但し，本件譲渡建物が無価値として評価されるので，本件譲渡資産の時価は，更地ベースで考えた本件譲渡土地(90平方メートル)の時価に等しいことを前提としてよい。)。
　(2)　平成元年3月23日の時点において，本件譲渡資産を7億円で譲渡したとしたら，それは時価による取引といえるか。
　(3)　平成元年3月23日の時点における本件取得資産の時価はいくらか(但し，本件取得建物が無価値として評価されるので，本件取得資産の時価は，更地ベースで考えた本件取得土地（甲土地）(79平方メートル)の所有権の時価及び乙土地(30平方メートル)の借地権(借地権割合は0.7とする。)の時価の合計額に等しいことを前提としてよい。)。
　(4)　平成元年3月23日の時点において，本件取得資産を4億円で譲渡したとしたら，それは時価による取引といえるか。
　(5)　平成元年3月23日の時点において，本件取得資産及び3億円を取得するのと引き換えに，本件譲渡資産を譲渡したとしたら，それは対価的にバランスのとれた取引といえるか。
3　鑑定人
　御庁において然るべき鑑定人を選任されたい。

以上

(別紙物件目録省略)

5　審理の経過

控訴提起後開催された第1回から第3回目までの口頭弁論は，両当事者が従

前の主張を補充することに終始し，控訴人が行った鑑定の申出の採否も裁判所により留保された。しかし，第4回口頭弁論において裁判長が交替したことにより，本件の審理は従前とは全く異なる展開をみせた。

6 弁論準備手続

(1) 弁論準備手続の意義

弁論準備手続は，法廷ではなく，裁判所の準備室等で，当事者が机を囲み，率直に意見を述べ合い，また文書の証拠調べをすることにより，争点や証拠の整理を行うことを目的とした手続である（民訴168条）。弁論準備手続は，口頭弁論ではないため，弁論準備手続で行われた争点・証拠整理の結果は，口頭弁論に上程される必要がある（民訴173条）。

(2) 本件の弁論準備手続

本件では，平成11年4月27日に行われた弁論準備手続の利用により，新たに交替した裁判長，控訴人代理人及び被控訴人代理人間で，以下のような率直な意見の交換があった。

（裁判長）　本件取引においては，処分証書[198]である売買契約書が締結されており，その契約書記載通りの意思表示があったとみざるを得ない。意思表示の内容自体が曖昧な場合（例えば口頭の合意の場合）には，それを交換とみるのか，売買とみるのかという解釈の余地がある。しかし，本件では，売買契約書の締結により，売買の意思表示がなされたことは，一義的に明確である。このように売買契約書の締結により売買の意思表示がなされている以上，これを覆し，交換契約がなされたというためには，虚偽表示（民法94条）の主張立証をするほかない。この虚偽表示の立証をするためには，当事者が本当は交換であるにもかかわらず，あえて売買の外形を作出した（したがって，売買と認定されると当事者が困る。）ということがいえなければならない。

　しかし，本件においては交換契約が成立すると課税上かえって当事者に不利であるから，当事者の方は，売買契約書記載の通り，売買契約が成立したということで一向に困らないのではないか。所得税法59条及び同法施行令169条は，譲渡資産の売買価額が時価の2分の1以上であれば，譲渡所得課税をあきらめ，課税の繰り延べを認めるという規定ではないか。売買という認定

---

[198] 処分証書の意義については，控訴人第3準備書面の主張（298頁以下）参照。

を前提とする以上，本件において立法の手当てなく課税できないのではないか。
（控訴人）　被控訴人だけでなく原審も，経済的目的と意思表示の解釈の問題を混同しているのではないか。本来贈与契約としか解釈しようがない書面（例えば「資産を0円で売却する」旨の書面）は，その記載にかかわらず，贈与の意思表示があったものと解釈されるであろう。しかし，本件では，そもそも売買プラス相殺後の本件差金の支払という形態と補足金付交換取引の形態のいずれの形態をも取り得るケースである。そして，本件取引において，当事者は，売買契約書に明記されている通り，売買プラス相殺後の本件差金の支払という形態を選んだのである。このような事実を無視し，交換契約があったと認定して課税するのは，私的自治に対する不当な侵害である。
（被控訴人）　裁判所の上記指摘を踏まえて，処分庁とももう一度検討する。なお，この段階で当初の課税処分を職権で取り消すことはできず，あくまでも裁判所の判断を仰ぐ。
（裁判長）　控訴人の主張通り，本件取引において売買が行われたことを前提とするならば，本件の当初申告は，全て正しいことになるのではないか。この点を下記のように調書に残したいので，被控訴人は，次回までに再度検算するように。上記調書を残した後，結審する。次回は法廷で弁論を行う。
　「被控訴人：本件取引が控訴人の主張する通り本件譲渡資産及び本件取得資産の格別の売買契約とその各売買代金の相殺とみるべきものであったとした場合，控訴人の所得税に係る各課税標準，税額等が，控訴人の確定申告額通りとなることは認める。」

　上記弁論準備手続において，裁判長は，私法の世界で売買と認められる取引は，税法の世界でも売買と認められ，民事訴訟における事実認定と租税訴訟における事実認定が異なるものではないことを正面から指摘した。このような裁判長の指摘は，税法の世界では実質に従った判断がなされ，私法の世界とは別の事実認定がなされてもやむを得ないという先入観を覆す正に画期的なものであった。

　先に第4章第3節Ⅱ2(2)（134～135頁）でも述べた通り，税務の世界では，実質に従った判断がなされるから，本件取引が売買であることに絞って原告の主張を組み立てるべきではないというのが弁護士郎の受任時の判断であり，その判断はこの弁論準備手続時まで基本的に変わっていなかった。即ち，弁護士郎は，一貫して本件取引が交換ではなく，売買である旨の主張を繰り返してい

たが，そのような主張が最終的に裁判所に受け容れられる可能性は低く[199]，別の論拠（例えば，本件譲渡資産及び本件取得資産の時価に関する主張立証）で本件課税処分の違法性を裏付ける必要があると考えていたのである。

上記弁論準備手続の結果，本件取引を交換でなく売買と捉えた上で，本件譲渡資産の譲渡所得課税について考えるという控訴審裁判所の考え方が明らかにされ，原判決が覆されることが確実となった。

なお，被控訴人は，平成11年5月26日に行われた控訴審第5回口頭弁論において，裁判長が述べた上記調書の記載を認めた。また，控訴人は，鑑定の申出（287頁以下）を撤回した。

7 被控訴人の主張

上記弁論準備手続での裁判長の指摘を踏まえた上で，被控訴人は，以下の通り被控訴人第5準備書面を提出した。

書式例25：被控訴人第5準備書面

平成10年（行コ）第108号　所得税更正処分等取消請求控訴事件
　　控訴人　　　X
　　被控訴人　　国

被控訴人準備書面(5)

平成11年5月26日

東京高等裁判所第15民事部　御中

被控訴人指定代理人
訟務検事　㊞
他4名

被控訴人は，従前の主張を補足して，以下の通り主張する。
なお，略称については，従前の例による。
第1　本件取引は補足金付交換契約であることについて

---

[199] 本件取引を交換ではなく，売買であると捉えるべきであるという主張は，原告第1準備書面（185頁以下），原告第8準備書面（238頁以下）等で繰り返し行われている。それにもかかわらず，第一審判決は，「**本件取引は本件取得資産及び本件差金と本件譲渡資産とを相互の対価とする不可分の権利移転合意，即ち，…交換（民法586条）であったというべきである**」という事実認定をした（275〜276頁）。

1　控訴人の主張に対する反論

　控訴人は，本件譲渡資産に関する売買契約書記載の代金額が本件譲渡資産の譲渡による収入であって，被控訴人が譲渡収入を構成すると主張する本件取得資産及び本件差金については，本件取得資産について，本件譲渡資産に係る売買契約と別個独立の売買契約が存在し，本件差金は，当事者を同じくする2つの売買契約における代金を相殺処理した後の差額として生じたものにすぎない旨主張する。

　しかし，控訴人の右主張は，納税者が一定の契約の形式を整えた場合は，課税庁は常にその形式に従ってしか課税処分ができず，裁判所においても，契約当事者の作出した外形に認定を拘束されるということに等しく，失当であることは明らかである。

　即ち，個別の否認規定がなければ租税回避行為に対しても，課税庁はその否認ができないとの立場（金子宏・租税法第7版122頁）に立ったとしても，課税要件事実の認定が，表面的に存在するようにみえる法律関係（外観や形式）に則してではなく，真実に存在する法律関係（実体や実質）に則してなされるべきものである（金子宏・同書130頁）ことについては異論のないところである。

　しかるに，右実体や実質を追求することなく，納税者の整えた形式に従った課税要件事実の認定しかできないとすることは，租税回避スキームを跋扈させ，課税庁の更正権限を否定することにほかならないばかりか，事実認定及び契約解釈を含んだ法律解釈について裁判所に判断の余地を許さず，本来裁判所の重要な職責であり，かつ，専権であるはずのものを否定する結果となるものでもある。

　被控訴人は，本件において個別否認規定によらない租税回避の一般的否認を行っているものではなく，控訴人の譲渡所得の基因となった契約は補足金付交換契約と認められるべきであることから，それに基づく課税要件事実の認定が行われるべきことを主張しているにすぎないものである。

2　本件取引において成立した契約の内容

　本件取引において，控訴人からY社への本件譲渡資産の譲渡と，本件取得資産のY社から控訴人への譲渡及びY社から控訴人への本件差金の支払は，相互に密接不可分の関係に立ち，それらのうちのいずれかが欠ければ取引全体の成立・存続が覆滅することとなる一体的関係にあったものである。即ち，本件取引は，控訴人の所有する本件譲渡資産と，Y社が控訴人の要求に応ずるために新たに取得した本件取得資産及び本件差金とを交換する補足金付交換契約であったものである。

以下，本件における証拠関係に基づいて詳論する。

　まず，本件契約当事者の契約目的ないし本件取引によって達成しようとした取引目的については，控訴人においては，適切な代替資産があり，譲渡価額をもって代替土地及び代替建物の建築費用及び税金を支払ってもなお利益のある価額で譲渡できることを条件に本件譲渡資産の譲渡に応ずるものであったのであり（控訴人本人調書●項，甲31号証●，地上進調書●項），Y社においては，控訴人の要求に応じて代替土地及び控訴人の要求する利益（代替建物の建築費用及び本件取引に伴う控訴人の税金相当額）を提供して本件譲渡資産を取得することにあったものである（控訴人本人調書●項，地上進調書●項，甲21号証●）。そのため，控訴人においては，本件譲渡資産及び本件取得資産の各価額について相手方と交渉したことはなく，まず本件譲渡資産の価額は，国土法との関係で不勧告となりそうな届出額として決定され，その金額をもとに本件取得資産の価額が控訴人の要求する経済的利益を生み出すように考慮して，それを逆算することによって算出されたものであり（控訴人本人調書●項，甲31号証●），この点は，Y社においても控訴人と同様の事情にあるばかりか，Y社は控訴人の要求に応ずるために新たに本件取得資産を取得した上，その売買契約金額を決するに当たっては，右事情から逆算された本件取得資産の契約金額がY社の取得価額を下回る価額となっても本件取引を遂行したのである。

　そして，契約当事者の契約目的が以上のところにあったことから，各売買契約書の要素となるべき事項を決定するに当たっても，各売買契約書は，表面上はそれぞれ別の契約書の外形をとりながら，その内容においては，有償契約において最も重要な要素となると考えられる売買価額については，前記の通り，それぞれの売買目的物ごとに希望売却価額が提示され，相互の交渉によって目的物ごとに価額が決定されるのではなく，まず，国土法の規制を受けないようするため，本件譲渡資産の価額が国土法の不勧告価額となるところに設定され，あとはその金額をもとに控訴人の要求する利益を算出し，それを右不勧告額から差し引くことによって本件取得資産の契約価額を逆算することによって設定されたものであり，相互の債務の履行については，同時一括に履行することとし，金員の支払については，各代金の現実の支払は全く想定されておらず，差金のみが小切手決済されたものであり，このように3通の契約書の各契約要素についても，相互に密接不可分の関係にあったことが認められる。

　その結果，本件取引においては，それらのうちのいずれかが欠ければ取引全体の存続が覆滅することとなる一体的関係にあったものと認められる

のであって，3通の契約書によって締結された控訴人とＹ社との間の契約関係は，その存続上も一体的な関係にあったものということができる。このことは，控訴人が，その証言の中で「本件譲渡資産は売りたくなかったので，代替地の提供があって初めて契約が成立するのであり，純然と，本件譲渡資産を7億円で売るというのでは納得しない。」旨述べていることからも明らかである（控訴人本人調書147項）(200)。

　以上のように契約当事者の契約目的が控訴人が本件譲渡資産を譲渡することと引き換えにＹ社において本件取得資産及び本件差金を控訴人に引き渡すことで合致し，その結果，3通の契約書に書き分けられた契約要素の決定に当たっても，相互に密接不可分の関係にあり，右契約目的達成のために統一的に決定され，その契約の存続上も一体的な関係にあったということは，そこで成立している契約関係が1個の契約関係であったことを意味するものである。

　そして，本件において，控訴人とＹ社との間で対価関係に立つ相互の債務の内容が，控訴人においてＹ社へ本件譲渡資産を譲渡し，これと引き換えにＹ社において本件取得資産と本件差金を控訴人に譲渡するというものであるから，その契約は，補足金付交換契約といわざるを得ない。

3　また，本件取引を補足金付交換契約と捉えず，3つの売買であるとして課税関係を律すると，実質は本件譲渡資産と本件取得資産及び本件差金とを交換した補足金付交換契約であるのに，形式上その内容を複数の売買契約書に書き分けることにより，その収入金額を恣意的に圧縮して本来あるべき課税を免れることを容認することとなって，その弊害は著しいものとなる。

　このことは，所得税法58条の場合に限って課税の繰り延べが認められているにすぎないのに，同条に該当しない交換の場合にも，外形上売買価額を低く設定した売買契約書を作成することにより，譲渡所得に係る租税負担を低減することを容認することとなり，同譲渡所得が保有資産の価値の増加益（キャピタル・ゲイン）についてその資産が売買等により保有者の手を離れるのを機会に，その保有期間中の増加益に対して課税するとの趣旨を没却することになる。

　本件譲渡資産は控訴人が1年以上有していた固定資産であるものの，①本件取得資産はＹ社が本件譲渡資産と交換するためにＭ商事から購入したＹ社の棚卸資産であること，②Ｍ商事が本件取得資産を取得したのは本件

---

(200) Ｘ本人尋問速記録147項（235頁）参照。

取引日と同日であるので同社が1年以上有したものではないこと，③本件譲渡資産の価額10億円と本件取得資産の価額7億円との差額は2割を超えることから，本件取引は所得税法58条に規定する交換の場合の譲渡所得の特例を適用することはできない場合である。しかるに，売買契約書の存在を根拠にその契約書記載の代金額に基づいて課税が行われるべきものとすれば，控訴人は，その目的であった本件取得土地と本件譲渡資産の譲渡に係る圧縮された税金相当額及び本件取得土地上に建築する建築費用を確保しながら，国土法の規制を免れるとともに，本来負うべき税負担をも免れ得ることとなり，その結果が不当であることは明らかである。

4 処分証書の実質的証拠力との関係

なお，処分証書については，その形式的証拠力が認められた場合には，直ちに実質的証拠力が認められる[201]ことを根拠に，本件においても，本件譲渡資産に係る売買契約と本件取得資産に係る売買契約の存在を前提として課税要件事実の充足の有無を検討するほかないとの考え方があり得ることから，念のため付言する。

まず，結論から先に論ずれば，本件における被控訴人の主張及び原判決の認定は，何ら処分証書の実質的証拠力に関する従前の理解と抵触するものではなく，むしろ，各売買契約書の実質的証拠力を前提に，それらを認定の基礎とした上で，本件においては，補足金付交換契約が成立していると解釈するのが正当であるとするものである。

即ち，被控訴人は，平成元年3月23日付不動産売買契約書（甲12号証），土地売買契約書（甲13号証）及び借地権付建物売買契約書（甲14号証）をもとに，本件譲渡資産が控訴人からY社に，本件取得資産がY社から控訴人にそれぞれ譲渡されたこと，その際，本件譲渡資産の契約金額が7億円と合意され，本件取得土地の契約金額が3億1600万円，本件取得借地権の契約金額が8400万円と合意されたこと自体を争うものではなく，それらの事実を前提とした上で，それによって成立した契約の内容について，売買契約が別個独立に成立したものではなく，補足金付交換契約が成立していると解釈するのが正当であると主張するものである。

なぜなら，処分証書について，その形式的証拠力が確定された以上は，その記載内容の真実性についての問題は発生する余地がないとされるゆえんは，処分証書は，一定の事実関係ないし心理状態についての作成者の認識・判断を記載した報告証書と違って，証明すべき法律行為が当該文書に

---

[201] 書証の形式的証拠力と実質的証拠力の意義については，第4章第9節Ⅰ2(3)（200〜201頁）参照。

よって行われているものであることから、その成立の真正が認められた以上は、その文書に包含された法律行為の存在が検証されたこととなるからと考えられる。

しかし、そのことは、裁判所が、処分証書が存する場合は、常に処分証書に記載された通りの内容の法律行為しか認定し得ないというものではない。

例えば、処分証書たる売買契約書において代金額が100万円と表示されていたとしても、売買当事者間において対価の一部として裏金100万円が授受されていた事実が認められた場合には、その売買契約の内容は、処分証書たる売買契約書に記載された100万円の売買契約と認定されるのではなく、裏金で授受されていた100万円を加えた200万円の売買契約と認定されるべきものである。この場合、代金額を100万円と表示した売買契約書を仮装であって処分証書に該当しないということも可能であろうが、処分証書たる売買契約書の実質的証拠力を前提とした上で、それに他の証拠を加えて隠されていた部分を付加し、その総合されたところで200万円の売買契約の成立を認定するということも可能と考えられる。いずれであっても、手形の振出等のように一定の文書をもって行った場合に限って効力が認められる法律行為を除き、処分証書の成立が認められたからといって、当該処分証書に記載された通りの内容の契約の成立を認定することが強いられるものではなく、当該処分証書の実質的証拠力を前提とした上で、契約の真実の内容についての探求、解釈が必要となるのである。

成立の真正が認められた処分証書をもとに認められる法律的行為に対していかなる事実上ないし法律上の評価を与えるかの問題、即ちなお解釈の要があることについては異論のないところと考えられ（岩松三郎＝兼子一編・法律実務講座民事訴訟編4巻269頁、賀集唱「契約の成否・解釈と証書の証明力」民商法雑誌60巻2号179頁以下）、東京高裁平成8年5月13日判決（税務訴訟資料216号355頁）は、相互の所有不動産を売却しあう内容の2通の売買契約書の成立を認めながら、当事者間で成立している取引の内容を交換と認定して譲渡所得を認定しているところである。

原判決が、「契約の内容は契約当事者の自由に決し得るところであるが、契約の真実の内容は、当該契約における当事者の合理的意思、経過、前提事情等を総合して解釈すべきである。」としているのも、以上と同様の趣旨と解される。

第2 結論

以上論証してきた通り、本件取引は補足金付交換契約と認められるのであ

って，これを独立した3つの売買契約であるとする控訴人の主張は理由がないから，原審における被告準備書面(1)[202]で詳述した通り，本件処分は適法である。

　よって，控訴人の本件控訴は速やかに棄却されるべきである。

8　控訴人の主張

　上記弁論準備手続での裁判長の指摘及び被控訴人第5準備書面を踏まえた上で，控訴人は，以下の通り，控訴人第3準備書面を提出した。

書式例26：控訴人第3準備書面

平成10年（行コ）第108号　所得税更正処分等取消請求控訴事件
　　　控訴人　　X
　　　被控訴人　国

控訴人準備書面(3)

平成11年5月26日

東京高等裁判所第15民事部　御中

　　　　　　　　　　控訴人訴訟代理人弁護士　　弁護士郎　㊞
　　　　　　　　　　控訴人補佐人税理士　　　　税理士麻　㊞

　控訴人は，被控訴人の平成11年5月26日付準備書面(5)（以下「被控訴人準備書面(5)」という。）に対し，以下の通り簡単に反論する。
　なお，特に断りのない限り，略称は従前の通りとする。

第1　本件取引の法的性格

　被控訴人は，従前通り，本件取引が本件譲渡資産と本件取得資産及び本件差金とを交換する補足金付交換契約である旨主張した（被控訴人準備書面(5)●頁）上，その理由付に腐心している。しかしながら，被控訴人の主張は，少なくとも以下の点を見落としているものであるから，失当といわざるを得ない。

1　契約形式選択の自由

　本件取引においては，控訴人からY社に対し本件譲渡資産の譲渡が行われ，Y社から控訴人に対し本件取得資産の譲渡及び本件差金の支払が行われたものである。そもそも，このような結果を実現するためには，理論的

---

[202]　被告第1準備書面は174頁以下に掲載。

には少なくとも2つの契約形式が考えられることが注意されなければならない。1つは，控訴人が再三主張している通り，本件譲渡資産及び本件取得資産の売買を行い，その代金を相殺し，差額を決済することである。もう1つは，被控訴人が説く通り，補足金付交換契約を行うことである。

　さらに注意すべきは，上記2つの契約形式が，共に十分考え得るものであり，そのうちの何れかが原則的な法形式で，他方が例外的な法形式であるとはいえないという点である。そして，本件取引において，控訴人とY社は，自由に選び得る上記2つの契約形式の中から，売買と差額決済という法形式を選んだのである。このような当事者の選択は，正に私的自治の原則により許されたところであり，課税当局に何ら非難される謂われはない。

2　処分証書の実質的証拠力

(1)　形式的証拠力のある甲と乙との間の売買契約書があれば，その契約書によって直接に（何ら他の事実の認定を介在させることなく）甲と乙との間に同契約書記載の売買契約が成立したことが当然に認められる。この契約書は，甲と乙との間の売買の意思表示を記載したものであるから，それ自体によって売買契約の成立が当然に認定できることになる（伊藤滋夫「事実認定の基礎／裁判官による事実判断の構造」34頁（甲第35号証））。

　本件においては，3通の売買契約書（甲第12～14号証）の成立について争いがないから，同契約書記載通りの売買契約が成立したことが当然に認定されることになる。したがって，本件取引にかかる課税関係の確定も，本件取引が売買であることを前提に行われなければならないことはいうまでもない。

(2)　なお，上記の点に関する被控訴人の主張について，以下の2点を補足しておく。

　　(a)　第一に，成立の真正が認められる処分証書においても，解釈の要があり得ることは，被控訴人が指摘する通りである（被控訴人準備書面(5)●頁）。しかしながら，それは，処分証書の記載内容が不明確ないしは不完全であるために，解釈が必要となってくるケースがあることを意味するにとどまる（被控訴人引用の法律実務講座民事訴訟編4巻269頁（甲第36号証）もそれ以上のことを意味しているとは考え難い。）。したがって，本件取引における売買契約書のように，その記載が明確でかつ完全である処分証書を，解釈の名の下に交換と読み替えることが許容されないことは明白である。

また，被控訴人が引用する賀集論文は，主として虚偽表示ないしは錯誤がある場合の処分証書の実質的証拠力について議論しているものであるから，虚偽表示でもなく，錯誤もない本件取引の売買契約書の実質的証拠力の問題とは無関係である。
　(b)　第二に，被控訴人は，東京高裁平成8年5月13日判決を引用した上，同判決を相互の所有不動産を売却し合う内容の2通の売買契約書の成立を認めながら，当事者間で成立している取引の内容を交換と認定した例であると主張している（被控訴人準備書面(5)●頁）。そもそも，上記高裁判決が，右売買契約書の成立を認めながら，当事者間で成立した取引を交換取引と認定した論拠が，判決文上必ずしも明らかではないから，その判旨を過度に一般化すべきではない。
　　しかも，上記高裁判決の事案と本件取引の事実関係は，重要な点において異なっているから，仮に上記高裁判決の立論が正しいとしても，その結論をそのまま本件に当てはめることは許されないというべきである。即ち，上記高裁判決の事案において，納税者である控訴人は，税務署側の慫慂に応じて，当事者間で成立したとされる売買契約書の内容とは異なる内容の修正申告(203)に応じている。したがって，上記高裁判決の事案における控訴人は，右売買契約書自体が仮装のものであるということを一旦は自白したに等しいといわざるを得ない。ところが，本件取引において，控訴人は，本件取引が売買であることを一貫して主張しており，しかも本件において成立の真正が認められる3通の売買契約書が仮装のものであることを示す証拠は何もない。
(3)　売買契約に基づく履行
　(a)　以上の通り，本件においては，3通の売買契約書に記載されている通りの売買契約が成立したことに疑問の余地はない。そして，本件の証拠関係から明らかな通り，本件取引においては上記売買契約の内容に従った履行が実際に行われている。このように，売買契約が成立したことが明白であり，しかも，その売買契約通りの履行が行われている本件においては，課税当局が当事者間で成立した合意内容を再解釈する余地など全くない。
　(b)　なお，売買契約書に記載のない裏金が授受された例を根拠に，被控訴人が展開している議論（被控訴人準備書面(5)●頁）が本件とは全く無関係であることを念のために指摘しておく。

---

(203)　修正申告の慫慂と受け容れの意味については，第2章第1節Ⅴ2（34～35頁）参照。

被控訴人の指摘する通り、売買契約書において代金額の記載が100万円であるにもかかわらず、売買当事者間において対価の一部として裏金100万円が授受された事実が認められるケースにおいては、売買契約書の代金額の記載そのものが仮装であるということが認定されるために、その部分の実質的な証拠力が否定されるにすぎない。これに対し、本件取引においては、裏金の授受等は一切なく、正に3通の売買契約書記載通りの履行が行われている。したがって、この点からも、本件取引において売買契約書記載内容と異なる合意の成立を認定する余地は全くない。

(4) まとめ

本件取引と同様の目的を実現するためには、そもそも売買か交換か2つの法形式が可能であり、何れの法形式を選択するかは当事者の自由であり、何れか一方を選択することが法律上ないし事実上強制されているわけでは決してない。このように自由に選択し得る法形式の中から、本件当事者が売買を選択したことは、成立に争いのない3通の売買契約書から明らかである。しかも、本件においては、その売買契約書記載通りの履行が実際に行われているのであるから、形式と実体が乖離しているという事情は一切認められない。

以上の通りであるから、本件においては、3通の売買契約書記載通りの取引が行われたことを前提に、その課税関係が確定されなければならないことは明白である。これに反する被控訴人の主張は、全て失当である。

第2　結論

以上論証してきた通り、本件取引は、独立した3つの売買契約に他ならないのであって、本件取引を補足金付交換契約と認定する根拠は全くない。そして、そのように本件取引を捉えた場合、控訴人の所得税に係る課税標準、税額等が、控訴人の確定申告通りであることは明らかである。したがって、本件処分は、違法といわざるを得ない。

よって、原判決は速やかに取り消されるべきである。

以上

9　控訴審判決

上記の被控訴人第5準備書面及び控訴人第3準備書面の陳述により、審理を

終結した控訴審は，以下の通り，原判決を破棄し，控訴人全面勝訴の逆転判決を下した。

書式例27：控訴審判決

平成11年6月21日判決言渡　同日原本領収　裁判所書記官●
東京高裁平成10年（行コ）第108号　所得税更正処分等取消請求控訴事件
（原審・東京地方裁判所平成7年（行ウ）213号）

判　　　決

　　控訴人　　Ｘ
　　同訴訟代理人弁護士　　弁護士郎
　　同補佐人税理士　　税理士麻
　　被控訴人　　国
　　同指定代理人　　訟務検事
　　他4名

主　　　文

1　原判決を取り消す。
2　Ｚ税務署長が控訴人の平成元年分の所得税について平成5年3月3日付でした控訴人に対する更正のうち，長期譲渡所得金額●円及び納付すべき税額●円を超える部分及び過少申告加算税賦課決定を取り消す。
3　訴訟費用は，一，二審とも，被控訴人の負担とする。

事実及び理由

第1　控訴の趣旨
　主文同旨
第2　当事者の請求と本件事案の概要等

　本件における控訴人の各請求の内容，本件事案の概要及び本件の各争点に関する当事者双方の主張等は，原判決の第4，3(2)(a)(iii)の項の記載を削除し，同(iv)から(vi)までの項番号をそれぞれ(iii)から(v)までに繰り上げるほかは，原判決の「事実及び理由」欄の第1項から第5項までの各項の記載の通りであるから，右の各記載を引用する。

　即ち，本件の中心的な争点は，本件取引が，課税庁側の主張するように，本件譲渡資産と本件取得資産との補足金付交換契約とみるべきものであったのか，それとも控訴人の主張するように，本件譲渡資産及び本件取得資産の各別の売買契約とその各売買代金の相殺とみるべきものであったのかという点にある。

　なお，本件取引が，控訴人の主張するように，本件譲渡資産及び本件取得

資産の各別の売買契約とその各売買代金の相殺とみるべきものであったとした場合には，控訴人の本件の所得税関係の課税標準，税額等が，控訴人の確定申告額通りとなることについては，当事者間に争いがない。
第3　争点に対する判断
 1　本件取引の経過
　　本件取引の経過に関する事実認定は，原判決の「1　本件取引の経過」の項の記載にある通りであるから，この記載を引用する。
 2　本件取引の法的性質
　(1)　本件取引に関しては，本件譲渡資産の譲渡及び本件取得資産の取得について各別に売買契約書が作成されており，当事者間で取り交わされた契約書の上では交換ではなく売買の法形式が採用されていることは，前記の通りである。
　(2)　もっとも，右の事実関係からすれば，控訴人にとってもY社にとっても，本件取引においては，本件譲渡資産の譲渡あるいは本件取得資産の取得のための各売買契約が，それぞれの契約が個別に締結され履行されただけでは，両者が本件取引によって実現しようとした経済的目的を実現，達成できるものではなく，実質的には，本件譲渡資産と本件取得資産とが控訴人の側とY社の側で交換されるとともに，控訴人の側で代替建物を建築する費用，税金の支払に当てる費用等として本件差金がY社側から控訴人の側に支払われることによって，即ち右の各売買契約と本件差金の支払とが時を同じくしていわば不可分一体的に履行されることによって初めて，両者の本件取引による経済的目的が実現されるという関係にあり，その意味では，本件譲渡資産の譲渡と本件取得資産及び本件差金の取得との間には，一方の合意が履行されることが他方の合意の履行の条件となるという関係が存在していたものと考えられるところである。
　　　さらに，本件取引における本件譲渡資産の譲渡価額あるいは本件取得資産の取得価額も，その資産としての時価等を基にして両者の間の折衝によって決定されたというよりも，むしろ，国土法の制約の下で許容される本件譲渡資産の譲渡額の上限額を前提として，本件取引により控訴人側で代替物件を取得した上に税金を支払ってもなお利益のある額となるように控訴人側で計算して本件譲渡資産を構成する各資産ごとに割り振るなどして算定した金額を，Y社側でも受け入れて，前記の通りの額と決定したものであることが認められる。
　　　これらの事実関係からすれば，控訴人側とY社との間で本件取引の法

形式を選択するに当たって，より本件取引の実質に適合した法形式であるものと考えられる本件譲渡資産と本件取得資産との補足金付交換契約の法形式によることなく，本件譲渡資産及び本件取得資産の各別の売買契約とその各売買代金の相殺という法形式を採用することとしたのは，本件取引の結果控訴人側に発生することとなる本件譲渡資産の譲渡による譲渡所得に対する税負担の軽減を図るためであったことが，優に推認できるものというべきである。

(3) しかしながら，本件取引に際して，控訴人とY社の間でどのような法形式，どのような契約類型を採用するかは，両当事者間の自由な選択に任されていることはいうまでもないところである。確かに，本件取引の経済的な実体からすれば，本件譲渡資産と本件取得資産との補足金付交換契約という契約類型を採用した方が，その実体により適合しており直截であるという感は否めない面があるが，だからといって，譲渡所得に対する税負担の軽減を図るという考慮から，より迂遠な面のある方式である本件譲渡資産及び本件取得資産の各別の売買契約とその各売買代金の相殺という法形式を採用することが許されないとすべき根拠はないものといわざるを得ない。

　もっとも，本件取引における当事者間の真の合意が本件譲渡資産と本件取得資産との補足金付交換契約の合意であるのに，これを隠ぺいして，契約書の上では本件譲渡資産及び本件取得資産の各別の売買契約とその各売買代金の相殺の合意があったものと仮装したという場合であれば，本件取引で控訴人に発生した譲渡所得に対する課税を行うに当たっては，右の隠ぺいされた真の合意において採用されている契約類型を前提とした課税が行われるべきことはいうまでもないところである。しかし，本件取引にあっては，控訴人の側においてもまたY社の側においても，真実の合意としては本件譲渡資産と本件取得資産との補足金付交換契約の法形式を採用することとするのでなければ何らかの不都合が生じるといった事情は認められず，むしろ税負担の軽減を図るという観点からして，本件譲渡資産及び本件取得資産の各別の売買契約とその各売買代金の相殺という法形式を採用することの方が望ましいと考えられたことが認められるのであるから，両者において，本件取引に際して，真実の合意としては右の補足金付交換契約の法形式を採用した上で，契約書の書面上はこの真の法形式を隠ぺいするという行動を取るべき動機に乏しく，したがって，本件取引において採用された右売買契約の法形式が仮装のものであるとすることは困難なものというべきである。

また、本件取引のような取引においては、むしろ補足金付交換契約の法形式が用いられるのが通常であるものとも考えられるところであり、現に、本件取引においても、当初の交渉の過程においては、交換契約の形式を取ることが予定されていたことが認められるところである（乙第8号証）(204)。しかしながら、最終的には本件取引の法形式として売買契約の法形式が採用されるに至ったことは前記の通りであり、そうすると、いわゆる租税法律主義の下においては、法律の根拠なしに、当事者の選択した法形式を通常用いられる法形式に引き直し、それに対応する課税要件が充足されたものとして取り扱う権限が課税庁に認められているものではないから、本件譲渡資産及び本件取得資産の各別の売買契約とその各売買代金の相殺という法形式を採用して行われた本件取引を、本件譲渡資産と本件取得資産との補足金付交換契約という法形式に引き直して、この法形式に対応した課税処分を行うことが許されないことは明らかである。

　実質的に考えても、譲渡所得に対する課税は、資産が譲渡によって所有者の手を離れるのを機会に、その所有期間中の増加益を清算して、これに課税するというものであるところ、資産が著しく低い対価によって法人に譲渡された場合については、資産の増加益に対する課税が繰り延べられるのを防止するために、時価による譲渡があったものとみなして課税が行われることとなっている（所法59条1項2号参照）が、それ以外の場合については、当該資産の増加益に対する課税が繰り延べられることもやむを得ないものとする法制が取られているところである(205)。このような法制からすると、本件取引において、結果として本件譲渡資産が通常の場合に比較すると低い価額で他に譲渡されたこととなり、これによって控訴人の譲渡所得に対する税負担が軽減されることとなったとしても、その譲渡が右の著しく低い対価による譲渡に当たらない以上、その軽減された部分に対応する課税負担は後に繰り延べられることを法律自体が予定しているものというべきである。

(204) 交換の合意書である乙8号証は210頁に掲載。なお、本件訴訟で、乙8号証がXの確認を得て作成されたものであると第一審被告が主張し、本件取引を補足金付交換取引であるとする主張の一根拠としたので、第一審原告は、乙8号証がXの作成したものではないと主張し、文書の成立を正面から争った（X本人尋問速記録117項以下（232頁以下）、原告第8準備書面（243頁以下））。この結果、第一審判決は、少なくとも判決文上は、乙8号証を事実認定の基礎とする証拠とはしなかった（275〜276頁）。
(205) この判示が、現行法の解釈として必ずしも正確でないことについては、本章第15節Ⅲ2（316〜317頁）参照。

したがって，本件取引において，控訴人が税負担の軽減を図るため本件譲渡資産及び本件取得資産の各別の売買契約とその各売買代金の相殺という法形式を採用したとしても，そのことをもって，違法ないし不当とすることも困難なものというべきである。

(4) 結局，本件取引は，控訴人が主張する通り，一方で控訴人がY社に対して本件譲渡資産を代金7億円で売却するとともに，他方でY社から控訴人が本件取得資産を代金4億円で購入し，この2つの売買契約の代金を相殺した差額の3億円を，Y社が控訴人に対して本件差金として支払ったというものであったとみるべきこととなる。

3 本件課税処分の適否

右に検討したところからすると，いずれも本件取引が本件譲渡資産と本件取得資産との補足金付交換契約であることを前提としてされたZ税務署長の控訴人に対する本件更正処分は，所得金額及び納付すべき税額を過大に認定した違法なものであり，かえって，控訴人のした確定申告が適正なものであったというべきことになる。

4 結論

そうすると，Z税務署長が控訴人に対してした本件更正処分のうち控訴人の申告に係る金額を超える部分及び本件過少申告加算税賦課決定の取消しを求める控訴人の請求は，その余の点について判断するまでもなく，いずれも理由があることとなるから，原判決を取り消し，控訴人の請求をいずれも認容することとし，主文の通り判決する。

東京高等裁判所第15民事部
　裁判長裁判官　A　裁判官　B　裁判官　C

第14節　上告審の手続

I　概　説

1　上告審の位置付け

　民事訴訟法は，最終審である最高裁判所の機能を充実させるために，上告理由を限定するとともに，上告受理申立制度を採用している。
　なお，上告審は，法律審であるから，原判決がもっぱら法令に違背するかどうかを審理するものであり，原判決が適法に認定した事実に拘束される（民訴321条1項）。

2　上告理由の制限

　最高裁に対する上告理由は，①憲法違反と②法令違反のうちの重大な手続法違反に限定されている（民訴312条1項，2項）。

3　上告受理申立制度の創設

　法令違反については，当事者は，最高裁判例（これがない場合には大審院又は上告裁判所若しくは控訴裁判所である高等裁判所の判例）と相反する判断がある事件，その他法令の解釈に重要な事項を含むものと認められる事件につき，上告審として事件を受理するよう申し立てることができる（民訴318条）。
　最高裁がこの要件を満たすと認めるときは，上告審として事件を受理する決定をすることができ，かかる決定があると，上告があったのと同様に取り扱われることになる。
　これに対し，最高裁が上記の要件を満たさないと判断するときは，申立てに対する応答として「受理しない」旨の決定を下すことになる。

II 本件の検討

1 上告受理申立て

本件では上告理由がないため，国側は，以下の通り，上告受理申立てを行った。

書式例28：上告受理申立書

上告受理申立書

平成11年7月2日

最高裁判所　御中

　　住所　〒100-8977　東京都千代田区霞ヶ関1丁目1番1号
　　　　　申立人　　　　　　　　国
　　　　　代表者法務大臣　　法務相子
　　住所　〒●　【住所】（送達場所）
　　　　　　　　電話　●
　　　　　　　　FAX　●
　　　　　右指定代理人　訟務検事　　㊞
　　　　　他6名
　　住所　〒●　【住所】
　　　　　　相手方　　X
所得税更正処分等取消請求上告受理申立事件
　訴訟物の価額　金●円
　貼用印紙額　　金●円
　上記当事者間の東京高等裁判所平成10年（行コ）第108号所得税更正処分等取消請求控訴事件について，平成11年6月21日に言い渡された終局判決には，全部不服であるから上告受理申立てをする。
　　　　　　　　　　原判決の表示
1　原判決を取り消す。
2　Z税務署長が控訴人の平成元年分の所得税について平成5年3月3日付
　　でした控訴人に対する更正のうち，長期譲渡所得金額●円及び納付すべき

税額●円を超える部分及び過少申告加算税賦課決定を取り消す。
3 訴訟費用は，一，二審とも，被控訴人の負担とする。
上告受理申立ての趣旨
1 本件上告を受理する。
2 原判決を破棄し，さらに相当の裁判を求める。
上告受理申立ての理由
追って上告受理申立理由書を提出する。
附属書類
1 指定書　　　　　　1通

以上

2　上告不受理決定

国側の上告受理申立てからおよそ4年の歳月を経て，最高裁は，以下の通り，上告事件として受理しない旨の決定を行った。この結果，納税者X全面勝訴の控訴審判決が確定した。

書式例29：上告不受理決定

平成11年（行ヒ）第187号

決　　定

当事者の表示　　別紙当事者目録記載の通り

上記当事者間の東京高等裁判所平成10年（行コ）第108号所得税更正処分等取消請求控訴事件について，同裁判所が平成11年6月21日に言い渡した判決に対し，申立人から上告受理の申立てがあったが，申立ての理由によれば，本件は，民訴法318条1項により受理すべきものとは認められない。

よって，当裁判所は，裁判官全員一致の意見で，次の通り決定する。

主　　文

本件を上告審として受理しない。
申立費用は申立人の負担とする。
　平成15年6月13日
　　　　最高裁判所第2小法廷
　　　　　　　裁判長裁判官　●

```
              裁判官  ●
              裁判官  ●
              裁判官  ●
              裁判官  ●
            当 事 者 目 録
[住所]
         申立人              国
         上記指定代理人        訟務検事　他6名
[住所]
         相手方              X
         上記訴訟代理人弁護士   弁護士郎
         上記補佐人税理士     税理士麻
```

第15節　本件のまとめ

I　本件取引に関する見方の相違

　本件訴訟に関するこれまでの説明が示すように，本件取引を税務上どのように捉えるかについては，それぞれの立場に応じて大きく異なっている。この相違点を明らかにするために，本件取引に対する①原告（控訴人）の見方，②被告（被控訴人）の見方，③第一審判決の見方及び④控訴審判決の見方をそれぞれ図式的にまとめると，以下の通りである。なお，数字の単位は億円とする。

①　原告（控訴人）の見方（売買と相殺後の差金の決済）
　　|本件譲渡資産| ⇄ |本件取得資産| ＋ |本件差金|
　　売買価額 7　　　　　＝　　売買価額 4　　＋　　3
　　（時価 7）　　　　　　　　（時価 4）

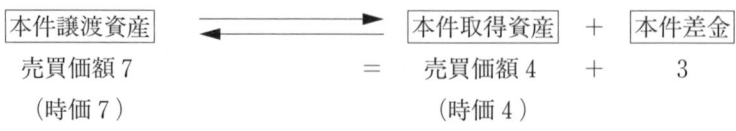

②　被告（被控訴人）の見方（補足金付交換取引）
　　|本件譲渡資産| ⇄ |本件取得資産| ＋ |本件差金|
　　時価 10　　　　　　＝　　時価 7　　　　＋　　3

③　第一審判決の見方（補足金付交換取引）
　　|本件譲渡資産| ⇄ |本件取得資産| ＋ |本件差金|
　　時価 7　　　　　　　≠　　時価 7　　　　＋　　3

④　控訴審判決の見方（売買と相殺後の差金の決済）
　　|本件譲渡資産| ⇄ |本件取得資産| ＋ |本件差金|
　　売買価額 7　　　　　　　　売買価額 4　　＋　　3
　　（時価 10？）　　　　　　　（時価？）

II 解説

1 原告の見方

原告は，本件取引を各別の売買と売買代金相殺後の差金の決済取引であると捉えることを大前提とする。

その上で，原告は，当時の国土利用計画法の規制により，本件譲渡資産を売却する際の上限価額が7億円であり，しかもXがY社に対し本件譲渡資産を7億円で売却したことに争いがない以上，Xの本件譲渡資産の売却に係る譲渡収入金額は，7億円以外にあり得ないという立場を維持してきた。

他方，原告は，不動産の時価がある程度幅をもった概念であることを前提とした上で，本件取得資産の4億円という売買価額が，XとY社という独立の当事者間で交渉の上合意したものであるから，それがその当時の時価である旨主張した。そして，Xとしては，Y社が本件取得資産をどのような入手経路で，いくらで取得したかを知り得る立場にない以上，Y社の調達取引を時価算定の基準となる取引事例として絶対視するのは誤りであることを強調した。

以上の通り，原告の見方に従えば，本件取引は時価7億円の本件譲渡資産を売却し，時価4億円の本件取得資産を購入し，相殺後の差額である本件差金3億円を収受するという対価的バランスのとれた取引であった。

このように本件取引を捉えると，本件譲渡資産の譲渡収入金額が7億円であることは疑いないから，本件課税処分は当然に違法である。

2 被告の見方

被告は，本件取引を補足金付交換取引であると捉えることを大前提とする。

このように捉えると，所得税法36条に従い，Xは，本件譲渡資産の対価として本件取得資産の時価相当額の経済的利益及び本件差金を取得したことになる。そして，本件取得土地をM不動産から購入し，Y社に売却したM商事の購入金額を基に，本件取得資産の時価を計算すると，7億円となるから，Xによる本件譲渡資産の譲渡収入金額は，この7億円と本件差金の合計額である10億円に等しい。

しかも，被告は，本件取引が対価的なバランスのとれた取引であると一貫して主張してきているので，本件譲渡資産の時価は，国土利用計画法の規制にかかわらず，10億円（＝7億円＋3億円）ということになる。

このように本件取引を捉えると，本件譲渡資産の譲渡収入金額は10億円となるから，本件課税処分は適法である。

3　第一審判決の見方

第一審判決は，本件取引を補足金付交換取引であると捉えることを大前提とする点においては，被告の見方と同一である。

しかし，第一審判決は，本件譲渡資産につき被告と異なる時価評価をし，本件取引を対価的なバランスのとれていない取引とみなしている。即ち，第一審判決は，本件取引において，本件譲渡資産（時価7億円）を，本件取得資産（時価7億円）プラス本件差金（3億円）と交換したという認定を基礎にして，所得税法36条に基づき，Xの本件譲渡資産に係る譲渡収入金額を10億円と認定し，本件課税処分が適法であるという結論を導いている。

第一審判決については，そもそも本件取引を補足金付交換取引と認定することが許されるかという問題のほかに，第一審判決のとる上記のような時価評価を前提とした場合の課税関係の捉え方が正しいかという問題がある。即ち，第一審判決が説くように，本件取引が時価7億円相当の資産の見返りに時価10億円相当の資産を取得したものであるという評価が正しいとすると，Xは，Y社に対し，本件譲渡資産を時価7億円よりも高額の10億円で譲渡したことになる。その場合，Xの本件譲渡資産に係る譲渡収入金額は時価と同じ7億円となり，差額の3億円相当の経済的利益は法人から個人へ贈与されたものであり，Xの一時所得に該当するはずである（所法34条，所基通34－1(5)）（第4章第13節II 3(3)（286～287頁参照）。その意味で，第一審判決は，自ら認定した事実と整合性を欠く課税を認めるという誤りを犯していると考えられる。

なお，仮に第一審判決の行った上記の時価の認定が正しいとすると，本件において，国側は，本件訴訟の段階において，理由の差替えを行い，Xに3億円相当の一時所得があったものと主張して，本件課税処分の適法性を基礎付けることが理論的には可能であった（第4章第3節II 2(4)（135～136頁））。但し，本件訴訟において，国側は，かかる主張をしなかった。

4　控訴審判決の見方

　控訴審判決は，原告と同様に，本件取引が各別の売買と売買代金相殺後の差金の決済取引であるとみるべきことを大前提とする。その上で，控訴審判決は，租税法律主義の下では，法律の根拠なしに当事者の選択した法形式（各別の売買と代金の相殺後の決済取引）を通常用いられる法形式（補足金付交換取引）に引き直し，それに対応する課税要件が充足されたものとして課税処分を行うことは許されないとして，本件課税処分の違法性を認めた。

　控訴審判決は，直接には本件譲渡資産及び本件取得資産の時価に対する判断を下していない。しかし，仮に被告の主張する本件譲渡資産の時価評価10億円をそのまま受け容れたとしても，本件取引における本件譲渡資産の実際の売買価額7億円は，当該時価の2分の1以上である。したがって，所得税法59条1項2号，同法施行令169条により，時価によるみなし譲渡の適用はなく，Xの本件譲渡資産に係る譲渡収入金額は，実際の売買価額である7億円に等しいことになる。

5　第5の見方

　本件訴訟では全く問題とされていないが，上記4つの見方とは異なる以下のような第5の見方[206]が成立し得る。

　本件取引が各別の売買であるという事実認定を前提にしても，本件譲渡資産の売却と本件取得資産の購入プラス本件差金の収受が密接に関連していることには争いがない。したがって，仮に本件取得資産の実際の売買価額（4億円）が当該資産の時価（第一審判決認定の通り7億円と仮定する。）を圧縮して付された価額であるとすると，Xは，本件譲渡資産の売却の見返りとして，本件取得資産を低額で譲り受けることのできる権利又は経済的利益を取得したことになる。即ち，Xは，本件譲渡資産の譲渡の対価として，7億円という売却代金に加えて，本件取得資産の実際の売買金額（4億円）と時価（7億円）との差額（3億円）相当額の権利又は経済的利益を得たことになる（所法36条1項，2項）。このように考えると，本件取引を売買と捉えてもなおXが本件譲渡資

---

[206] この鋭い指摘は，関根稔弁護士から頂いた。なお，小林真一＝山本英幸『よくわかる税務訴訟入門』（中央経済社，平成16年）89頁にも同様の指摘がある。

産の売却により，合計10億円の収入金額（実際の売買金額7億円プラス3億円相当の権利又は経済的利益）を得たという結論を導くことが可能である。

但し，ここで注意しなければならないのは，上記のように考える結果，Xが本件譲渡資産を高額譲渡したことにならないかという点である。既に繰り返し説明した通り，もし本件譲渡資産の時価が第一審判決の認定したように7億円であるとすると，第5の見方に従った場合でも，Xは7億円の資産を10億円で譲渡したことになるが，その場合には，Xの本件譲渡資産に係る譲渡収入金額は時価と同じ7億円である。そして，差額の3億円相当の経済的利益は，法人から個人への贈与ということでXの一時所得になる。他方，本件譲渡資産の時価が被告の主張通り10億円であるとすると，これは時価譲渡であるから，Xの本件譲渡資産に係る譲渡収入金額は10億円（実際の売買金額7億円プラス3億円相当の権利又は経済的利益）となる。

以上の通り，この第5の見方は，課税庁が法律の根拠なしに当事者の選択した売買という法形式を交換という法形式に引き直すことは許されないとする控訴審判決の示した考え方と矛盾するものではない。したがって，仮に本件訴訟において，国側からこの第5の見方に沿った主張がなされていたとしたら，本件取得資産の時価（当該時価とXの実際の購入価額である4億円との間に差があり，その差額相当額の経済的利益をXが享受したといえるかどうか。）と本件譲渡資産の時価（当該時価と比較して，Xが収受した7億円の売買代金と上記差額相当額の権利又は経済的利益の合計額の方が高額といえるかどうか。）の2つの問題が正面から問われなければならないことになる。

これに対し，7億円という金額が当時の国土利用計画法上の本件譲渡資産の上限価額であったことからすると，その上限価額通りに，XとY社が決めた売買価額の7億円が本件譲渡資産の「時価」であることは容易に肯定できる。しかも，本件取得資産の売買金額である4億円が当時の公示価格を基準にした計算上の価額と10％ほどの差しかないこと[207]からすると，XとY社が本件取得資産の売買金額として決めた4億円も，やはり「時価」の範囲内と考えることも十分可能である。そうすると，この第5の見方に立ったとしても，本件取引は，「時価」の範囲内で行われた売買取引であって，Xが当初申告で行った譲

---

(207) 第一審判決においてまとめられた原告の主張参照（277頁）。

渡収入金額の計算は正しく，かつXがY社から売買代金以外の権利又は経済的利益を得たことにもならない。このように考えると，仮に第5の見方に立ったとしても，本件課税処分の適法性は否定される。

III まとめ

以上の検討を踏まえた上で，最後に本件の控訴審判決の意義と問題点について簡単に指摘しておく。

1 納税者の選択した法形式の尊重

本件において，XとY社間で3通の売買契約書が締結されており，最終的に本件取引の法形式として売買契約が採用されたことについては当事者間に争いはない。それにもかかわらず，第一審判決が説くように，「当事者の合理的意思，経過，前提事情等を総合して解釈」することで当事者の選択した売買という法形式ではなく，実質的に交換という法形式が採用されたものと事実認定をし，税法を適用し，課税処分の適法性を判断することが許されるかどうかが本件の最も重要な争点である。

この点に関し，本件の控訴審判決は，仮装行為と私法上判断される場合は別であると断った上で，「租税法律主義の下においては，法律の根拠なしに，当事者の選択した法形式を通常用いられる法形式に引き直し，それに対応する課税要件が充足されたものとして取り扱う権限が課税庁に認められているものではないから，本件譲渡資産及び本件取得資産の各別の売買契約とその各売買代金の相殺という法形式を採用して行われた本件取引を，本件譲渡資産と本件取得資産との補足金付交換契約という法形式に引き直して，この法形式に対応した課税処分を行うことが許されないことは明らかである」と極めて明解に判示した。

このように，仮装行為と私法上判断される場合を除き，納税者が選択した法形式を租税法上も尊重し，法律の根拠なしに否認しないという司法判断は，その後の裁判例においても基本的に踏襲されていると評価できる[208]。

---

(208) 平川雄士「裁決・判例研究 外国税額控除の余裕枠の流用が制度の濫用とされ控除が否

2 個人から法人への低額譲渡と課税の繰延べ

　本件の控訴審判決は、「資産が著しく低い対価によって法人に譲渡された場合については、資産の増加益に対する課税が繰り延べられるのを防止するために、時価による譲渡があったものとみなして課税が行われることとなっている（所法59条1項2号参照）が、それ以外の場合については、当該資産の増加益に対する課税が繰り延べられることもやむを得ないものとする法制」がとられていると判示しているが、この点は現行法の解釈として必ずしも正確ではない。なぜなら、個人から法人に対し、固定資産の低額譲渡がなされ、その譲渡価額が時価の2分の1以上の場合には、現行法制の下では、譲渡益に対する課税関係は、以下のようにまとめることができるからである(209)。

　第一に、個人による上記譲渡の時点では、時価譲渡を擬制する規定（所法59条1項2号、所令169条）の適用がないから、実際の譲渡価額を基に当該個人の譲渡所得金額が計算される。

　第二に、法人による当該固定資産の取得価額は、実際の譲渡価額ではなく、譲渡時点での当該資産の時価に基づいて経理される（減価償却資産に関する法令54条1項1号、6号、法基通7－5－1(4)参照）ため、実際の譲渡価額を引き継ぐわけではない。

　このように個人から法人に対し上記のような低額譲渡が行われることにより、実際の譲渡価額の引継ぎがないため、譲渡資産の時価と実際の譲渡価額の差額

定された事例」税研126号80頁以下も同意見である。同論文は、①本件の岩瀬事件並びに岩瀬事件と同様に相互売買か補足金付交換取引かが争われ、納税者が勝訴した東京高判平成14年3月20日（訟月49巻6号1808頁）（平成16年4月23日付で上告不受理により確定）、②納税者の主張通り、航空機リース契約が民法上の組合契約に該当するとして国側の主張を退けた名古屋高判平成17年10月27日（公刊物未登載、国側の上告受理申立て断念により確定）、③フィルムリース事件において取引の法形式の問題ではなく、減価償却資産に関する法人税法31条1項の解釈問題として解決した最判平成18年1月24日（公刊物未登載）、④匿名組合契約を任意組合契約と再構成する国側の主張を退け、租税回避を図った納税者を勝訴させた東京地判平成17年9月30日（公刊物未登載）等を根拠として掲げている。

(209) 他方、個人から法人への固定資産の譲渡価額が時価の2分の1未満の場合には、時価での譲渡が擬制され、譲渡人たる個人の譲渡所得課税が行われる（所法59条1項2号、所令169条）。しかも、その場合、譲受人たる法人による当該固定資産の取得価額は、譲渡時点での当該資産の時価である（減価償却資産に関する法令54条1項1号、6号、法基通7－5－1(4)参照）。このため、このような取引が行われたときには、資産の増加益についての課税の空白は一切生じない。

相当部分の増加益課税（本件譲渡資産の時価が10億円であるとしたときの売買価額7億円との差額の3億円の増加益に対する課税）の機会は永遠に失われるともいい得るからである。その意味で、個人から法人に対し、時価の2分の1以上の価額で固定資産の低額譲渡が行われた場合、時価と譲渡価額との差額相当部分の増加益に対する課税は繰り延べられるわけではない。

　しかし、この点の不正確性は、控訴審判決の結論を左右するものではもちろんないし、ましてその意義を減殺するものではないと考えられる。その理由を簡単にまとめると、以下の通りである。

　確かに、上記のような低額譲渡の場合、増加益についての課税の機会は失われる反面、時価と実際の譲渡価額との差額に相当する受贈益については、譲受人たる法人の側で、法人税課税がなされる（法法22条2項）ので、課税の空白が生じるわけではない。また、そもそも上記のような個人から法人に対する低額譲渡の場合に、増加益課税の機会が失われるのは、現行法が、個人の譲渡所得課税において、取引時価の2分の1未満の対価で法人に譲渡した場合に限り、時価譲渡を擬制する外形的基準を採用した（所令169条）ことのやむを得ない結果であると評することができる。したがって、立法の手当てなくして、このような増加益課税の空白を課税庁の「法形式の引き直し」により埋めようとすることは許されないと考えるべきである。

第5章

実務家のための法律情報検索

第1節　租税争訟と判決・裁決の必要性について

　従来，租税訴訟においては，納税者が勝訴することは，非常に難しく，その勝訴率は5％程度といわれてきたが，興銀事件が提起されたあたりから，租税訴訟の流れは，全く変わったと指摘されている(1)。

　租税訴訟のうち課税関係については，平成16年度の発生件数457件と前年度387件に比し70件増であり，大幅増となった前年度からさらに増加した。国側の全部又は一部敗訴の件数は54件，敗訴率は14.0％となり，前年度の13.5％を若干上回る結果となっている(2)。

　司法制度改革を受けて平成14年から税理士法2条の2に新設された補佐人税理士制度（第4章第3節Ⅰ2（115頁以下）参照）を受け，各税理士会において，大学院や弁護士会と提携するなどして補佐人研修講座が設けられ，研修を受けた税理士を中心として，納税者の権利救済のために，判決や裁決の必要性が再認識されている。

　平成18年6月現在，TAINSの税法データベースに収録されている租税訴訟のうち，補佐人税理士が判決書に記載されている件数は69件，上級審で逆転敗訴した事案も含めると，そのうち，課税処分の全部又は一部が取り消された事案は，31件に達している。

　本章では，租税争訟における判決・裁決の必要性を踏まえ，実務家のための法律情報の探し方について，TAINSの収録情報を中心に記述する。

---

(1)　中里実「租税法における新しい事例研究の試み」ジュリスト1242号64頁。
(2)　平17年5月26日全国国税局課税部長会議資料。

第2節　参考判決の検索

I　TAINSの税法データベース

　昭和57年12月，我が国で初めての法律情報検索システムとして，東京税理士会と中国税理士協同組合が共同で立ち上げた税理士総合データバンクは着実に歩みを続け，平成8年8月には，通信技術の発達に伴う高度情報化社会に対応してパソコン通信サービスの機能を加え，平成12年4月には，業務委託会社として，有限会社日税連情報サービスが設立され，同年6月，TAINS[3]の税法データベースとしてインターネット環境に移行し，現在に至っている。

1　入会方法

　TAINSの入会資格は，次の通りである。

一般会員	税理士個人（税理士法人は，加入できない。）
税理士会等	各税理士会，県連，支部等
特別会員	税理士以外の個人で，全国ユーザー会が，特別会員内規により認めた次の者 ①　文部科学省が認定する大学の教授，助教授及びその職にあった者 ②　大学及びこれに準ずる研究機関に所属する研究者 ③　(イ)租税訴訟学会の会員弁護士 　　(ロ)租税訴訟学会の会員弁護士の推せんを受けた弁護士 ④　税理士情報ネットワーク全国ユーザー会が，上記に準ずる者と特に認めた者

　TAINSの利用に当たっては，加入時に入会金10,000円が必要であり，TAINS利用料兼全国ユーザー会会費は，平成18年6月現在，月額合計3,000円（消費税別）である。従量料金や追加料金の負担はない。

---

[3]　TAINSとは，Tax Accountant Information Network Systemの頭文字で「税理士情報ネットワークシステム」の略称である（http://www.zeirishi.gr.jp/）。

入会の申込みは，http://www.zeirishi.gr.jp/cgi-email3/nyukai.html のほか，下記へ電話又は FAX で申し込む。

〒141-0032　東京都品川区大崎1-11-8日本税理士会館３階
　　　　　　有限会社日税連情報サービス
　　　　　　TEL　03-5496-1195　FAX　03-5496-1298

2　収録内容

①判例	昭和40年の法人税法等の全文改正以後のすべての租税訴訟（行政事件）を国税庁の税務訴訟資料により収録し，昭和39年以前については，重要判例のみを収録している。 　平成18年6月現在，国税庁の税務訴訟資料は平成14年12月言渡し分までが公刊されている。平成15年1月以後については，判決書等の直接入手によるほか，裁判所のホームページ・雑誌等に基づき編集されており，総収録判決8,006件の全てについて全文を収録している。 　なお，租税訴訟のうち徴収事件・刑事事件については国税庁が非公開としているため，一部が収録されているにとどまる。 　また，税理士損害賠償請求事件，商事事件，民事事件等も一部収録されている。
②裁決	裁決は，昭和45年国税不服審判所発足以後，平成17年6月末までの公表された裁決の全て1,688件が収録されているほか，審査請求を行った税理士・弁護士が納税者の同意を得て，TAINS に提供した非公開裁決及び平成13年4月1日から施行された情報公開法に基づき開示請求を行って入手した非公開裁決が550件収録されている（平成18年6月現在）。
③通達	従来の公開通達に加え，情報公開法に基づき，開示請求を行って入手した国税庁・国税不服審判所の内部通達である「現況調査の手引」「審査事務の手引」「裁決書起案の手引」「全国国税局長会議資料」「審理専門官情報」「法人課税課速報」「税理士事務提要」等のほか内部研修資料等も収録されている。
④事例等	各税目ごとの相談事例に加え，情報公開法に基づき，開示請求を行って入手した「誤りやすい事例集」のほか，国税庁内部の質疑応答事例等も収録されている。

3 収録件数

(平成18年6月1日現在)

	所得税	法人税	相続税	地価税	消費税	諸税	その他	計
通達	2,705	4,415	1,046	175	560	3	365	9,269
裁決	889	712	422	3	182	30	0	2,238
判決	4,384	2,141	862	8	135	208	268	8,006
事例	2,180	2,161	662	74	412	17	144	5,650
計	10,158	9,429	2,992	260	1,289	258	777	25,163

4 検索方法

　TAINS会員には，検索マニュアルが配布されるほか，web上のマニュアル[4]も閲覧可能である。収録内容や検索方法についての質問は，税法データベース編集室[5]に常駐している専担税理士に無料で問い合わせることができる。

(1) 一般検索

　① 【税区分】は，所得税・法人税・相続税・地価税・消費税・諸税・その他のいずれかを選択する。

　【検索範囲】は，判決・裁決・通達・事例等の全部又は一部を選択する。

　【検索対象データ】は，「役員報酬」「所得区分」などの全角漢字キーワード，「所得税法56条」を表す「SHO56」等の法令コード，「最高裁判所第三小法廷」とか，「容易に現金化できる」というように連続した任意の文字列による一次（概要）又は二次（本文）の全文検索等のいずれかを選択する。

　【検索キーワード】としては税理士がごく日常的に利用する「青色取消し」「寄附金」「債務控除」「仕入税額控除」等の用語を入力して検索する。

　判決や裁決の言渡し日付が分かっている場合には，日付をコードとして検索する（例：H17-12-07）。TAINSのコードが分かっている場合も同様である（例：Z888-1041）。

---

(4) http://www.zei.or.jp/
(5) 税法データベース編集室　9：00〜12：00　13：00〜17：00
　　東京（月〜金）TEL 03-5496-1416　FAX 03-5496-1517
　　広島（火・金）TEL 082-243-2411　FAX 082-243-2777

② 【検索結果の表示】は，タイトルのみの場合には100件まで，一次（概要）の場合は50件まで，二次（本文）は1件ずつ表示される。
③ 【印刷】は，ブラウザの印刷機能を利用して出力する。
(2) キーワード検索
① 【税区分】と【抽出範囲】を選択し，「役員」なら五十音図の「や」を選択すると候補のキーワードの一覧が表示されるので，随意のキーワードを選択する。
② その後は，一般検索と同様に表示・印刷を行う。

II 裁判所ホームページ

裁判所のホームページ(6)での裁判例検索は下記の通り行う(7)。

1 総合検索

検索条件の指定は，【裁判所名】【事件番号】【裁判年月日】【全文】の各項目により検索することができる。

2 特定検索

検索条件の指定は，下記の区分に応じ，【裁判所名】【事件番号】により検索する。
① 最高裁判所判例集
② 高等裁判所判例集
③ 下級裁判所判例集
④ 行政事件裁判例集
⑤ 労働事件裁判例集
⑥ 知的財産裁判例集

3 詳細検索

【裁判年月日】【事件名】【事件種別】【全文検索】の項目により検索すること

(6) http://www.courts.go.jp/
(7) http://www.courts.go.jp/search/jhsp0010？action_id＝first&hanreiSrchKbn＝01

ができる。

【事件種別】では，次の指定をすることができる。
① 選挙
② 住民訴訟
③ 情報公開
④ 地方自治（住民訴訟・情報公開を除く。）
⑤ 租税
⑥ 公用負担・公用収容など
⑦ 警察（建築・営業認可・公衆衛生・外事など）関係
⑧ 公物・公企業など

III 民間法律情報データベース

1 TKC LEX／DB 法律情報データベース

　TKC LEX／DB法律情報データベース[8]は，明治8年の大審院判決から今日までの判例を網羅的に収録した日本最大級の法律情報データベースとして利用されている。非TKC会員のLEX／DBインターネット使用料金は，下記の通りである。

(1) ID 登録料（初回のみ）

新規ID登録にかかる費用は，1 ID当たり2,100円(消費税込み)となっている。

(2) 月額料金

(a) 従量契約

種類	基本使用時間	使用ID数	基本料金〈税込〉	追加料金〈税込〉
4時間コース	4時間／月	1 ID	10,500円	4,200円／30分
10時間コース	10時間／月	1 ID	26,250円	4,200円／30分
20時間コース	20時間／月	1 ID	46,200円	4,200円／30分
60時間コース	60時間／月	最大 5 ID	84,000円	4,200円／30分

---

(8) http://www.tkclex.ne.jp/

(b) 固定契約

種　　類	基本使用時間	使用ID数	基本料金〈税込〉
4時間コース	4時間／月	1 ID	10,500円
10時間コース	10時間／月	1 ID	26,250円
20時間コース	20時間／月	1 ID	46,200円
60時間コース	60時間／月	最大 5 ID	84,000円

なお，固定契約では，基本使用時間を超えての使用はできない。

2　e-法規の判例MASTER

e-法規のMASTER Library（判例MASTER，法令MASTER）[9]を利用するための費用は，入会金21,000円，月額5,250円（消費税込み）となっている。判例MASTERは，11万件の判例を，法令MASTERは，2,200の法令をデータベース化した法律の総合データベースである。

（平成18年4月10日現在）

判決日の範囲	昭和22年9月15日 ～ 平成18年4月10日
判　例	110,181件
全文（主文及び理由）	62,261件
コメント	545件

① 属性検索　■判決日，■裁判所，■法令，■キーワード　により検索。
② 日付検索　■判決日，■裁判所，■事件番号　により検索。
③ 自然文検索　■判決日，■自然文，■キーワード　により検索。

3　レクシスネクシス・ジャパンのLexisNexis

レクシスネクシス・ジャパンのLexisNexisは，延べ約193,000件の判例に加えて，約42,000件の判例解説，大審院判例19,900件，現行法令約7,200件，国税不服審判所の公開裁決，書式データベース等を収録している（http://www.lexisnexis.jp/legal/）。

書籍，雑誌・論文のほか，法律関連書誌・文献情報等の二次文献情報等も収録中である（2006年4月現在）。

---

[9] http://www.e-hoki.com/main/main.php

(1) LexisNexis の検索

LexisNexis の検索システムは，簡易検索と詳細な検索という 2 種の方法により検索を行う。

(a) 簡易検索

簡易検索は，キーワード検索による。また，複数のキーワードを空白(スペース)で区切り，AND, OR, NOT 検索によって，詳細な検索を行うこともできる。

なお，判例と解説については，判決日付の範囲指定により，条件を絞り込むことが可能である。

(b) 詳細な検索

判例データベースの場合，キーワード以外に，判示事項・要旨，事件番号，参照条文，判決日の範囲，裁判所名，事件名，参考文献等の指定をする検索も可能である。

(2) 利用料金

(a) 個人利用

1 ID につき，月額固定制で12,600円（消費税込み）である。

(b) 一般企業利用

月額固定料金を25,200円（消費税込み）とし，2 名まで利用することができ，3 名以上の場合には，別途問い合わせを行うこととされている。

第3節　参考裁決の検索

I　TAINSの税法データベース

　TAINSの税法データベース[10]における公開裁決事例の収録状況等は，第5章第2節 I 2 及び3（322〜323頁）の収録内容を参照されたい。非公開裁決事例については，平成13年4月1日の情報公開法施行に伴い，過去の裁決事例の中から納税者の主張の全部又は一部が認容された事例を中心に，平成18年6月現在，550件の非公開裁決が収録されているのが特徴である[11]。キーワードとして「非公開裁決」と「全部取消し」又は「一部取消し」を組み合わせることによって，非公開の請求認容裁決を検索することができる。

II　国税不服審判所ホームページの裁決

　国税不服審判所のホームページ[12]では，平成8年7月1日以降，平成16年末まで（平成18年4月現在）に公開された裁決の要旨と全文をweb上で検索することができる[13]。

　また，この期間の非公開裁決については，その要旨部分を自由に検索することができ，情報公開法に定める所定の手続に従って，裁決番号等を特定して開示請求することにより，だれでも全文を入手することができる。

　平成8年6月30日以前の非公開裁決についても，情報公開法所定の手続に従い，テーマ・期間・裁決結果等を特定することにより，だれでも全文の開示を請求することができる。

---

[10]　http://www.zei.or.jp/
[11]　山本守之監修『検証　国税非公開裁決―情報公開法が開く審判所の扉―』（ぎょうせい，平成17年）21頁。
[12]　http://www.kfs.go.jp/
[13]　http://www.kfs.go.jp/service/RS/index.html

第4節　参考雑誌記事の検索

I　TAINSの雑誌目次検索

　TAINSの会員は，税法データベースの利用のほかに，日本法令書式集「Japplic」，消費税審理事例検索ソフト，所得税関係質疑応答事例検索ソフト，資産税関係質疑応答事例集検索ソフト等のアプリケーションソフトを無料で自由に利用することができる。それらに加え，判決・裁決の検索に有用な税務雑誌目次の検索については，web上で行うことができる。

1　収録情報

雑誌名	出版社	発行	収録期間
税理	ぎょうせい	月刊	平成10年6月号～最新号
税経通信	税務経理協会	月刊	平成10年6月号～最新号
税務弘報	中央経済社	月刊	平成10年6月号～最新号
月刊税務事例	財経詳報社	月刊	平成10年6月号～最新号
税研	日本税務研究センター	隔月刊	平成10年7月号～最新号
週刊税務通信	税務研究会	週刊	平成10年6月号～最新号
国税速報	大蔵財務協会	旬刊	平成10年6月号～最新号
税務事例研究	日本税務研究センター	隔月刊	平成10年7月号～最新号

2　検索対象項目と検索方法

　｜年号｜，｜雑誌名｜，｜VOL/NO｜，｜頁｜，｜肩書｜，｜著者｜，｜税区分｜，｜テーマ・タイトル｜，｜摘要｜　の各項目で検索することができるが，特に，摘要欄に「平17.11.8最高裁」等と入力することにより，判決・裁決に関する記事を検索することができる。併せて，肩書の項目に「士」と入力すると執筆者を税理士・弁護士・公認会計士等に，同じく「授」と入力すると大学教授・助教授等によ

る当該判決・裁決についての評釈を検索することが可能となる。

II　(財)日本税務研究センター図書室

　東京都品川区大崎の日本税理士会館2階に設けられている(財)日本税務研究センター図書室(14)は，租税に関する図書館としては，日本最大の充実した図書館であり，税理士に限らず，だれでも利用することができる。開館日と開館時間が限られている点は不便であるが，懇切丁寧なレファレンスが充実している図書室として評判が高い。
　　開 館 日：月曜日～金曜日（但し，祝日，月末日，8月10日～20日，12月27日～1月6日，年度末特別整理期間（2月中又は3月中に7日間）を除く。）
　　開館時間：午前10時～午後4時45分

1　サービスの概要

　「判例時報」「判例タイムズ」「ジュリスト」「税務訴訟資料」「裁決事例集」をはじめ，蔵書は和洋併せて，図書資料約17,000冊，逐次刊行物約120種が収蔵されている。
　個人1口15,000円，法人1口30,000円の会費を負担する賛助会員制度があり，賛助会員には，隔月刊の機関紙「税研」「税務事例研究」が年6回配布され，研究紀要「日税研論集」の割引頒布，図書の貸出サービス，コピーFAX送信サービス等が提供されている。

2　賛助会員に対する図書室のサービス

　賛助会員に対するサービスは，以下の通りである(15)。
① 　図書貸出
② 　コピーサービス
　　郵送（20枚までは1,000円，20枚を超過分は1枚につき50円，速達・宅配便を指定する場合は，実費負担）

---

(14)　http://www.jtri.or.jp
(15)　http://www.jtri.or.jp/4/tosyositu.html

③ FAXサービス（10枚まで1,000円，10枚超過分は，1枚につき100円）
(財)日本税務研究センター図書室
　　FAX：03-5435-0916　　TEL：03-5435-0915(直)
　　〒141-0032　東京都品川区大崎1-11-8　日本税理士会館2階

Ⅲ　国立国会図書館の利用者登録制度

　国立国会図書館の個人利用者として登録すると，①郵送複写サービス，②取寄せサービス，③入館手続の簡素化等のサービスを受けることができる[(16)]。
　登録申請の方法としては，以下の通り，郵送による申込みと，直接申込みとの2種類の方法がある。

1　郵送による申込み

　国立国会図書館利用者登録申請書（ホームページからダウンロードする。），のほか，下記のうちのいずれかのコピー（いずれも有効期限内のものに限る。）を添付し，
① 免許証（現住所の記載があるもの）
② 保険証（現住所の記載があるもの）
③ パスポート（生年月日の記載（旅券部分）と，現住所記載部分のコピーが必要）
④ 学生証（現住所・生年月日の記載があるもの）
⑤ 住民票の写し（3カ月以内に発行されたもの）
⑥ 公的手帳及びそれに準ずるもの（現住所・生年月日の記載があるもの）
　信用封筒（定型サイズ，返信用切手は不要）
を同封して，下記の宛て先に郵送する。
　　国立国会図書館関西館　複写貸出係　TEL：0774-98-1312
　　　　　　〒619-0287　京都府相楽郡精華町精華台8-1-3

---

(16) http://www.ndl.go.jp/jp/information/guide.html

2　直接申込み

　登録申請は，館内の下記の場所で受け付け，登録申請が認められると，利用者ID・パスワード等を記入した「利用者登録証」及び「登録利用者カード」が渡される。
　東京本館：利用者登録カウンター（新館2F）（その場で発行される。）
　関西館：総合案内（地下1F総合閲覧室）（1～2時間後に発行される。）
　　なお，申請受付時間は東京本館は19時，関西館は17時までである。

書式例一覧表

番号	書式名	頁	CD-ROM
1	更正・加算税の賦課決定通知書	38	
2	異議申立書	49	○
3	異議決定書	51	
4	審査請求書	67	○
5	裁決書	73	
6	税理士法上の補佐人選任届（A型）	119	○
7	税理士法上の補佐人選任届（B型）	120	○
8	民事訴訟法上の補佐人許可申立書	126	○
9	訴訟委任状	132	○
10	補佐人選任届	133	○
11	訴状	151	○
12	答弁書	155	
13	被告第1準備書面	174	
14	原告第1準備書面	185	○
15	証拠説明書	207	○
16	証拠（乙8号証　確約書）	210	
17	Xの陳述書	211	○
18	証拠申出書	222	○
19	X本人尋問速記録	223	
20	原告第8準備書面	238	
21	被告最終準備書面	252	
22	第一審判決	266	
23	控訴状	284	○
24	鑑定の申出書	287	○
25	被控訴人第5準備書面	291	
26	控訴人第3準備書面	297	
27	控訴審判決	301	
28	上告受理申立書	307	○
29	上告不受理決定	308	

※ CD-ROM欄に○印を付した書式は，本書添付のCD-ROMに収録されている．

参考文献

〔第 1 章・第 2 章〕

金子宏『租税法』弘文堂，第11版，平成18年（「金子・租税法」と引用）

太田勝造＝草野芳郎編著『ロースクール交渉学』白桃書房，平成17年（「太田他・交渉学」と引用）

〔第 3 章〕

山田二郎＝石倉文雄『税務争訟の実務』新日本法規出版，改訂版，平成 5 年（「山田＝石倉・税務争訟の実務」と引用）

金子宏『租税法』弘文堂，第11版，平成18年（「金子・租税法」と引用）

泉徳治＝大藤敏＝満田明彦『租税訴訟の審理について』法曹会，改訂新版，平成14年（「泉他・租税訴訟の審理」と引用）

〔第 4 章・第 5 章〕

泉徳治＝大藤敏＝満田明彦『租税訴訟の審理について』法曹会，改訂新版，平成14年（「泉他・租税訴訟の審理」と引用）

菅野博之「租税訴訟の現状と展望」『第 5 回租税訴訟研修』日本弁護士連合会研修センター，平成18年，108頁以下所収（「菅野・研修用資料」と引用）

林屋礼二＝河野正憲編『民事訴訟法』（青林書院，平成11年）（「林屋他・民事訴訟法」と引用）

新堂幸司『新民事訴訟法』（弘文堂，第 3 版補正版，平成17年）（「新堂・新民事訴訟法」と引用）

大野重國＝東亜由美＝木下雅博『租税訴訟実務講座』ぎょうせい，改訂版，平成17年（「大野他・実務講座」と引用）

林屋礼二＝吉村徳重＝中島弘雅＝松尾卓憲『民事訴訟法入門』（有斐閣，平成11年）（以下「林屋他・民事訴訟法入門」と引用）

三木義一「これからの税務訴訟と税理士－補佐人制度の活用を期待する」税研100号79頁（「三木論文」と引用）

伊藤滋夫『要件事実の基礎―裁判官による法的判断の構造』有斐閣，平成12年（「伊藤・要件事実の基礎」と引用）

中尾巧『税務訴訟入門』商事法務，新訂版，平成5年（「中尾・入門」と引用）

金子宏『租税法』弘文堂，第11版，平成18年（「金子・租税法」と引用）

司法研修所監修『民事訴訟第一審手続の解説―事件記録に基づいて―』法曹会，4訂版，平成13年（「第一審手続の解説」と引用）

藤山雅行「行政訴訟の審理のあり方と立証責任」『新・裁判実務体系　第25巻　行政争訟』青林書院，平成16年，297頁以下所収（「藤山論文」と引用）

野口悠紀雄『「超」文章法』中央公論社，平成14年（「野口・「超」文章法」と引用）

塩野宏『行政法Ⅱ』有斐閣，第4版，平成17年（「塩野・行政法Ⅱ」と引用）

判例索引

判決年月日	裁判所	出典	TAINSコード	頁
大正11年2月20日	大審院	民集1巻52頁	—	170
昭和36年2月3日	長崎地裁	行集12巻12号2505頁	Z999-2048	257
昭和38年3月3日	最高裁	訟月9巻5号668頁	Z037-1179	22, 202
昭和38年10月31日	大阪地裁	行集14巻10号1793頁	Z037-1241	265
昭和42年9月12日	最高裁	訟月13巻11号1418頁、税資48号395頁	Z048-1645	169
昭和43年4月26日	広島高裁岡山支部	行集18巻4号614頁	Z047-1609	203
昭和48年7月10日	最高裁	刑集27巻7号1205頁	Z999-9004	19
昭和49年4月18日	最高裁	訟月20巻11号175頁	Z075-3310	63
昭和49年4月19日	京都地裁	訟月20巻8号109頁	Z075-3311	203
昭和49年7月19日	最高裁	民集28巻5号759頁	Z076-3367	169
昭和50年6月23日	仙台地裁	訟月21巻9号1947頁	Z082-3589	22
昭和50年10月24日	最高裁	民集29巻9号1417頁	Z999-5083	205
昭和56年7月14日	最高裁	民集35巻5号901頁	Z120-4828	169
昭和57年7月28日	横浜地裁	訟月29巻2号321頁	Z127-5037	281
昭和57年12月23日	大阪高裁	行集33巻12号2671頁	Z128-5121	22
昭和58年4月19日	東京高裁	税資130号62頁	Z130-5178	281
昭和59年3月30日	京都地裁	行集35巻3号353頁、判時1115号51頁、判タ521号71頁	Z999-8129	258
昭和60年11月29日	大阪高裁	行集36巻11・12号1910頁、判時1178号48頁、判タ578号33頁	Z999-8130	258
平成元年4月11日	最高裁	税資170号1頁	Z170-6283	203
平成2年4月27日	名古屋地裁	判タ737号100頁	Z176-6509	286
平成3年12月25日	東京地裁	税資187号537頁	Z187-6828	197, 275
平成4年2月18日	最高裁	民集46巻2号77頁	Z188-6849	167

判決年月日	裁判所	出典	TAINSコード	頁
平成5年3月11日	最高裁	民集47巻4号2863頁，判時1478号124頁，判タ883号113頁	Z194-7092	264
平成9年7月17日	最高裁	判時1614号72頁	Z999-5081	161
平成10年3月19日	大阪高裁	判タ1014号183頁	Z231-8116	19, 107
平成10年5月13日	東京地裁	訟月47巻1号199頁，判時1656号72頁	Z232-8161	2
平成11年6月21日	東京高裁	高民集52巻26頁，訟月47巻1号184頁，判時1685号33頁，判タ1023号165頁	Z243-8431	2
平成14年3月20日	東京高裁	訟月49巻6号1808頁	Z252-9090	316
平成14年3月26日	東京地裁	判時1787号42頁，判タ1099号103頁	Z999-8042	259
平成15年1月30日	東京高裁	判時1814号44頁，判タ1124号103頁	Z999-8066	259
平成15年12月12日	東京地裁	判時1850号51頁	Z888-0848	159
平成16年12月17日	最高裁	判時1892号14頁	Z999-8105	107
平成17年2月1日	最高裁	判タ1177号150頁	Z888-0933	24
平成17年3月29日	最高裁	判時1890号43頁	Z999-8107	149
平成17年5月31日	福岡高裁	判タ1186号110頁	Z999-5076	150
平成17年9月30日	東京地裁	判例集未登載	Z888-1041	316
平成17年10月27日	名古屋高裁	判例集未登載	Z888-1036	316
平成18年1月24日	最高裁	判例集未登載	Z888-1046	316

事項索引

あ 行

青色申告　60
青色申告承認の取消　60
青色申告に対する更正　168
青色申告に対する更正の理由附記
　　168, 195
異議決定　47
異議決定書　47, 51
異議決定書の理由附記　48
異議審理庁　46
異議申立て　35, 44, 46
異議申立書　49
移転価格税制　30
動かし難い事実　204
訴えの利益　137
延滞税　100

か 行

解釈通達　25
確定判決の効力　263
確認型通達　25
課税処分　129
課税要件　16, 130
課税要件事実　17, 22, 23, 27
管　轄　143
間接事実　131, 161, 195, 204
鑑　定　198, 287
鑑定の申出書　287
還付加算金　101

関連請求　143
棄　却　47, 64
既判力　264
義務付け訴訟　105
却　下　47, 64, 263
行政救済　43, 44
行政調査　17～19
行政不服申立手続　35
経験則　204
形成力　263
決　定　17
原告適格　137
原処分　60
原処分中心主義　140
権利確定主義　29
攻撃防御方法　110
抗告訴訟　104, 116
更　正　17
控　訴　282
拘束力　264
控訴状　282, 284
控訴理由書　282
公定力　104
口頭主義　159
口頭弁論　159
国家賠償請求　19, 264
国家賠償請求訴訟　107

さ 行

裁　決　64, 65
裁決検索　328

裁決書　128
裁決の拘束力　65
財産評価基本通達　33
裁判上の自白　164
差押財産の換価　101
差押えの解除　101
差押えの猶予　101
差止め訴訟　106
雑誌記事検索　329
事件処理の方針　128
事実上の主張　110
執行不停止の原則　100, 150
質問検査権　17〜19
指定代理人　114
司法救済　43, 44
釈明権　162
釈明処分　162, 163, 206
自由心証主義　201
修正申告　34
修正申告の慫慂　34
主張　110
主張共通の原則　161
出訴期間　141
出廷陳述権　115〜117, 123
準備書面　169
準備書面作成の方法　170
証拠共通の原則　197, 205
上告　306
上告受理申立て　306
上告受理申立書　307
上告審　306
上告不受理決定　308
上告理由　306
証拠調べ　197
証拠説明書　207
証拠申出書　199, 222
証明責任　22, 201
証明責任の分配　201
証明度　205

書証　198, 200
職権審理　63
所得課税と税務調査　27
処分性　137
自立執行権　100
白色申告　60
白色申告に対する更正　168
申告書　129
申告納税方式　16
審査裁決書の理由附記　169
審査請求　35, 44, 60
審査請求書　67
審査請求人　62
尋問　121, 198, 199, 222
請求棄却　263
請求認容　263
請求の原因　147
請求の趣旨　147
税務調査　17, 128
総額主義　63, 130, 135, 166, 196
創設型通達　26
相続税と税務調査　32
争点主義　63, 166
争点主義的運営　64
争点訴訟　107
双方審尋主義　159
続審制　282
訴状　146, 151
訴訟委任状　132
訴状審査　154
訴訟代理人　114
訴訟物　147
訴訟要件　137
租税債務　16
租税争訟　44
租税訴訟　20, 35, 104
租税に関する事項　116, 118
租税法の法源　26
租税法律主義　26, 313, 315

事項索引　339

た 行

滞納処分　100
滞納処分の続行停止　101
徴収の猶予　101
貼用印紙　148
直接主義　160
陳述　121
陳述書　200, 210
通達　17, 24
通達の拘束力　24
低額譲渡　316
適時提出主義　160
手続的違法　136
同一過誤の反復禁止　265
当事者訴訟　106
同族会社の行為計算否認　30
答弁書　154
独立企業間価格　30
独立企業間取引　29
取消訴訟　104, 109, 128

な 行

人証　198, 199
認否の態様　164

は 行

判決　263
判決検索　321
判決の種類　263
反面調査　18
被告適格　137, 138
賦課課税方式　16
不作為の違法確認訴訟　105
不服申立て　20, 35, 128, 129

不服申立前置主義　35, 44, 139
不服申立前置の例外　139
弁理士法　121
弁論主義　160
弁論準備手続　289
弁論の終結　238
法律上の主張　110
法律要件分類説　202
補佐人許可申立書　125
補佐人税理士制度　114, 320
補佐人税理士の関係　117
補佐人選任届　118〜120, 133
補佐人の法的性格　118
本人訴訟　125

ま 行

みなし譲渡　313
みなす審査請求　61
民事訴訟法　109
無効確認訴訟　105
申立て　110

や 行

宥恕通達　25
要件事実　131, 161, 164, 195

ら 行

立証　110, 195
理由の差替え　130, 135, 167, 195, 196, 312
礼状主義　18

わ 行

和解　20, 256

CD-ROM の使用方法

●はじめに

・このCD-ROMは，本書に掲載した書式例の一部をWordファイルで収録しております（詳しくは，書式例一覧表（本書333頁）をご参照ください。）。
・収録ファイルの閲覧，編集にはMicrosoft Wordが必要です。

●動作環境

・Microsoft Wordの動作するPC
（収録のWordファイルはWord2002で作成しております。ご利用のWordバージョンによっては，表示体裁に差異が生じる可能性があります。）
〔推奨動作環境〕
- ・ＯＳ　　　　　　　：Microsoft Windows98SE, ME, 2000, XP 日本語版
- ・ブラウザ　　　　　：Internet Explorer 5.5 以上
- ・ＣＰＵ　　　　　　：Pentium III 以上
- ・メモリ　　　　　　：256MB 以上
- ・ディスプレイ　　　：1024×768ピクセル以上
- ・CD-ROM ドライブ：16倍速以上の CD-ROM ドライブ

●利用方法

・本 CD-ROM を CD-ROM ドライブに挿入してください。
・Windowsの［マイコンピュータ］から，CD-ROMアイコン［事例で学ぶ租税争訟手続　書式例］を開きます。
・閲覧，編集したいファイルをハードディスクにコピー。
・コピーしたファイルをダブルクリックしてファイルを開いてください（Microsoft Wordの使い方については，Microsoft Wordに付属のヘルプやマニュアルをご覧ください。）。

●注意事項

・このディスクは CD-ROM です。一般オーディオ用 CD プレーヤーでは絶対に再生しないでください。
・本製品の使用により生じたいかなる損害に対しても，租税訴訟学会及び株式会社財経詳報社では責任を負いかねます。あらかじめご了承ください。
・Microsoft, Windows, Microsoft Internet Explorer 及び Microsoft Word は米国 Microsoft Corporation の米国及びその他の国における登録商標です。
・Windows の正式名称は Microsoft Windows Operating System です。
・Pentium は，Intel Corporation の登録商法です。
・その他，記載されている会社名，システム名，製品名は，一般に各社の登録商標若しくは商標です。
・本製品を無断で転載・複製することを禁じます。

租税訴訟学会

「租税訴訟学会」は、平成13年5月に税理士の出廷陳述権付与の法案が国会で可決されたことを機縁として、同年10月15日、弁護士と税理士とが協力して、租税訴訟研究を行うことを目的として設立された実務学会です。

学会の運営は、日本弁護士連合会・東京三会（東京・第一東京・第二東京弁護士会）の各税制委員会や税法研究会の委員、また、東京税理士会・日本税務会計学会理事、研修委員等が中心となって行っています。

現在、北海道、東北、横浜、名古屋、近畿、中国の各支部が設立され、定期的に研究会・研修会を開催し、またメーリングリストによって情報交換会を行うなどの活動を行っています。

弁護士、税理士、研究者の方であれば、どなたでもご入会いただけます。

入会方法の詳細については、下記の学会ホームページをご覧いただくか、学会事務局までお問合せ下さい。

・租税訴訟学会事務局
　Tel　03-3586-3601
　Fax　03-3586-3602
　http：//homepage3.nifty.com/sozei/
　e-mail：sozei@nifty.com

事例で学ぶ租税争訟手続

平成18年7月26日　初版発行Ⓒ

　　編　者　租税訴訟学会〔検印省略〕
　　発行者　富　高　克　典
　　発行所　株式会社　財経詳報社
　　　　　〒105-0021　東京都港区東新橋1-2-14
　　　　　電　話　03（3572）0624㈹
　　　　　ＦＡＸ　03（3572）5189
　　　　　http：//www.zaik.jp
　　　　　振替口座　00170-8-26500
　　　　　Printed in Japan 2006

落丁・乱丁はお取り替えいたします。印刷・製本　図書印刷
ISBN　4-88177-230-9